I0102876

¡Llegó la Hora!

Portada cortesía de Cognitio
Diseñado, desarrollado y publicado por Cognitio
en los Estados Unidos de América.

1era. Edición
ISBN 978-0-9883128-1-4
ISBN 978-0-9883128-0-7 (ebook)

www.cognitiobooks.com

Tabla de Contenido

Acerca del Autor

José Toro Hardy

Economista egresado de la Universidad Católica Andrés Bello y del IESA. Fue miembro del Directorio de PDVSA hasta 1998. Ha sido profesor en el IESA, en la Universidad Metropolitana y en el Instituto de Altos Estudios de la Defensa Nacional (IAEDEN). Fue miembro del Consejo Superior de la Universidad Tecnológica del Centro. Profesor Honorario de la Universidad Fermín Toro y presidente de honorario de la Cátedra de Estudios Petroleros José Toro Hardy fundada por la Universidad Fermín Toro. Profesor invitado de la Universidad Cecilio Acosta.

Fue conductor del programa "Análisis con José Toro Hardy" transmitido por Globovisión y retransmitido a toda Latinoamérica. También fue conductor del programa "Punto de Vista" que se presentaba en Unión Radio.

Autor de los siguientes libros:

"Ideario Político-social de Bolívar"

"Venezuela y el Petróleo del Islam"

"Venezuela: 55 años de política económica"

"Fundamentos de Teoría Económica"

"Oil, Venezuela and The Persian Gulf"

"Por Ahora, la Constitución sirve para Todo"

Coautor de numerosos libros.

Dedicatoria

A mis nietos
Kika, Mathi y Martina,
para quienes deseo
una Venezuela mejor.

Caracas 7 de septiembre del 2012

(a un mes de las elecciones)

Introducción

La historia se construye en base a la suma de los eventos que día a día van produciéndose en cada lugar, en cada país y en todo el mundo. Siempre se dijo que la historia la escribían los vencedores quienes de paso podían reescribir el pasado y marcar el futuro.

Incluso en el Siglo XX encontramos a hombres como Hitler que, con el mayor desparpajo, pensó que sería capaz de influenciar los siguientes mil años de la humanidad con el triunfo de su Tercer Reich. Si Hitler hubiese vencido, seguramente la versión de la historia que tendríamos sería muy distinta.

Sin embargo, gracias a la magia del internet son cada vez más los que tienen la posibilidad de difundir sus puntos de vista. Eso hace mucho más difícil la labor de quienes son aspirantes a dictadores. También pone en bandeja de plata a los historiadores la posibilidad de realizar una revisión mucho más completa de cada uno de los acontecimientos que marcan la historia misma. Infinidad de visiones expresadas por multitud de personas que hoy están dotadas de mecanismos para expresar sus opiniones, permitirán penetrar más hondo, hasta el fondo mismo de cada uno de los sucesos que a cada instante están marcando el rumbo de la humanidad.

La imprenta de Gutemberg inventada hacia 1440 abrió un mundo nuevo para la comunicación de las ideas. Aquello constituyó un avance impresionante y de dimensiones difíciles de entender. Pero ahora, la humanidad ha experimentado un salto cuántico en ese mismo camino. La difusión por vía digital de las ideas y los conocimientos transformará al mundo tan profundamente que los alcances de esos cambios que se avecinan aún están fuera del alcance de nuestra imaginación.

Vivimos en una época asombrosa. Sin estar conscientes de ello, los ciudadanos del mundo estamos siendo testigos de un nuevo Renacimiento. En los Siglos XV y XVI se produjo un movimiento cultural trascendente, cuyos exponentes más relevantes se destacaron en las artes, aunque también en las ciencias. Pero aquella labor se estaba gestando en unas pocas ciudades de Europa, sin que el resto de la humanidad tuviese conocimiento de lo que estaba ocurriendo. De hecho, unos cuantos genios, unos cuantos gobernantes, unas cuentas familias, unos cuantos papas fueron los impulsores y protagonistas de aquel movimiento que terminaría por transformar al mundo.

Vinieron después los grandes pensadores del *Siglo de las Luces*, hombres como Monstesquieu, Rousseau, Voltaire, Locke y otros grandes filósofos políticos cuyo pensamiento termina transformándose en partero de grandes eventos históricos como la Revolución Francesa.

Pero pensémoslo bien. ¿Cómo hicieron esos genios para difundir sus ideas? ¿Qué instrumentos estaban a su disposición para lograrlo? Más allá de la transmisión directa de su propia palabra que por definición tenía un auditorio limitado y de las ediciones de sus libros, la difusión de las ideas que transformaron al mundo experimentó dificultades increíbles.

Ya eso no ocurre así. La informática, las computadoras, el internet, Google, Yahoo, las redes sociales y un número creciente de mecanismos, a mi corto entender milagrosos, permiten que los conocimientos y a la vez los sucesos se difundan ilimitadamente prácticamente en el mismo momento en que aparecen.

El cerebro mismo de los hombres debe estar evolucionando sin que por ahora nos demos cuenta. Nadie es capaz de digerir la cantidad inverosímil de información que de manera instantánea está a la disposición de la humanidad, sin que esto tenga un efecto en el proceso evolutivo.

A quienes por razones de edad se nos dificulta el manejo de esta magia, nos asombra ver como nuestros nietos de un lustro y menos, toman en sus manos cualquiera de esos instrumentos pasmosos con los que suelen jugar. Sin duda alguna se ha desarrollado una conexión directa entre sus cerebros y estos aparatos. Estos son instrumentos capaces de potenciar la inteligencia de nuestros muchachos a niveles nunca antes imaginados.

Cuando veo a mi nieto Mathías jugando con un Ipad, lo primero que me viene a la mente es que su padre no debería permitir a un niño de cinco años jugar con un *gadget* tan costoso. Lo va a romper, pienso. Pero al rato me doy cuenta de que Mathi logra cosas increíbles. Evidentemente su cerebro ha evolucionado. Él sabe utilizar esa herramienta casi como una extensión -una "*aplicación*"- que interactúa con sus neuronas.

Estoy convencido de que a lo largo de la historia, nunca una generación pudo experimentar un cambio que en mi ignorancia me atrevería a calificar de *evolutivo*, en un lapso tan corto. La humanidad siempre contó con genios. Pero los potenciales genios nunca antes pudieron disponer de ingenios capaces de potenciar su inteligencia como ahora.

Por eso estoy seguro de que la humanidad se enfrenta a cambios prodigiosos que harán que en el futuro la etapa en que nos tocó vivir sea percibida como una época quizás más importante que el Renacimiento. El impacto que todo esto tendrá en la sociedad será igualmente prodigioso.

Volviendo al tema de la historia, comencé por señalar que ésta no es más que la suma de los acontecimientos trascendentes que ocurren día a día y que de una forma u otra quedaron registrados. La diferencia es que las posibilidades de difundir los sucesos en todas sus vertientes y casi a la velocidad del pensamiento mismo, permitirá que en el futuro ningún ser humano sea capaz de imponer una única visión. El acceso a internet, al Twitter , a Facebook y en general a las redes sociales está permitiendo que seres humanos comunes y corrientes -que antes inevitablemente hubiesen pasado desapercibidos- puedan hoy en día no sólo comunicar sus vivencias en el instante en que las experimentan sino además transmitirlas a un número inusitado de otros seres humanos. Por eso es imposible hoy en día impedir que los abusos de un gobernante pasen desapercibidos.

Como tantas veces se ha comentado, esa es una de las causas responsables de fenómenos impresionantes como la *Primavera Árabe*. Una revolución que se inicia con la decisión de un individuo de inmolarse en Túnez como protesta ante una desgracia personal, se transforma en el factor detonante de un movimiento que ha venido expandiéndose a un ritmo vertiginoso por todo el mundo árabe. Dictaduras afincadas en décadas de brutalidad policíaca, cayeron de rodillas ante la voluntad de miles de personas que tuvieron a su disposición unas armas más poderosa que la más letal de las bombas nucleares: una computadora o un simple celular.

Ben Alí en Túnez, Gaddafi en Libia, Mubarak en Egipto y seguramente Bashar al Assad en un futuro cercano en Siria, cayeron o están cayendo de rodillas ante el poder de las redes sociales.

Pero esas cosas no sólo están ocurriendo en el Medio Oriente. También en Venezuela se ha impuesto un gobierno que bajo una apariencia de legalidad se dice democrático, sin entender que la democracia va mucho más allá. Democracia es por encima de todo el respeto de los seres humanos y de sus derechos.

La democracia se basa no sólo en la legitimidad *de origen* que es la que emana de los procesos electorales limpios y transparentes sino, además, en la legitimidad *de desempeño*, que implica el ejercicio de la autoridad con estricto apego a lo establecido en la Constitución y en el respeto a los derechos humanos.

Ambas condiciones requieren que se respete el equilibrio de los poderes públicos. *"Le pouvoir arrête le pouvoir"* decía el barón de Montesquieu: El poder frena el poder. Es decir que cada uno de los poderes de un Estado tiene que tener la capacidad de equilibrar el peso de los otros poderes a fin de impedir el abuso que pudiera surgir de alguno de ellos. Y agregaba también Montesquieu *"No existe tiranía peor que la ejercida a la sombra de las leyes y con apariencia de justicia"*

Esa es precisamente la enfermedad que padece la débil democracia venezolana. Uno solo de los poderes se ha impuesto de forma que los demás lucen arrodillados ante su voluntad. El gobernante pretende desconocer incluso los tratados internacionales que ha suscrito la nación en materia de Derechos Humanos, mientras que otro de los poderes reacciona ante las decisiones de la Corte Interamericana de los Derechos Humanos con una frase inconcebible: "No aplica"

Por televisión el gobernante opina que una juez que tomó una decisión que no le place debería ser condenada a 30 años de cárcel. Minutos después esa juez es detenida en su propio tribunal y confinada a la cárcel de mujeres. Parecen cosas como las que señala George Orwell en su obra *"1984"*, conocida por algunos como *"El Hermano mayor"*.

La situación anterior ha sido posible porque a lo largo de catorce años, el gobierno venezolano ha contado con ingresos nunca imaginados derivados no del esfuerzo de la sociedad, sino simplemente del hecho de que los precios del petróleo han subido en los mercados internacionales.

Eso le ha dado al Ejecutivo venezolano (que es el administrador de esos recursos) un poder sin precedentes en nuestra historia.

En otros países los gobiernos se sustentan con los impuestos que pagan los ciudadanos y por eso se sienten obligados a rendir cuentas. En Venezuela buena parte de los ingresos del Estado provienen de la renta petrolera que no es fruto del esfuerzo de los ciudadanos. Por eso, muchas veces quien administra esos ingresos se siente el dueño y señor de esos recursos y procede a utilizarlos sin rendir cuenta a los ciudadanos.

El actual gobernante de Venezuela está convencido de que está llamado por el destino a cumplir con una misión: la de imponer su visión particular del socialismo.

A lo largo de ese camino la propiedad privada ha sido violentada al igual que los derechos de la ciudadanía. La seguridad jurídica brilla por su ausencia y en consecuencia las inversiones se alejan del país. El manejo de la economía también ha quedado supeditado a la meta del socialismo. El Banco Central ha perdido su autonomía y las políticas monetarias y fiscales carecen de racionalidad. Los fondos públicos se manejan sin el control de nadie y mientras tanto se ha creado una suerte de estado paralelo, que hace uso de los recursos sin rendir cuentas de ningún tipo. PDVSA, que había sido modelo de eficiencia, se ha transformado en el brazo financiero de la revolución. También en lo económico el país ha padecido de la mayor inflación en todo el continente y la segunda mayor del planeta, superada solamente por Bielorrusia.

Por las razones antes señaladas, los ciudadanos tenemos dos opciones: la primera es aceptar los designios del mandatario calladamente o bien oponernos por todas las vías legales posibles.

En nuestro caso hemos optado por la segunda. Hemos optado por llevar una suerte de registro de los hechos que en nuestra opinión vienen violando la democracia en Venezuela. Por eso, a lo largo de varios años venimos escribiendo regularmente en el diario El Universal, analizando en cada artículo la crisis que a lo largo de casi un lustro y medio se ha venido formando en nuestro país.

El análisis de los años 2000 al 2008 quedó registrado en un libro titulado *"Por Ahora. La Constitución Sirve para Todo"*. El libro que esta vez publico se denomina: *"¡Llegó la Hora!"*

La intención es que estos escritos estén a la disposición de los lectores para contribuir a enriquecer el estudio de lo que durante ese lapso ha venido ocurriendo en mi país. No se trata de una simple recopilación de artículos. Todos ellos tienen un objetivo común y constituyen un examen –me atrevería a decir orgánico- de cómo los errores de un gobierno dogmático pueden sembrar profundas cicatrices de odios y pobreza en una nación que por lo demás parecía condenada al éxito.

Así como a través de las redes sociales un inmenso número de ciudadanos está contribuyendo día a día a construir la verdadera historia de nuestra patria –tal como ocurrió en el Medio Oriente- mi aporte lo hago a través de mis libros y de los escritos aquí recopilados, esta vez por vía digital. No será la barbarie la que escribirá la historia de mi país y que de continuar sería capaz de devolvernos al Siglo XIX. Seremos los ciudadanos libres con nuestras ideas. A nuestra disposición están ahora, como he venido mencionando, los mecanismos que más temprano que tarde nos permitirán superar la lamentable situación que afecta a este rincón del mundo: Venezuela.

Lo hago con el profundo convencimiento de que estamos llegando al final de una pesadilla, independientemente de los resultados de las elecciones que tendrán lugar en Venezuela el 7 de octubre del 2012.

martes 4 de septiembre de 2012

¡Mentirosos!

Lo que ocurrió en Amuay por ahora no se sabe; pero, sin duda, se conocerá. No podrán taparlo

Qué fue lo que finalmente ocurrió en Amuay? *Por ahora* no lo sabemos. Hay quienes dicen que una refinería es una instalación peligrosa y que los accidentes ocurren. Un avión también puede ser peligroso, pero si está bien mantenido y piloteado, no es de esperar que se caiga.

La discusión se centra en torno al mantenimiento. No quiero especular al respecto. Me voy a referir por tanto a las opiniones dadas por el ministro del ramo y presidente de la empresa en el *Informe Anual Gestión 2010 de PDVSA* al referirse a los problemas de la Refinería de Amuay (páginas 1.017 y 1.018); es decir, antes del siniestro. Allí se pueden leer cosas como las siguientes :

(www.box.net/shared/3ficyenay4)

- "Con relación a los factores internos que principalmente afectaron las operaciones, se resaltan el desfase en los mantenimientos preventivos y las paradas de planta programadas y las no programadas... y las dificultades para contratación de personal especializado...”.

- “Problemas técnicos en las refinerías de Amuay y Cardón por desfase en los mantenimientos preventivos y bajo nivel de inventario en repuestos”.

- “Procesos de colocación de órdenes de compra en el exterior, afectadas por la espera de la aprobación del financiamiento y cancelación de hito de pago de equipos de largo tiempo de entrega, que se encuentran 100% fabricados y disponibles en puertos extranjeros, generando así desfase en su llegada, así como en la colocación de nuevos pedidos...”.

- “Desfase de actividades por reducción presupuestaria...”.

En otro informe oficial se señala que en el 2011 se pautaron 9 paradas preventivas y sólo se ejecutaron 2.

Cosas así ocurrían en Amuay. Dicen que "guerra avisada no mata soldado", pero en este caso, a pesar de estar avisada, hubo medio centenar de vidas humanas lamentablemente pérdidas.

El Gobierno no quiere que nada de esto se discuta. El presidente de la Asamblea se opone a que se abra una investigación. A la periodista colombiana que hizo referencia a que los pobladores de la zona habían sentido olor a gas, casi se la comen viva.

Es más, a quien esto escribe, el canal de Estado le ha dedicado furibundos ataques en *La Hojilla*, en *Saltando y Corriendo* y en Ernesto Villegas, entre otros. También Jorge Rodríguez en nombre del PSUV, *El Diario de Caracas*, *Aporrea* y un personajillo que se llama Carlos Mendoza Potellá que formó parte de aquella directiva de PDVSA presidida por Gastón Parra Luzardo, que el presidente Chávez confesó ante la Asamblea Nacional -el 15 de enero del 2004- haber designado para provocar la crisis:

> "Yo estaba provocando la crisis. Ellos respondieron y se presentó el conflicto y aquí estamos hoy".

Ellos me acusan de haber recibido 600.000 dólares a modo de soborno para conseguirle unos Contratos de Servicio a la Occidental Petroleum al sur del Lago de Maracaibo.

A ellos les digo: ¡Mentirosos! Explico lo que ocurrió:

Siendo Asesor Económico de la Cámara de la Industria del Petróleo -en 1968- me propusieron hacer un estudio de factibilidad para la creación de una empresa de perforación de pozos petroleros. Lo hice y me pagaron con 600 acciones de una empresa que se llamaba *Perforaciones Altamar* (no 600.000 dólares, Sr. Mendoza Potellá). En su junta Directiva figuraban hombres como José Antonio Cordido Freites y Emilio Conde Jahn.

En 1975 Carlos Andrés Pérez (sin que aún yo sepa por qué) asomó que se había tratado de un soborno, aunque en realidad para la fecha en que realicé el estudio de factibilidad en referencia yo no era empleado público (ni siquiera contratado externo del Ministerio de Hacienda como se dijo). Se designó una comisión Bicameral de senadores y diputados para investigar los hechos, la cual me exoneró por unanimidad al constatar el origen lícito de mis acciones. También los tribunales investigaron el caso y en decisión de la Juez Superior Séptimo en lo Penal del Distrito Federal y Estado Miranda de fecha 16 de noviembre de 1976 fui absuelto. Esa sentencia fue ratificada por la Corte Suprema de Justicia el 9 de febrero de 1977, que avalaba así los planteamientos del Ministerio Público acerca de mi inocencia. Era obvio que, a diferencia de ahora, los Poderes Públicos no aceptaban instrucciones de otro Poder.

A pesar de lo que dicen quienes me difaman, nunca huí del país para "que prescribieran los delitos". Enfrenté a CAP y a los cargos y demostré plenamente mi inocencia.

Lo que ocurrió en Amuay *por ahora* no se sabe; pero, sin duda, se conocerá. No podrán taparlo con más mentiras.

Martes 21 de agosto de 2012

La granja en cadena

Orwell escribió una obra tan actual que su lectura es imprescindible: "Rebelión en la Granja"

Esta historia se refiere a una granja rica y de suelos fértiles. Con una buena administración hubiera podido ser un ejemplo de abundancia en beneficio de todos los habitantes de la granja. Pero no era así.

La única explicación que encontraban los animales que habitaban pobremente en la hacienda era que alguien se había apoderado de la parte de la riqueza que le correspondía a cada uno.

Entre los animales había un cochino llamado Napoleón. Era un verraco pendenciero de raza indefinida y gran verborrea que se quería apoderar de la granja. Era tan elocuente que con sus discursos manipulaba las fibras más íntimas de los animales y promovía una rebelión en contra del granjero: "Expulsemos a los hombres y todos nos volveremos ricos y libres de la noche a la mañana".

Finalmente los animales se rebelaron y expulsaron al granjero. Napoleón tomó el poder e impuso su llamada "Doctrina del Animalismo" que pregonaba la igualdad entre todos los animales y el odio hacia los hombres: "Todos los hombres son enemigos. Todo lo que camine sobre dos pies es un enemigo. Todo lo que ande en cuatro patas o tenga dos alas es un amigo".

Propone entonces Napoleón a los animales votar una nueva constitución. Se trataba de los "Principios del Animalismo" o los "Siete Mandamientos". Los animales decidieron escribir aquellos principios que creían perennes en un muro sagrado, con grandes letras blancas, para que todos los recordasen.

Napoleón progresivamente se fue transformando en un dictador. El grupo de marranos que le acompañaban comienza a enriquecerse vilmente y a vivir con todos los lujos que antes le criticaban al granjero. Cada vez faltaban más cosas como por ejemplo la leche, el azúcar y muchas otras cosas. Solo los cochinos la obtenían.

Tal era la ineptitud del verraco y los demás chanchos, que en poco tiempo la granja estaba arruinada. Pero en larguísimos discursos que se repetían en cadena, uno tras otro, Napoleón convencía a los animales de que aquellos eran sacrificios que había que aceptar para que pudiera imponerse la "Doctrina del Animalismo". "Sin comida y sin trabajo, con Napoleón me la juego" decía el estribillo. Sin embargo, a pesar de las frecuentes arengas del puerco líder, los animales se daban cuenta de que las cosas estaban saliendo mal. Las promesas de Napoleón, nunca se cumplían.

Para colmo, valiéndose de artimañas, Napoleón comenzó a cambiar la constitución de los "Siete Mandamientos". Los animales estaban siendo engañados. Los "Principios del Animalismo", no eran para aquel puerco otra cosa que una excusa para imponer su voluntad a los demás. Se volvió un tirano y pretendía mandar para siempre.

Los animales eran obligados a escuchar las interminables peroratas de Napoleón: "¡Cuatro patas sí, dos pies no!", repetía y repetía. Las bestias parecían hipnotizadas y no encontraban argumentos para oponérsele.

El malestar era cada vez mayor. Aunque supuestamente había libertad de expresión, la realidad es que lo que imperaba era el miedo. Napoleón había creado círculos formados por feroces perros de presa que atacaban a cualquiera que se atreviese a disentir de sus opiniones.

Cuando los abusos del verraco y sus compinches se hicieron intolerables, algunos animales reclamaron ante la Suprema Instancia de la Justicia: la Comisión de Cerdas y Cerdos Sabios. Estos últimos, después de deliberar concienzudamente, dieron su veredicto: "Napoleón siempre tiene la razón".

Finalmente, para sorpresa de todo el mundo, un buen día los cerdos comenzaron a caminar en dos patas. El mismísimo Napoleón salió en persona de la casa del granjero, erguido majestuosamente sobre sus patas de atrás.

¿Acaso los "Principios Animalistas" no estipulaban que todo lo que caminaba sobre dos patas era enemigo?, se preguntaron las bestias. Entonces todos corrieron al muro sagrado para revisar lo que decía la constitución en la cual se había aprobado la igualdad entre todos los animales. Con asombro que rayaba en la consternación, todos pudieron comprobar que Napoleón había cambiado los Siete Mandamientos. De aquella constitución inicial que todos admiraban, ahora quedaba sólo un mandamiento:

"Todos los animales son iguales, pero algunos animales son más iguales que otros".

George Orwell, escritor británico cuyo verdadero nombre era Eric Arthur Blair, escribió -en la década de los 40 del siglo XX- una obra tan actual, que su lectura resulta imprescindible antes del 7 de octubre: *Rebelión en la Granja*.

martes 7 de agosto de 2012

Sesiones de odio en cadena nacional

Versión un tanto libre de la obra "1984" de George Orwell. Invito a todos los venezolanos a leerla

Antes de la Revolución, ésta no era la ciudad hermosa que hoy conocemos. Era un lugar lúgubre y sombrío plagado de pobreza y la gente se alimentaba con perrarina.

Había hombres gordos y feos, con cara de malvados, que eran los dueños de todo. Se llamaban capitalistas. La Revolución los expropió y se lo dio todo al pueblo.

Para que el pueblo sepa apreciar su nueva independencia y felicidad, se transmiten a diario *Sesiones de Odio* en cadena nacional. Orador insigne, el Líder impregna al pueblo de un odio constante contra apátridas, escuálidos, majunches y traidores. No volverán, repite el estribillo.

El objetivo fundamental de las *Sesiones de Odio* en cadena es el imperio. Hay que convencer al pueblo de que los disidentes deben ser merecedores del desprecio de todos. Con frecuencia las *Sesiones de Odio* tienen como ruido de fondo las botas militares cuadrándose ante el Líder en los cuarteles.

Pero, a pesar del tiempo transcurrido, aún quedan personas que creen recordar que antes no había cortes de electricidad, que la gasolina se exportaba, nadie temía a los chips y la comida no escaseaba. Pero eso no es un inconveniente. A través de las Telepantallas el Líder se encarga siempre de suministrar cifras irrebatibles que confunden a los más viejos, quienes terminan por pensar que todo era fruto de su imaginación y que en realidad todos los tiempos pasados fueron peores.

Se han creado varios ministerios. Entre ellos está el *Ministerio de la Verdad* que se encarga de difundir en cadena nacional las nuevas promesas y la imagen del Líder.

Diariamente, casi minuto a minuto, el *Ministerio de la Verdad* actualiza el pasado. Se trata de replantear siempre los mismos planes y programas que vienen fracasando desde hace muchos años, para presentarlos como ideas totalmente novedosas y llenas de ingenio. La técnica consiste en cambiarle el nombre a todo.

El *Ministerio de la Verdad* se encarga también de reeditar la historia. Transforma a los viejos héroes, trastocando sus ideas e incluso apariencia para que luzcan a imagen y semejanza del Líder.

Esta misma oficina gubernamental tiene a su cargo la sustitución de la vieja religión dirigida por diablos con sotana. Se está creando una nueva fe en la cual hay también un redentor capaz de resucitar al tercer día.

Igualmente se creó un *Ministerio de la Abundancia* que garantiza al pueblo que no hay escasez. El Despacho difunde data relacionada con los excedentes de producción en casi todos los rubros. Con frecuencia esa información es cambiada para explicar que se superaron las metas previstas. La mayoría de las informaciones que ofrece no son ni siquiera una falsificación. Se trata sencillamente del cambio de unas tonterías por otras. La mayoría del material no guarda relación alguna con el mundo real. Las estadísticas son tan fantásticas en su versión original como en la rectificada.

Bajo ese bombardeo de incoherencias la gente deja de pensar. Nadie sabe qué es verdad o qué es mentira. Si el incumplimiento de una meta es demasiado grosero, se apela siempre al mismo expediente: La culpa es de saboteadores y traidores, lacayos del imperio. En ocasiones se culpa a las iguanas.

No faltan disidentes que son acusados por el propio líder en plena *Sesión de Odio* en cadena nacional. Estos disidentes son en el acto apresados y sometidos a mil formas de tortura en la celdas del *Ministerio del Amor.*

Se creó igualmente el *Ministerio de la Paz* cuya obligación es mantener vivos el odio y la guerra contra los enemigos de la Revolución, en particular contra el imperio.

Sembrar miedo es una de las prioridades de la Revolución. Todo el mundo teme ser vaporizado por la *Policía del Pensamiento.* "¡Los vamos a vaporizar!" repite el Líder. Hay grandes pancartas por todas partes con la imagen del omnipresente Líder, quien parece saber hasta lo que piensas. La inseguridad sirve para intimidar a la población. No se escatiman esfuerzos para que los ciudadanos crean que las Telepantallas y otras máquinas son interactivas: "¡El Gran Hermano te Vigila!".

En fin, esta es una versión un tanto libre de la obra "*1984*" de George Orwell. Invito a todos los venezolanos a leerla al igual que otro libro del mismo autor: *"Rebelión en la Granja".* Nadie explica mejor la realidad que estamos viviendo en Venezuela. Se trata de lecturas obligadas antes del 7 de octubre del 2012.

martes 24 de julio de 2012

El precio de la dependencia

Nos hemos transformado en el primer comprador de gasolina de EEUU en toda Suramérica

Venezuela es hoy en día mucho más dependiente del petróleo que nunca. De hecho, somos mucho más dependientes, ya no del producto, sino del precio del mismo en los mercados internacionales.

La mala noticia es que hoy en día nuestra producción de petróleo está bajando y su precio también. Revisemos algunas cifras:

Según el gobierno venezolano nuestra producción alcanza a 2,8 millones de barriles diarios. Esa cifra no luce fiable.

En el *Oil Market Report (http://www.opec.org/opec_web/en/index.htm)* correspondiente al mes de junio

-pág. 45- la OPEP afirma que la producción venezolana en mayo habría alcanzado 2.364.000 barriles diarios. Dice el gobierno que la diferencia entre sus propias cifras y las de la OPEP, se debe a que esta última no incluye la producción de la Faja del Orinoco.

Para resolver la duda podemos recurrir a otra fuente de gran importancia. Me refiero a las cifras publicadas por la Agencia Internacional de la Energía *(http://omrpublic.iea.org)*. En la pág. 19 del *Oil Market Report* correspondiente al mes de mayo, figura que la producción de Venezuela alcanza a 2.490.000 barriles por día, agregando que tal cifra incluye la producción en la Faja de Orinoco de "crudos extrapesados mejorados estimados en 385.000 b/d para el mes de mayo".

Para colmo, como antes se dijo, los precios petroleros tienden a bajar porque la desaceleración de la economía mundial está provocando una caída en la demanda debido a:

a) La crisis en Europa; b) La desaceleración de la economía en China, en la India y en Brasil; c) La anémica recuperación de la economía de EEUU; d) Los altos niveles de reservas petroleras estratégicas en EEUU; y e) La acción de los mercados a futuro que apuestan a la baja de los precios petroleros.

Nuestra dependencia con respecto al petróleo adquiere visos de mayor gravedad porque el 96% de nuestros ingresos totales en divisas provienen de este producto. A los actuales niveles de precios el modelo político populista actual deja de ser viable. Por eso vemos que el gobierno se está endeudando aceleradamente. La deuda pública total pronto se ubicará en torno a los 150.000 millones de dólares.

Después de haber destrozado nuestro aparato productivo a lo largo del actual gobierno socialista, nos encontramos con que más de 170.000 empresas -según Fedecámaras- han cerrado sus puertas y que una enorme extensión de tierras cultivables expropiadas han pasado a ser improductivas en manos del Estado.

Ya no contamos con los dólares necesarios para importar los alimentos que antes producíamos, ni las demás cosas que producían todas aquellas industrias que antes teníamos.

Como si todo lo anterior fuera poco, ya no somos capaces ni tan siquiera de producir la gasolina que consumimos. Nos hemos transformado en el primer comprador de gasolina de EEUU en toda Suramérica. Estamos comprando gasolina a precios internacionales para venderla a precios subsidiados en el país. Todo esto -que no es más que el resultado de la aberrante incapacidad gubernamental- pretenden resolverlo acusando a los zulianos y tachirenses de contrabandistas e imponiéndoles un racionamiento de gasolina mediante un chip. Los verdaderos contrabandistas sacan las gandolas desde Bajo Grande y pasan la frontera amparados por las autoridades. Hay que controlar a esas gandolas con GPS

Pero la lista de agravios no termina allí. Tenemos una PDVSA destrozada y endeudada a más no poder, que no sólo tiene que pagar su propia y grosera deuda, sino además la que contrata de manera ilegal el gobierno a través del Fondo Chino.

¿Qué esperará este gobierno para replantearse los envíos de petróleo a Cuba, a Nicaragua y los demás a los que se les regala?: La mitad de la factura la pagan a 25 años con 2 años de gracia y 1% de interés (cuyo valor equivale a cero, o sea, que se regala) y la otra mitad la pagan con trueque perjudicando severamente a nuestros productores que no pueden competir. ¿Por qué en lugar de café venezolano, nos obligan a tomar café nicaragüense y caraotas de otras partes? ¿Por qué ahora tenemos que importar azúcar y arroz? ¿Por qué si antes nos autoabastecíamos de carne ahora tenemos que importar la mitad de lo que consumimos? ¿Por qué tenemos que importar el 70% de los alimentos que consumimos?.

A pesar de la abusiva campaña televisada que intenta lavarle el cerebro los venezolanos, este gobierno está reproduciendo aceleradamente el inmenso fracaso que el socialismo dejó en todos los lugares donde llegó a existir. ¡Ya basta!

martes 10 de julio de 2012

¿Qué podemos vender en Mercosur?

Cabe preguntarse ¿qué vamos a obtener a cambio de entregar nuestro mercado?

El Tratado de la Asunción fue suscrito en 1991 entre Brasil, Uruguay, Argentina y Paraguay. Desafortunadamente pareciera estar derrumbándose.

Pretendió ser una unión aduanera con eliminación de aranceles y de restricciones no arancelarias entre los socios, así como la adopción de un arancel externo común. No ha funcionado.

Al principio el comercio entre los socios se multiplicó por cinco, pero después las cosas han tomado un rumbo diferente. Los argentinos se quejan de que no pueden competir con los brasileños. A su vez los empresarios brasileños se quejan de que el Mercosur se ha transformado en un foro político. Brasil devalúa su moneda a fin de abaratar sus exportaciones y encarecer sus importaciones. Argentina responde aplicando limitaciones a sus importaciones. Paraguay protesta porque esto afecta seriamente su sector textil. Uruguay sostiene que esas medidas van en contra de todo lo consensuado en Mercosur. Lo único que queda de común son las quejas.

Ante un Mercosur que está "boqueando", la solución fue conseguir un nuevo socio que no tuviera nada que exportar, pero sí mucho que importar. ¡Qué golilla! Ese no es otro que Venezuela.

Después de todo el país ha venido destruyendo su aparato productivo interno y es absolutamente dependiente de las importaciones, incluso de alimentos (importa más del 70% de los alimentos que consume). ¿Qué más pueden desear los miembros del Tratado?

Por su parte, el gobierno venezolano luce interesadísimo. Le importa un bledo el daño que se le pueda hacer a las empresas privadas a las que nunca consultó (después de todo el objetivo del Socialismo del Siglo XXI es destruirlas), pero ve con enorme interés la posibilidad de meter un pie en la política de esos países.

Procede el gobierno venezolano a solicitar su admisión. La adhesión tiene que ser aceptada por todos los Estados miembros, según la establece el artículo 20 del Tratado:

> Art. 20 "... La aprobación de las solicitudes será objeto de decisión unánime de los Estados Partes".

Sólo hay un escollo.

En democracia no basta con la aceptación del gobernante, hace falta también la aprobación de los Parlamentos. Los congresos de Brasil y Paraguay se oponen. Torciéndole el brazo, Lula logra finalmente la aprobación del Senado brasileño. Pero el Senado paraguayo aún se resiste. Sostiene que Venezuela no cumple con las exigencias democráticas del Protocolo de Ushuaia, cuyo artículo 1 establece:

> Artículo 1. "La plena vigencia de las instituciones democráticas es condición esencial para el desarrollo de los procesos de integración entre Estados Partes del presente Protocolo...".

Venezuela seguía fuera de Mercosur. Sin embargo, recientemente el Senado paraguayo, enjuició y destituyó al presidente Lugo. Aunque dicho acto se apegó estrictamente a lo establecido en su Constitución, otros países sostuvieron que se trató de un juicio acelerado en el que no se le dio al presidente Lugo la oportunidad de preparar su defensa.

Acto seguido -y aun con mayor celeridad- los mandatarios de Argentina, Brasil y Uruguay suspendieron temporalmente al Paraguay del Mercosur para impedirle votar. Enseguida aprovecharon su ausencia para aprobar la adhesión de Venezuela. Después de todo, esos presidentes fueron elegidos para velar por los intereses de sus países y sus países quieren el mercado venezolano.

Pero la falta de ética en esta actuación fue descarada. El propio vicepresidente del Uruguay se opone al ingreso de Venezuela al Mercosur en estas condiciones, al igual que lo hacen los principales partidos opositores tanto en Uruguay como en Brasil. Pepe Mujica alega sin pudor: "Estamos comprometidos con el petróleo venezolano".

Cabe preguntarse ¿qué puede Venezuela vender en esos países? ¿Qué vamos a obtener a cambio de entregar nuestro mercado? ¿Quién se atreve a invertir en un país cuyo presidente disfrazado de militar se para en cualquier esquina y grita "¡Exprópiese!".

Todo lo que toca ese presidente lo joroba. Por ejemplo, Venezuela -que había sido el socio más beneficiado de la CAN- se retiró de dicha Comunidad por una rabieta presidencial.

Quizá la actuación de su canciller, acusado por el gobierno del Paraguay de instigar a los militares de ese país

-en presencia de Alí Rodríguez, según alega Telesur- terminará por clavarle la puntilla al Mercosur, si es que no lo hacen las arengas en favor del socialismo proferidas por 210 militares de Venezuela que ingresaron irregularmente al Uruguay.

martes 26 de junio de 2012

¿Hubo un golpe de Estado en Paraguay?

Lugo acató la decisión con gallardía e hizo un llamado a la calma

Algunos gobiernos han pegado el grito al cielo alegando que lo ocurrido en Paraguay con la destitución de Fernando Lugo fue un golpe de Estado. Me pregunto si quienes eso dicen se han sentado a revisar la Constitución de ese país. Veamos:

> (*http://oas.org/juridico/spanish/par_res3.htm*)
>
> Art. 189. "Los ex presidentes de la República, electos democráticamente, serán senadores vitalicios de la Nación, salvo que hubiesen sido sometidos a juicio político y hallados culpables...".

Por lo pronto, podemos constatar que existe la figura del juicio político. Sigamos adelante. En la Sección VI de esa Carta Magna, se establece:

> "Art. 225. El Presidente de la República,
> ... sólo podrán ser sometidos juicio político
> por mal desempeño de sus funciones, por
> delitos cometidos en ejercicio de sus cargos o por delitos comunes...".

Vemos pues que no solo existe el juicio político, sino además que este juicio se puede realizar por mal desempeño de sus funciones en ejercicio de sus cargos.

Esa fue precisamente la acusación que se le formuló al presidente Lugo. Ahora bien ¿se cumplieron con los extremos legales previstos a los efectos de la formulación de los cargos? Veamos nuevamente lo que dice el artículo 225:

> "... La acusación será formulada por la Cámara de Diputados, por mayoría de dos tercios. Corresponderá a la Cámara de Senadores, por mayoría absoluta de dos tercios, juzgar en juicio público a los acusados por la Cámara de Diputados y, en caso declararlos culpables al solo efecto de se-

> pararlos de sus cargos. En los casos de supuesta comisión de delitos se pasarán los antecedentes a la justicia ordinaria".

Algo muy grave debía estar ocurriendo para que la dirigencia política del Paraguay llegase a un acuerdo prácticamente unánime. La Cámara de Diputados aprobó por una abrumadora mayoría de 76 votos contra 1 la moción de la acusación (incluyendo su propio partido). Después -también de acuerdo con lo establecido en la Carta Magna- la Cámara de Senadores procedió a realizar el *juicio político por mal desempeño.*

La condena del Presidente fue acordada en la Cámara del Senado por 39 votos contra 4. La decisión fue pues tomada contando incluso con el voto favorable de los partidarios de Lugo.

Se trató de un juicio público, ya que pudo verlo el mundo entero por televisión. Para muchos fue un juicio apresurado. Otros dicen que Lugo tuvo poco tiempo para organizar su defensa. Quizás fue así, pero el tema del *mal desempeño* del Presidente era motivo de discusiones entre diputados y senadores desde hacía mucho tiempo. Quizás su enfermedad hizo que se le diera largas al asunto hasta que una serie de hechos recientes se transformaron en la gota que derramó el vaso.

Todo parece indicar que se cumplieron todos los extremos previstos en la Constitución. Es indiscutible que los paraguayos tienen todo el derecho a darse la Constitución que consideren conveniente y actuar conforme a ella sin injerencias extranjeras.

Tampoco se trata de algo nunca visto. De hecho, desde 1989 tres presidentes paraguayos han sido sometidos a juicio político. Tampoco es una excepción en América. Aparte del caso del presidente Nixon, en Brasil Fernando Collor de Melo fue acusado por el Congreso de su país por 441 votos en contra y 28 a su favor. En Venezuela está también el caso de Carlos Andrés Pérez.

Por su parte, Lugo acató la decisión con gallardía e hizo un llamado a la calma, afirmando que "sale por la puerta grande del corazón de los ciudadanos".

Los más críticos ha sido algunos presidentes de la ALBA. Pero quizás son los que tienen menos autoridad moral pues han actuado como si sus constituciones fuesen de plastilina.

Estos señores nos traen a la memoria a aquel caudillo salvaje -José Tadeo Monagas- que gobernó a Venezuela a partir de 1847 y que después de asaltar al Congreso que se aprestaba a enjuiciarlo, saldó el asunto con varios diputados muertos y una frase canalla: "*La Constitución sirve para todo*".

Alguno de estos estridentes presidentes parece haber lanzado sutiles amenazas al mencionar la Guerra de la Triple Alianza. Se refería a una guerra que se desarrolló entre 1864 y 1870 en la que el Imperio del Brasil (que lo fue hasta 1889) junto con Argentina y Uruguay destruyeron al Paraguay. En ese conflicto murió el 90% de los hombres de ese país. ¿Qué pretendió decir con esta alusión? ¿Será que se imagina a los ejércitos de Unasur -Alí Rodríguez al frente- invadiendo al Paraguay para reinstaurar a Lugo?

martes 12 de junio de 2012

Lo trajo una crisis y otra se lo llevará

Si el precio del petróleo cae -como está cayendo- el país se hundirá en una profunda recesión

Las crisis económicas generan profundos cambios políticos. Veamos: En 1998 se había desatado una profunda crisis en el sureste asiático. Se inició en Tailandia y como efecto dominó arrastró consigo a las principales economías de la región. La demanda petrolera cayó en casi 2 millones de barriles diarios con respecto a lo previsto. Como consecuencia los precios del petróleo se desmoronaron. El impacto sobre Venezuela fue severo. En su peor momento, los precios del barril venezolano llegaron a ubicarse en unos 7 dólares por barril.

Las consecuencias políticas fueron profundas. A principios del 1998 la candidatura de Chávez contaba con apenas 5% en las encuestas. En diciembre de ese año ganó con un 56% de los votos.

En EEUU ocurrió algo parecido. A principios del 2008 todas las encuestas parecían indicar que el candidato republicano -John McCain- ganaría. Sin embargo, estalló la crisis de las hipotecas "*subprime*" dando al traste con las esperanzas republicanas. En las elecciones celebradas el 4 de noviembre del 2008, Obama resultó vencedor.

Aquella crisis que nació en EEUU muy pronto se contagió a Europa. Ahora bien, cuando muchos pensaron que lo peor ya había pasado, en el 2011 la situación arreció.

No me voy a referir a los impactos económicos sino más bien a sus consecuencias políticas. El mapa político europeo está cambiando.

Desde el 2008, los gobiernos que se atravesaron en el camino de crisis fueron barridos, uno a uno, como si de un tornado se tratase. Vemos algunos ejemplos:

-En Portugal, el socialista José Sócrates fue derrotado por la oposición socialdemócrata encabezada por Pedro Passos Coelho.

-En Irlanda la socialista de Fianna Fáil fue derrotada por el conservador Fine Gael.

-En Hungría el gobierno socialista que tenía 8 años en el poder fue derrotado por la centroderecha.

-En el Reino Unido el Laborista de Gordon Brown fue vencido por el Conservador de David Cameron.

-En Grecia el socialista Papandreu fue designado Primer Ministro, sólo para ser reemplazado meses después por Papadimos. Sin embargo, el 17 de junio habrá nuevas elecciones en Grecia que determinarán el futuro de ese convulsionado país.

-En Italia, Silvio Berlusconi tuvo que dimitir siendo reemplazado por Mario Monti.

-En España el gobierno socialista de Rodríguez Zapatero fue derrotado por Mariano Rajoy del PP.

-En Francia el conservador de Nicolás Sarkozy fue derrotado por el candidato socialista François Hollande.

Algunos piensan que un nuevo cambio pudiera ocurrir ahora en el gobierno de EEUU donde el candidato republicano Mitt Romney está mejorando su posición en las encuestas. El 4 de noviembre tendrá que enfrentar a Obama.

En Venezuela la crisis ya llegó a nuestras costas. Entre las 7 mayores economías latinoamericanas, somos la que desde el 2008 ha experimentado una mayor caída de sus reservas internacionales, la que tiene mayor inflación (la 2da. mayor del mundo), la que ha experimentado la mayor caída del salario real mínimo y medio en el sector formal, la que tiene que pagar la mayor prima de riesgo por préstamos, la que -junto con Perú- tiene un mayor porcentaje de su población ganando menos de $2,50 por día, la que tiene una mayor deuda pública bruta como porcentaje de su PIB, la que tiene una situación fiscal más comprometida y la que ha experimentado un menor crecimiento del PIB -con excepción de México- a lo largo de los últimos 6 años. Ya no tenemos un Fondo de Estabilización Macroeconómica y desde luego no estamos preparados para enfrentar una caída del petróleo.

El petróleo aporta el 95% de los dólares que nos ingresan. Pero la demanda mundial petrolera está disminuyendo por la recesión en Europa, la poca vitalidad de la economía de EEUU, la desaceleración de la economía de China, de la India y de Brasil y las elevadas reservas estratégicas de petróleo en EEUU.

Si el precio del petróleo cae -como está cayendo- el país se hundirá en una profunda recesión. El socialismo ha sido como un huracán que ha devastado nuestra economía y la crisis que se avecina impone urgentemente un cambio de rumbo. De no aplicarse, la inflación, la devaluación, la escasez y el desempleo harán de las suyas.

El crecimiento del PIB que se anunció en el primer trimestre del 2012 (previo a la caída del petróleo) lo marca en parte un rebote estadístico después de años de caída y se concentra en un solo sector, la construcción. A Chávez lo trajo una crisis y otra se lo llevará.

martes 29 de mayo de 2012

El cuento chino

¿De qué estamos hablando? ¿De entregar otros 230.000 barriles diarios adicionales a los anteriores?

El Art. 2 del Acuerdo entre los gobiernos de Venezuela y China sobre el Fondo de Financiamiento Conjunto chino-venezolano (popularmente conocido como el Fondo chino) dice textualmente:

> (*http://www.minpal.gob.ve/index.php?option=com_content&task=view&id=615&Itemid=4*)
>
> "Para la ampliación y la implementación del presente Acuerdo las instituciones financieras designadas por las partes son: la Corporación Banco de Desarrollo de China de la República Popular de China (el "Prestamista"), el Banco de Desarrollo Económico y Social de Venezuela de la

> República Bolivariana de Venezuela (el "Prestatario") y el Fondo de Desarrollo Nacional S.A. (Fonden)..."

No sé qué quiere decir esto en chino, pero de acuerdo con el Diccionario de la Real Academia de la Lengua Española, "Prestamista" es "Persona que da dinero en préstamo"; a su vez "Prestatario" es, conforme a la misma fuente: "(Del lat. praestāre) Que toma dinero a préstamo".

A su vez, el Art. 5 del mencionado Acuerdo entre Venezuela y China establece:

> "Art. 5. La República Bolivariana de Venezuela se compromete a vender combustible y/o petróleo crudo... en cantidades no menores a 230.000 barriles diarios hasta que las obligaciones asumidas... hayan sido completadas e incondicionalmente cumplidas por el Prestatario...".

De la lectura del citado artículo se hace evidente que estamos en presencia de un contrato de préstamo donde "el Prestamista" es China, "el Prestatario" es Venezuela y la garantía para el pago del "préstamo" son 230.000 barriles diarios de petróleo hasta que las obligaciones asumidas hayan sido completadas e incondicionalmente cumplidas por "el Prestatario".

Se trata no solamente de una operación de crédito sino, para ser más preciso, de una operación de crédito público, pues involucra a organismos públicos venezolanos.

Hasta aquí todo luce lógico; sin embargo el problema se presenta porque, entre muchas otras irregularidades de larga enumeración, el artículo 93 de la Ley Orgánica de la Administración Financiera del Sector Público, establece:

> "Art. 93. No se podrán contratar operaciones de crédito público con garantías o privilegios sobre bienes o rentas nacionales, estatales o municipales".

Ahora la cosa sí que se complica. La garantía dada es la venta a futuro de 230.000 barriles diarios de petróleo, lo que en esencia no es más que una operación de crédito público garantizada con un privilegio sobre "bienes o rentas nacionales".

Al llegar aquí surge la duda de por qué el gobierno recurre a una venta de petróleo a futuro, cuando tales operaciones fueron en el pasado agriamente criticadas por los actuales personeros del oficialismo. De hecho, nunca antes en Venezuela se habían realizado operaciones de crédito público con garantías en petróleo.

Pues bien, la razón es evidente. La falta de confianza que existe en la comunidad financiera internacional con respecto al actual gobierno venezolano es tal que los intereses que tiene que pagar la República por cualquier préstamo son exorbitantes. De hecho, nuestra prima de riesgo por incumplimiento resulta 16 veces más alta que la de Chile, 11 veces mayor a la de Colombia, 10 veces mayor a la de México y Brasil y 8 veces mayor que del Perú, todo lo cual encarece enormemente cualquier endeudamiento.

Enfrentado a las urgencias de un año electoral donde la oposición va unida con un solo candidato en tanto que el solo candidato del gobierno presenta obvias limitaciones, al oficialismo no le queda otra alternativa que valerse de lo que sea, para hacerse de los recursos que requiere en su campaña. El problema es que este recurso viola claramente las leyes de la República.

Lo curioso es que los amigos chinos se presten a la maniobra. Está claro que por ahora el gobernante venezolano les dará cualquier cosa que ellos pidan. Lo que no está claro es qué ocurriría en el futuro si el ábaco de los chinos llega a fallar y el candidato que apoyan pierde las elecciones. Si se demuestra que el compromiso de las actuales autoridades es inconstitucional, al gobierno de esa inmensa nación oriental le va a resultar muy difícil cobrar.

Antes de terminar debo confesar que esta operación me tiene muy confundido. Ya antes se sabía que el Bandes había recibido de China un préstamo de 20.000 millones de dólares, el cual PDVSA se había comprometido a pagar mediante 430.000 barriles diarios de petróleo durante diez años (16% de nuestra producción según confesión de su presidente). ¿De qué estamos hablando? ¿De entregar otros 230.000 barriles diarios adicionales a los anteriores? Francamente, no entiendo lo que está pasando.

martes 15 de mayo de 2012

Venezuela: el fantasma de una crisis

Somos el país peor preparado en la región para afrontar una nueva crisis como la que temen se avecina

Los países latinoamericanos fueron capaces de enfrentar con medidas prudentes la crisis que se originó en las naciones desarrolladas a partir del año 2007. La ortodoxia económica rindió frutos adecuados y estos países lograron sortear la situación y salir fortalecidos. No todos los países obtuvieron sin embargo iguales resultados.

Algunas amenazas se ciernen nuevamente en el horizonte. Los países de la Unión Europea no han logrado solucionar sus problemas ya que las necesarias medidas de austeridad terminan por producir un severo impacto social sobre la población que ve con alarma las recetas que se aplican. El mapa político de Europa está cambiando.

Nos dice Alicia Bárcenas -secretaria ejecutiva de la Cepal-: "existe una probabilidad no menor de una crisis profunda en la Eurozona". Al verse afectadas España e Italia el impacto económico podría ser mayor. Por ello, según la secretaria ejecutiva de la Cepal, las consecuencias "afectarían a nuestra región sobre todo a través del canal real (exportaciones, precios, inversión extranjera, remesas y turismo) y financiero".

La economía de EEUU, la mayor del mundo, viene mostrando signos de recuperación; sin embargo el crecimiento que evidencia no ha sido capaz de resolver satisfactoriamente el desempleo que aún persiste.

China, cuya vitalidad a lo largo de casi dos décadas la ha llevado a transformarse en la segunda mayor economía del mundo, presenta también signos de tensión. Algunos analistas temen que allí podría producirse una versión asiática de una "burbuja inmobiliaria". El endeudamiento de los gobiernos regionales contribuiría también a alimentar el problema. En términos generales, los analistas no esperan que en China se produzca una recesión, pero sí consideran que pueda presentarse una desaceleración que sin duda alguna repercutiría en Latinoamérica. Si el crecimiento de la economía china cae por debajo del 8,1%, lo más probable es que el precio de la materias primas -entre ellas el petróleo- se vea afectado y, por tanto, las economías de América Latina se verían golpeadas.

Durante los años de la crisis (2007-2009) y recurriendo a medidas contracíclicas ortodoxas, la mayoría de los países latinoamericanos fueron capaces de mejorar su ahorro fiscal e incrementar sus reservas internacionales, lo cual los pone en mejor situación de afrontar una eventual nueva crisis. También estarán en mejor posición porque han sido capaces de fortalecer sus instituciones. Países como Brasil, Colombia, México, Chile o Perú, por citar algunos, estarían pues en una condición de mucho mayor fortaleza en caso de una desaceleración de la economía china cuyas consecuencias vendrían a sumarse al impacto de los problemas que aún persisten en el mundo desarrollado

El caso de Venezuela es completamente diferente. Durante los años de bonanza de los precios petroleros el gobernante ha recurrido a todas las medidas procíclicas imaginables. A pesar de contar con fuertes excedentes en su Cuenta Corriente, terminó siempre con una Balanza de Pagos Global fuertemente negativa. No fue capaz de ahorrar en las cuentas fiscales, presentando años tras año el más importante déficit fiscal de la región; fue el país que porcentualmente más se endeudó y a la vez fue -entre las siete mayores economías latinoamericanas- la que llegó al 2011 con menores Reservas Internacionales. Fue de paso Venezuela el país con más inflación del Hemisferio Occidental y el segundo país con mayor inflación en el mundo entero, sólo superado por Bielorrusia donde alcanzó el 53,2%.

Venezuela es penalizada con la mayor prima de riesgo de incumplimiento de crédito entre los países mencionados. De hecho, nuestra prima de riesgo es 16 veces más alta que la de Chile, 11 veces mayor a la de Colombia, 10 veces mayor a la de México y Brasil y 8 veces mayor que del Perú, todo lo cual encarece enormemente nuestro endeudamiento.

Después del Perú tenemos la tasa más alta de pobreza entre las siete mayores economías de la región, puesto que el 19,8% de nuestra población percibe menos de $ 2,50 por día. El salario medio real y el salario mínimo real en el sector formal en Venezuela experimentó la mayor caída entre todas esas naciones.

Somos, según la Cepal y el Banco Mundial, el país peor preparado en la región para afrontar una nueva crisis como la que ellos temen se avecina.

Cara... mba, me pregunto, cómo es que esta gente ni siquiera figura en las encuestas.

martes 1 de mayo de 2012

¡Hurra por el Socialismo del Siglo XXI!

Resulta asombroso analizar lo que ha venido ocurriendo en Latinoamérica a partir de la crisis financiera-inmobiliaria que se desató en EEUU a partir del año 2007. La citada crisis se contagió rápidamente a Europa a través de los llamados PIGS: Portugal, Irlanda, Grecia y España. Aquella crisis pronto adoptó, se transformó en un problema global.

Los países de la América Latina se vieron afectados, a pesar de que aquella era una crisis de los países desarrollados. La "burbuja financiera" comenzó a hacer de las suyas.

La desaceleración de las economías desarrolladas fue evidente y se inició una recesión en muchas de ellos.

Pero, ¿qué pasó mientras tanto en los países de la América Latina? Pues bien, en un primer momento experimentaron una fuerte salida de capitales, los créditos se secaron y se produjo una severa caída de sus exportaciones hacia EEUU y Europa. Como consecuencia se frenó una excepcional etapa de crecimiento que venía experimentando la región.

Sorprendentemente estos países fueron capaces de hacer frente a aquella situación. Recurriendo a un conjunto de medidas contracíclicas -todas extraídas de la más racional ortodoxia económica- y a la vez logrando nuevos mercados para sus productos en China y la India, la mayor parte de la región pudo recuperar su vitalidad.

Superada la peor parte de la crisis 2008-2009, Latinoamérica retomó un vigoroso crecimiento y fue capaz de atraer otra vez las inversiones que necesitaba, atendiendo sus problemas sociales, fortaleciendo simultáneamente sus reservas internacionales y adoptando políticas fiscales que le permitió endeudarse en menor medida de lo esperado.

Sin embargo, no todas las naciones actuaron de igual forma. La más evidente excepción fue Venezuela, que en lugar de adoptar medidas contracíclicas, optó por recurrir a todo un conjunto de medidas procíclicas inspiradas en el más anticuado baúl de los recuerdos socialista y en el populismo más arrogante.

El resultado fue evidente. Mientras los países de América Latina y el Caribe obtuvieron en su conjunto un flujo financiero externo positivo superior a los 403.961 millones de dólares en el período 2007-2010, los de nuestro país rozaron los: menos 80.000 millones de dólares. Solamente en los años 2008, 2009 y 2010 la balanza de capital y financiera del país experimentó cifras de menos 29.936 millones, menos 19.360 millones y menos 22.310 millones de dólares respectivamente. Para el año 2010 fuimos la única entre las grandes economías de la región en obtener un saldo negativo en nuestra balanza global (- $ 7.939 millones). Y lo más curioso es que esto ocurrió en medio de unos precios petroleros exuberantes.

Las reservas internacionales brutas cayeron entre el 2008 y el 2011 desde 43.127 millones de dólares a 28.885 millones de dólares y nuestra deuda externa fue la que porcentualmente más creció en la región

También fue Venezuela el país de toda la región en el cual se produjo la mayor caída del salario real medio y del salario mínimo en el sector formal. Para el 2010 al compararla con las mayores economías de la región, Venezuela fue la que experimentó una mayor caída de su Producto Interno Bruto (- 2,9 %), con lo cual su economía fue desplazada por Colombia, que al alcanzar un mayor PIB que el nuestro, nos desplazó del cuarto al quinto lugar en Latinoamérica.

Por otra parte, mientras todos los países latinoamericanos están adelantando un ambicioso programa de acuerdos de integración económica capaces de promover su crecimiento, Venezuela está cada vez más aislada en el mundo. Mientras EEUU ha firmado Tratados de Libre Comercio con Canadá, México, Costa Rica, El Salvador, Guatemala, Honduras, Nicaragua, República Dominicana, Chile y Colombia, Venezuela ni siquiera ha sido aceptada en Mercosur porque el Senado del Paraguay considera que no cumplimos con las exigencias democráticas del Protocolo de Ushuaia. En este momento EEUU le está proponiendo un Tratado de Libre Comercio al Brasil. Por la vía de estos tratados el país norteño se está acercando cada vez a la meta del ALCA que se había propuesto.

Mientras tanto, el único acuerdo subregional que tiene Venezuela es con las naciones de la ALBA, que actúan como sanguijuelas de nuestra economía.

Vienen tiempo difíciles. Todos los organismos lo están advirtiendo. Los países de la región están preparados para enfrentarlos. ¡Venezuela no! ¡Hurra por el Socialismo del Siglo XXI!

martes 17 de abril de 2012

¡Aislados en el mundo!

Estamos asociados a un grupo de naciones que nos viven como sanguijuelas

Al momento de escribir estas líneas reflexionaba sobre la Cumbre de Cartagena. Recordé entonces que el Presidente de Venezuela había anunciado que no asistiría, pese a que había empeñado su palabra.

Si la razón de esa decisión de última hora fue su enfermedad y el tratamiento que adelanta en Cuba, nada hay que objetar. Como ser humano tiene el derecho de realizar los mayores esfuerzos por intentar recuperar su salud, aun cuando uno -pensando en su propio bienestar- pudiera discrepar acerca de las razones y el sitio escogido para adelantar su tratamiento. Pero, en fin, esa es su decisión.

Ahora bien, inventar a última hora la excusa de las Malvinas para justificar su inasistencia es otra cosa. Todos los latinoamericanos entendemos el caso. Sin embargo, nos hubiera gustado a los venezolanos que en tan importante foro, nuestro Presidente hubiese aprovechado la oportunidad para plantear un caso que nos toca mucho más de cerca: la Zona en Reclamación. ¿Por qué tiene siempre que estar rasgándose las vestiduras por otros -por ejemplo la no presencia de Cuba- pero dejando sistemáticamente a un lado aquellas cosas que verdaderamente nos atañen? ¿Por qué tiene que ser cabecilla de causas ajenas mientras ignora las nuestras? ¿Fue para eso que lo elegimos?

Mientras tanto, en la Cumbre de Cartagena los jefes de Estado presentes aprovecharon para adelantar infinidad de reuniones para tratar casos específicos que interesan a sus respectivos pueblos. Por eso vemos que hay una clara división entre las naciones del continente. Hay algunas prósperas y poderosas, otras que están dispuestas a colocar sobre la mesa la voluntad y la decisión política de concretar acuerdos y compromisos en un esfuerzo común de progreso y hay todavía un tercer grupo que se queda en una pomposa retórica que, de continuar así, las conducirá a 100 años de soledad.

Lamentablemente nuestro Presidente encabeza este tercer grupo de países.

Mientras el resto de Latinoamérica enfrentó con conocimientos y experiencia la fuerte crisis económica que padeció el mundo desde el año 2008 -aplicando una exitosa ortodoxia económica-, Venezuela se transformó en una isla de incongruencias. Las políticas macroeconómicas bien aplicadas salvaron al resto de los países de la región de una profunda crisis que lucía inevitable y que amenaza con resurgir. En Venezuela se hizo -y se sigue haciendo- todo lo contrario. Inevitablemente pagaremos las consecuencias.

Adicionalmente, al revisar la lista de los asistentes al foro de Cartagena, encontramos a los líderes de un grupo de naciones que saben que en un mundo cada vez más globalizado el futuro está en el aprovechamiento de los mecanismos de integración económica. Infinidad de tratados y mecanismos de integración tales como la CAN, Mercosur (Brasil, Argentina, Uruguay y Paraguay), Cafta (Centroamérica y EEUU), TLCAN (México, Canadá y EEUU), TLC (EEUU y Chile), Acuerdo de Promoción Comercial entre Colombia y EEUU, Acuerdo de Integración entre Colombia, Chile, México y Perú, etc., son los que están marcando el futuro de la región.

Más aún, ahora se está negociando el más ambicioso plan de integración que se haya conocido en el mundo bajo el nombre de Trans Pacific Partnership. Inicialmente la constituyeron Chile, Singapur y Brunei, pero ahora se integrarán Perú, Colombia, México, EEUU, Canadá, Malasia, Australia, Nueva Zelanda, Filipinas, Taiwán, Vietnam y quizás también Japón y algunos países de Centroamérica.

Y mientras tanto, ¿qué hace Venezuela? Simplemente estamos asociados a un grupo de naciones que nos viven como sanguijuelas conocidos como la ALBA (Cuba, Nicaragua, Bolivia, Ecuador y otras)

Venezuela no forma parte de ningún acuerdo importante de integración. Por pleitos personales, se nos sacó de la Comunidad Andina de Naciones y del G-3 (Colombia, México y Venezuela). No hemos sido aceptados en Mercosur, porque el Senado del Paraguay sostiene que no cumplimos con las condiciones democráticas exigidas en el Protocolo de Ushuaia. Además no estamos cumpliendo con compromisos internacionales en materia de derechos humanos.

¡No podemos permitir que nos conviertan en parias!

La rimbombante retórica del líder nos está transformando en la más aislada de las naciones del continente. Vivimos de un solo producto cuyo precio puede subir o bajar -el petróleo- el cual regalamos a diestra y siniestra. Mientras tanto, nada estamos haciendo para garantizar nuestro futuro.

martes 3 de abril de 2012

Cambio de rumbo o caos

Viene una LOT por vía habilitante, que por lo que se conoce de ella, vendrá a destruir empleos...

A partir del año 2007, cuando estalla la crisis de los créditos "*subprime*" en EEUU, se ha venido suscitando una situación que rápidamente se contagió a Europa y que ya algunos han llegado a calificar como crisis económico-financiera global. Inevitablemente tuvo coletazos en Latinoamérica.

El caso de Venezuela es muy particular. Aunque para el año 2007 ya la situación había adquirido en el mundo un cariz crítico, no fue así en nuestro país. Mientras las bolsas mundiales se derrumbaban, los inversionistas optaron por darle un nuevo destino a su dinero. En lugar de comprar acciones, se dedicaron a comprar contratos de petróleo a futuro. No estaban comprando un petróleo que fuesen a utilizar; lo que en realidad estaban comprando eran contratos que esperaban vender con pingües ganancias algún tiempo después. Eso se tradujo en un crecimiento inusitado en los precios del petróleo en los mercados. Mientras en el mundo se consumían 86 millones de barriles diarios de crudo, en el mercado se estaban transando cerca de 150 millones de barriles diarios en los mercados a futuro. Por esta vía, los precios del petróleo se duplicaron en menos de un año, pasando el WTI de unos US$ 70 por barril a la increíble cantidad de 147,20 dólares por barril hacia julio del año 2008.

Para el gobernante venezolano el maná se duplicó también, hasta que en agosto del 2008, se revienta la "burbuja petrolera" y los precios del producto se desmoronan.

Tratemos ahora de analizar el efecto que tuvo la crisis en Latinoamérica.

En términos generales hubo un fuerte impacto inicial durante el año 2009, debido a una masiva salida de capitales, especialmente en países como México y Brasil. Veamos algunas cifras:

En el 2009 en México el PIB cayó en -6,1%, en Chile -1,5%, en Argentina -1,5%, en México -6,1%, en Perú 0,9% y en Venezuela -3,3%.

Pero en el 2010, la situación había cambiado. Los países latinoamericanos apegados a la ortodoxia económica, recurrieron a los mecanismos anticíclicos requeridos. Un año después mostraban una recuperación sorprendente.

En el 2010 el PIB brasileño había crecido 7,5%, el chileno 5,3%, el argentino 5,3%, el colombiano 4,2%, el mexicano 4,9%, el peruano 8,7%.

Más aún, la inflación en estos países estuvo totalmente controlada en el 2010: Brasil 5,9%, Chile 3%, Argentina 3%, Colombia 3,2%, México 4,4% Perú 2,1%.

Lamentablemente el caso venezolano fue totalmente diferente. Dándole la espalda a lo que los conocimientos económicos señalan como el camino racional, nuestro país se embarcó en unas políticas pro cíclicas que terminaron por profundizar la situación. De hecho, para el año 2010 el PIB seguía cayendo a razón de -1,9% en tanto que la inflación batía todos los récords al alcanzar niveles del 27%. De hecho, entre el 2007 y el 2010 los flujos financieros externos en Venezuela fueron de -79.357 millones de dólares, en tanto que la América Latina alcanzó un flujo positivo de 403.961 millones de dólares.

Paralelamente, según cifras de la Cepal, entre los años 2009 y 2010 Venezuela experimenta las mayores caídas del salario medio y del salario mínimo real en el sector formal en toda Latinoamérica y el Caribe.

Ahora, tratándose de un año electoral el gasto público está creciendo a más de un 30% intermensual. Somos más dependientes que nunca de las importaciones, pero los dólares para atenderlas provienen en un 95% del petróleo. Mientras tanto PDVSA, endeudada y mal manejada, se ha transformado en un Estado paralelo cuya ineficiencia ha llegado a superar las del sector público. Por su parte las reservas operativas del BCV alcanzan para apenas dos meses de importaciones.

El sector agrícola del país está fuertemente afectado, pues después de haber expropiado más de 3,6 millones de hectáreas -buena parte de las cuales han pasado a ser improductivas- ya no es capaz de producir lo que consumimos. La expropiación de Agroisleña viene a agravar la situación, porque el sector se ha quedado sin insumos.

El sector manufacturero atraviesa por una situación similar, con el agravante de que Cadivi no está proporcionando los dólares que se requieren para la importación de materias primas e insumos.

Para colmo viene una LOT por vía habilitante, que a juzgar por lo que se conoce de ella, vendrá a transformarse en una destructora de empleos.

Nos aguardan tiempos difíciles.

martes 20 de marzo de 2012

PDVSA y Hong Kong

En la "nueva" PDVSA los chinos son propietarios de reservas que pueden ser colocadas como "activos"...

Qué diferencia! Cuando a principios de la década de los 90 se hacía evidente que sería necesario inyectar capitales a la industria petrolera para estimular la producción de los hidrocarburos, PDVSA -a través de su filial Lagoven- comenzó por dirigirse a la Corte Suprema de Justicia para consultar los mecanismos capaces de lograr tal objetivo, sin violar la Constitución ni las leyes. En Ponencia del Magistrado Román Duque Corredor, la Corte responde la consulta el 23 de abril de 1991, estableciendo los requisitos indispensables exigidos por la Constitución.

A partir de ese punto comienza a diseñarse lo que más tarde se conoció como la Apertura Petrolera.

A través de la Apertura, y mediante licitaciones públicas, se firmaron contratos con empresas privadas para desarrollar contratos específicos, bajo cada una de las modalidades previstas. En todos los casos, la Nación conservaba tanto el control de todos y cada uno de los negocios como la propiedad de los hidrocarburos en el subsuelo.

Por cierto, un grupo de venezolanos encabezados por Luis Vallenilla, pidió la nulidad de los contratos suscritos en la Apertura. Algunos años después, ya durante el gobierno del presidente Chávez, la Corte Suprema de Justicia -en ponencia de la Dra. Cecilia Sosa- ratificó la legalidad de los mismos.

Conjuntamente con la Apertura Petrolera se creó Sofip (Sociedad de Fomento de Inversiones Petroleras), que fue un hito sin precedentes, para promover la democratización del capital en el sector de los hidrocarburos. El objetivo era abrir a los venezolanos la oportunidad de participar directamente en los proyectos de su principal industria. Se quería que en los contratos que se estaban suscribiendo, los venezolanos pudiesen participar a través de Sofip.

Para 1997, se completó la colocación exitosa en el mercados financieros venezolano de bonos petroleros en los cuales más de 35 mil venezolanos pudieron adquirir estos instrumentos de renta fija emitidos por Sofip. Con ello se completó el capital inicial para proceder a otra emisión de títulos de renta variable para evaluar y negociar opciones de inversión en el área de exploración y producción de hidrocarburos, a cuyos efectos se creó también otra sociedad llamada Exploración y Producción Inversiones Colectivas (EPIC, S.A.C.A.) siempre con el objetivo de privilegiar a los venezolanos y a los Fondos de Pensiones y Jubilaciones.

Como vemos, no es distinto a lo que la "nueva" PDVSA intenta hacer. La diferencia es que ahora esta PDVSA está entregando "a dedo" contratos en la Faja, como es el caso de la empresa China International Trust Investments (Citic).

Incapaz de aportar PDVSA el porcentaje que le correspondía en ese proyecto, le cede a Citic un 10% adicional del negocio, a fin de que esta última levante el capital en la Bolsa de Hong Kong.

Dado el alto nivel de endeudamiento de PDVSA, ella misma no podría colocar esos bonos en la Bolsa sin tener que pagar un rendimiento altísimo. Además, PDVSA también quedó incapacitada para colocar valores en el mercado de EEUU, ya que hace años tomó la decisión irracional de retirarse del Seccurities and Exchange Commission (SEC). Al hacerlo, evadió las exigentes auditorías y controles que se requieren en ese mercado, con lo cual, desde ese momento, se perdió buena parte de la transparencia que antes caracterizaba a PDVSA. Hoy en día, ni siquiera está claro cuál es nuestro nivel de producción, ya que según el gobierno es de 3 millones de barriles diarios, en tanto que según la OPEP es de apenas 2,3 millones.

Lo primero que salta a la vista es que a través de Citic, serán los inversionistas de la Bolsa de Hong Kong quienes tendrán el privilegio de participar junto con las empresas chinas, en las actividades de nuestra industria petrolera.

En la PDVSA de antes, a través de Sofip, se le quería dar ese mismo privilegio a los venezolanos. Me saltan a la mente estas pregunta: ¿Por qué los chinos en lugar de los venezolanos? ¿Por qué la actual administración ve con tanto desprecio a nuestros compatriotas?

Y aunque es distinto, en la llamada Apertura Petrolera, las riquezas petrolíferas del subsuelo siempre pertenecían a la nación. En la "nueva" PDVSA los chinos y demás socios, son propietarios de esas reservas las cuales pueden ser colocadas como "activos" en sus respectivas contabilidades en la misma proporción que corresponde a sus participaciones.

A mí, que no me vengan a hablar de "soberanía". Nadie la ha irrespetado tanto como esta gente.

martes 6 de marzo de 2012

¡Sabotaje!

Ubican a Venezuela como el mayor importador desde EEUU de gasolina en Suramérica

Sabotaje, vocifera siempre el oficialismo. Quizá no logran entender cómo es que las cosas que antes funcionaban bien ahora salen mal.

Un símil bastará para explicarlo. Si alguien recibe un Rolls-Royce, contará con una máquina excepcional capaz de funcionar por muchísimos años. Eso sí, requiere de un exigente mantenimiento. Si este no se realiza, aún siendo un Rolls, sufrirá las consecuencias. Si en lugar de repuestos originales deciden usar piezas chinas tapa amarilla y, para colmo, le encargan las reparaciones a un mecánico chapucero, lo probable es que llegará el momento en que todo empiece a fallar a la vez.

Cuando eso ocurre, el dueño le reclama al chofer a quien había confiado el mantenimiento.

“¡Sabotaje!”, grita el chofer a voz en cuello evadiendo su responsabilidad.

Eso está pasando en PDVSA. Recibieron una empresa extraordinaria, calificada en aquel momento por *Petroleum Intelligence Weekly* no sólo como la segunda mayor del mundo sino además como una de las más eficientes. Sus balances, debidamente auditados, eran presentados anualmente al Seccurities and Exchange Commission, (al igual que el de todas las grandes transnacionales). La mayoría de sus indicadores financieros y de gestión -solvencia, rentabilidad, solidez, rendimiento, etc.- la colocaban por encima de Exxon, Shell, Mobil, Conoco, Texaco, Phillips, BP (conocidas como “las siete hermanas”). Con orgullo, PDVSA exhibía récords internacionales por el bajo número de accidentes por hora/hombre trabajada. El mantenimiento era la clave.

Los actuales administradores de PDVSA recibieron un Rolls-Royce y se han dedicado a desbaratarlo. Hoy tenemos a la nueva PDVSA endeudada hasta límites inconcebibles, con un número impresionante de accidentes en todas sus áreas y especialmente en las refinerías (Cardón, Amuay, El Palito, etc.), donde con frecuencia se presentan explosiones, incendios, paradas de planta (en particular las más sofisticadas como lo son las de craqueo catalítico), hundimiento de gabarras (Aban Pearl), incendios de grandes taladros y accidentes laborales con gran número de pérdidas de vida (63 desde el 2003) y heridos (226) que lamentar.

Llama la atención el daño ambiental que provocan los derrames petroleros resultado de la falta de mantenimiento, negligencia e impericia. Baste con mencionar los casos recientes en los ríos Guarapiche en Monagas y Guanipa en Anzoátegui. ¿Por qué eso antes no ocurría?

Venezuela era tradicionalmente de los principales exportadores de gasolina hacia EEUU. Ahora, las cifras emanadas del Departamento de Energía ubican a Venezuela como el mayor importador desde EEUU de gasolina en Suramérica. Según el citado Departamento, en el año 2010 las exportaciones estadounidenses de gasolina hacia Venezuela crecieron en un 44%.

Las pasivos financieros de PDVSA no llegaban a los 4 mil millones de dólares en el 1998. En la actualidad son de 35.000 millones, sin incluir 38.000 millones de dólares del Fondo chino cuyo pago corre por cuenta de PDVSA, que tendrá que pagar mediante la entrega de unos 500.000 barriles diarios por 10 años. Tampoco están incluidos en esa deuda los pasivos laborales, las deudas con contratistas (muchas de las cuales no se pagan desde octubre del año pasado), indemnizaciones a más de un centenar de empresas nacionalizadas, ni pasivos contingentes eventualmente resultantes de arbitrajes internacionales entre los cuales cabe citar los casos de Exxon Mobil o de Conoco Phillips. Pasamos de ser la que menos deuda tenía en relación con sus ingresos, a ser la más endeudada entre las grandes petroleras. Los pasivos pueden superar al patrimonio de la empresa.

El Gobierno dice que Venezuela produce 3 millones de barriles diarios. Según la Agencia Internacional de la Energía nuestra producción en enero era de 2,5 millones y según la OPEP de 2,3 millones (incluida la Faja del Orinoco).

Siempre percibíamos a PDVSA como la empresa que mantenía a Venezuela a través del pago del ISLR, regalías y dividendos. En 1998 el precio llegó a estar en 8 dólares por barril, hoy esta alrededor de los 110 dólares. Pero ahora, para nuestro asombro, con frecuencia se da el caso de que en lugar de hacer aportes, PDVSA está pidiendo auxilios al BCV y al Fonden para poder pagar sus facturas. ¿Cómo puede entenderse eso?

Y para colmo, como en el cuento del Rolls-Royce, en lugar de asumir sus responsabilidades, el chofer (que debería ser despedido) está gritando a voz en cuello: ***¡¡¡Sabotaje!!!***

martes 21 de febrero de 2012

Cada ladrón juzga por su condición

En las primarias del PSUV en abril 2010, se destruyeron rápidamente todos los cuadernos electorales

Después de los sucesos que conmovieron a Venezuela entre el 2002 y hasta febrero del 2003, el presidente Chávez anunció en la Asamblea Nacional y en presencia de todos los embajadores acreditados en nuestro país, que aceptaría la vía de una Enmienda Constitucional para recortar el período constitucional siempre y cuando la oposición reuniera el número de firmas requerido para convocarla. Después se echó para atrás. La oposición cumplió con el requisito exigido, pero entonces la Sala Electoral Accidental del TSJ, en una decisión denunciada como irregular por el propio presidente de esa Sala, frustró la posibilidad. Recapitulemos, porque ya muchos no recordamos bien lo que ocurrió:

Tanto la OEA como el presidente Carter venían propiciando un acuerdo para resolver la conflictividad planteada. En la Mesa de Negociación y Acuerdos, Gobierno y oposición convinieron que se celebraría un Referendo Revocatorio el 19 de agosto del 2003.

En agosto del 2003, aproximadamente 3.2 millones de firmas fueron recolectadas para convocar el Revocatorio, en estricto apego a los acuerdos a que se había llegado con Carter y la OEA. A pesar de que la fecha había sido convenida, aquellas firmas fueron rechazadas por el CNE, alegando que habían sido recogidas prematuramente; específicamente antes de la mitad del período presidencial.

En noviembre del 2003, la oposición recolectó de nuevo 3,6 millones de firmas; sin embargo el CNE volvió a rechazar la convocatoria del referendo alegando en esa oportunidad que solo 1.9 millones eran válidas porque en otras los datos -no la firma- de los votantes habían sido llenados con una caligrafía diferente.

Intervino entonces la Sala Electoral del TSJ que anunció que el número válido de firmas alcanzaba a 2.7 millones, suficientes para convocar el referendo; sin embargo, una semana después, la Sala Constitucional rechazó la decisión de la Sala Electoral, con lo cual se abrió un período de "reparo" durante el cual se presionó a los empleados públicos para que retirasen sus firmas a riesgo de ser despedidos.

El Presidente anunció que las actas serían revisadas "voto por voto, firma por firma y huella por huella". Por su parte, el ministro de Salud, Roger Capella declaró que "todos aquellos que firmaron para activar el referendo contra el presidente Chávez, serían despedidos del ministerio de Salud". Según el presidente de la CTV, un gran número de empleados públicos que habían firmado estaban siendo despedidos.

En efecto, a solicitud directa del presidente Chávez, quien alegaba un "intento de fraude de la oposición" (¿no nos suena conocido?), el CNE entregó al diputado Luis Tascón la lista de las personas que habían firmado solicitando el Referendo Revocatorio. Esa lista se transformó en una de las más indignas violaciones a los derechos humanos que se recuerdan en nuestra patria.

Finalmente el revocatorio se convocó para el día 15 de diciembre de 2004, con casi año y medio de retraso a la fecha convenida. Bajo la amenaza de ser despedidos e intimidados con la introducción de las captahuellas, infinidad de venezolanos, que querían la revocatoria del Presidente, se abstuvieron de expresar su opinión. Además el aumento súbito de los precios petroleros dotó al Gobierno de enormes recursos para financiar las Misiones que implementó.

El día en que se realizó el evento y bajo circunstancias que aún despiertan todo tipo de sospechas, el CNE anunció que Chávez no sería revocado.

En este momento se está repitiendo exactamente el mismo tipo de vagabunderías que habíamos vivido a raíz del referendo revocatorio, con la sola diferencia de que la Mesa de Unidad, consciente de los abusos que se cometieron en aquella oportunidad, se ha opuesto valientemente a la decisión de la Sala Constitucional del TSJ de que se entregase los cuadernos electorales. Es evidente que el Gobierno quería construir una nueva Lista Tascón. La Mesa había prometido que dichos cuadernos serían quemados dentro de las primeras 48 horas y cumplió su palabra. La Mesa picó adelante y el Gobierno se quedó con las ganas. Quizás ahora vengan todo tipo de represalias contra los miembros de la Mesa. Si lo hacen, el país se enardecerá. Peor para el chavismo.

Es curioso recordar que en las primarias del PSUV celebradas en abril del 2010, se destruyeron rápidamente todos los cuadernos electorales. Por cierto, tampoco se utilizaron captahuellas. Cada ladrón juzga por su condición.

martes 7 de febrero de 2012

4 de febrero vs. 12 de febrero

Uno luce enfermo y desgastado en tanto que el otro aparece lleno de vigor y juventud

Estas dos fechas son importantes para contrastar el pasado y el porvenir de Venezuela. La primera de ellas, el 4 de febrero de 1992, recuerda la intentona golpista de un grupo de militares que pretendían retrotraer a nuestra patria a una etapa salvaje, cargada de violencias y revoluciones -la mayor parte de ellas sin ninguna justificación- que desangraron y arruinaron a Venezuela en el Siglo XIX:

La "Revolución de las Reformas" (1835), "La Revolución Popular" (1846), "La Revolución Liberal Conservadora" (1853), "La Revolución de Marzo" (1858), "La Revolución Federal" (1859), "La Genuina" (1867), "La Revolución Azul", "La Revolución de Abril" (1870), "La Colinada" (1874), "La Revolución Reivindicadora" (1878), "La

Revolución Legalista" (1892), "La Revolución Libertadora" (1899) y muchas otras intentonas que fracasaron y ni vale la pena mencionar.

Casi todo un siglo perdido en luchas tan grandilocuentes como vacías. ¿En qué se diferencian de "Socialismo del siglo XXI" que ahora nos proponen?

Usualmente se trató de un simple "quítate tú pa' poneme yo". Todas trataron de cubrirse con un manto de aparente legalidad, recurriendo a triquiñuelas constitucionales que no eran más que un fraude contra el pueblo. La receta es ampliamente conocida.

Cuando la ambición desmedida de aquellos tiranuelos los llevaba a tomar el poder o perpetuarse en el mismo por cualquier vía, siempre encontraron en el término "revolución" una suerte de talismán que servía a sus fines más egoístas.

Pretendieron ser herederos de la Revolución Francesa, sin darse cuenta de que aquella se gestó durante el Siglo de las Luces gracias a mentes brillantes como las de Montesquieu, Rousseau, Locke, Voltaire y otras tantas que alumbraron la "Declaración de los Derechos Humanos y del Ciudadano".

Cuando en la segunda etapa de la Revolución Francesa se impuso "el reinado del terror" -rodando más de 10.000

cabezas- la misma revolución no tardó en engullir a Robespierre y a los líderes más radicales del llamado Comité de Salvación Pública, que cayeron bajo el filo de la misma guillotina que ellos tanto habían usado para eliminar a sus contendores. Las revoluciones terminan por tragarse a sus propios líderes.

Volviendo a Venezuela, cuando creíamos que mal que bien habíamos sido capaces de retomar el camino de la institucionalidad -eligiendo a presidentes civiles y respetando la alternabilidad y la separación de poderes- retumba un madrugonazo que nos devuelve a los momentos más oscuros del siglo antepasado. Ciertamente habíamos tenido malos gobiernos, pero también los tuvimos buenos. La alternabilidad era la regla de oro. Si un presidente lo hacía mal, la sociedad podía cambiarlo en las siguientes elecciones.

El líder de aquella intentona dice ahora que no encabezaba un golpe sino una revolución. Revisemos nuestra historia y podremos constatar que esa era la misma excusa de todos los caudillos. Siempre que pudieron, esos déspotas hicieron todo lo posible para eternizarse en el poder. Casi sin excepción fueron corruptos y violentos. Con frecuencia terminaron derrocados por golpes de Estado.

Sirva el desfile militar del 4 de febrero, cargado de armas destructivas y de violencia ideológica, para conmemorar y ensalzar la historia de todos las asonadas militares que se han dado en Venezuela.

Gracias a Dios, también servirá para enaltecer por contraste, a los ojos del pueblo, un evento cargado de civismo que se celebrará pocos días después: el 12 de febrero del 2012.

En lugar de aupar el método salvaje del golpe de Estado, la oposición se ha puesto de acuerdo para realizar un ejercicio cargado de valores ciudadanos -como lo es la elección en primarias de un candidato único- para enfrentarlo a quien personaliza a todos los caudillos y el pasado golpista de nuestra historia.

Pido a los lectores comparar estos dos eventos: la exaltación de un golpe de Estado el 4 de febrero y la celebración de unas elecciones primarias el 12 de febrero. Uno nos recuerda la violencia, el otro nos ofrece la alternativa cívica. Uno sabe rancio, huele a Siglo XIX, el otro nos introduce al Siglo XXI. Uno elogia la violencia, el otro la paz. Uno luce enfermo y desgastado en tanto que el otro aparece lleno de vigor y juventud.

La decisión está en nuestra manos. Si todos vamos a votar el día de las primarias, estaremos dando un paso gigante que nos ayudará a superar los obstáculos que aún nos separan del camino de la civilización.

martes 24 de enero de 2012

Un presidente del Siglo XIX

La reelección debería ser erradicada de nuestra Constitución

Desde que en 1830 Venezuela se separó de la Gran Colombia, Hugo Chávez ha sido el presidente que de manera continua ha ejercido por más tiempo la primera magistratura (ya va para 14 años en el poder).

En oportunidades otras figuras han regresado a la presidencia después de haberla ejercido. Volvamos las páginas de la historia para revisar quiénes han sido los presidentes que por más tiempo han ejercido el cargo.

Juan Vicente Gómez fue presidente en tres oportunidades. La primera entre 1908 y 1913 -aunque al principio era vicepresidente encargado- y asume el poder después de derrocar a Cipriano Castro. La segunda vez ocupó la primera magistratura entre 1922 y 1929 y nuevamente entre 1931 y 1935. Hablamos de 17 años; sin embargo, de manera continua, la vez que estuvo más tiempo fue de 7 años (la mitad que Chávez).

Hay que aclarar que en ocasiones, como ocurrió entre 1915 y 1922, la Asamblea Nacional lo eligió presidente, pero él optó por no asumir el cargo, razón por la cual quedó designado como presidente provisional Victorino Márquez Bustillos.

Fueron también presidentes provisionales en la etapa gomecista, José Gil Fortoul (1913-1914) y Juan Bautista Pérez (1929-1931). De lo que nunca se separó Gómez fue del mando militar.

El otro de los dictadores que ocupó el cargo por más tiempo de forma continuada fue Cipriano Castro, quien después de haber derrocado por las armas a Ignacio Andrade en 1899, se mantuvo como Jefe de Estado hasta 1908 cuando fue derrocado por Gómez; es decir, un total de 9 años (cinco años menos que Chávez).

En tercer lugar nos encontramos a otro autócrata, Antonio Guzmán Blanco, quien fue presidente en varias oportunidades: entre 1870 y 1877 (”el septenio”), entre 1879 y 1884 (”el quinquenio”) y por tercera vez entre 1886 y 1887 (”el bienio”, que no concluyó). En total hablamos de 13 años, casi como Chávez; sin embargo la vez que estuvo más tiempo de manera continua fue por siete años, es decir, la mitad que Chávez.

Hay que considerar también a José Antonio Páez -a quien Chávez quisiera borrar de la historia. La verdad es que sin los llaneros de Páez, todo el genio de Bolívar no hubiese bastado para darle la independencia a Venezuela.

Páez fue presidente entre 1830 y 1835. Volvió a serlo entre 1839 y 1843 y nuevamente entre 1861 y 1863. Hablamos en total de 11 años; es decir, casi tres menos menos que Chávez. Sin embargo, de manera continua, nunca ocupó la primera magistratura por más de cinco años; o sea, casi nueve menos que Chávez.

José Tadeo Monagas fue otro caudillo militar impresentable. Fue presidente entre 1847 y 1851. Varios años después repite entre 1855 y 1858. Alternó en la Presidencia con su hermano José Gregorio Monagas. Estuvo en total siete años en el poder; o sea, la mitad que Chávez.

José Tadeo Monagas instauró una dictadura con apariencia de legalidad. De él se recuerda aquella frase salvaje pronunciada el 24 de enero de 1848, cuando después de asaltar el Congreso que estaba controlado por la oposición, afirma: "La Constitución sirve para todo"; pero cuando intentó modificar la Constitución para mantenerse en el poder, Julián Castro lo derrocó por las armas.

Triste historia la que tuvo que sufrir nuestra patria a lo largo del Siglo XIX, padeciendo las desgracias que acarrearon infinidad de caudillos y revoluciones. Se dice que sólo a la muerte de Gómez, Venezuela pudo entrar al Siglo XX. Sin embargo, en el Siglo XXI, no deberíamos los venezolanos aceptar el riesgo de que se instaure una nueva dictadura que nos regrese a las tragedias del siglo antepasado, cuando muchos presidentes terminaban por ser derrocados

Las revoluciones siempre procuran justificarse con quiméricas causas grandilocuentes. A la larga, la historia las recuerda por el empobrecimiento y la miseria en que siempre hundieron a la patria.

La reelección debería ser erradicada de nuestra Constitución. A estas alturas del Siglo XXI los venezolanos no podemos correr el riesgo de nuevas dictaduras disfrazadas de legalidad.

En el supuesto negado de que Chávez fuese reelecto, podría estar en el poder durante más tiempo que Bolívar. Ahora bien, a Bolívar le correspondió la gloria de legarnos la libertad. También nos legó pensamientos que hoy en día deberíamos tener más presente que nunca:

> "... nada es tan peligroso como dejar permanecer largo tiempo en un mismo ciudadano el poder. El pueblo se acostumbra a

obedecerle y él se acostumbra a mandarlo; de donde se origina la usurpación y la tiranía".

martes 10 de enero de 2012

En la estela de Ahmadinejad

Una alianza entre él y Chávez sería vista como una amenaza a las reservas petroleras del país

Al momento de escribir estas líneas acaba de llegar a Venezuela el presidente Ahmadinejad. Resulta incomprensible que a un líder que representa la mayor amenaza a la paz mundial y -por que no decirlo- a los intereses de Venezuela, pretenda dársele la bienvenida, involucrándonos así en un conflicto en el cual no tenemos ni arte ni parte.

Con periódica frecuencia estallaron enfrentamientos en los países islámicos productores de petróleo que amenazaron el suministro de ese vital agente energético. Esos conflictos se originaron siempre en circunstancias completamente ajenas a nuestra idiosincrasia y que se remontan al alba misma de la historia. Desde Éxodo hasta el Holocausto, pasando por el asesinato de Hussein nieto de Mahoma -en el año 680- en Karbala que desató el milenario enfrentamiento entre chiíes y suníes; el desmembramiento del

Imperio Otomano en 1918 -que desestabilizó para siempre todo el Medio Oriente- y la creación por parte de la ONU del Estado de Israel en 1947. Todo ello ha conducido durante siglos al derramamiento insensato de sangre.

Ciertamente en 1947 en las Naciones Unidas votamos a favor de la creación simultánea de un Estado judío y uno palestino. Fueron estos últimos los que no aceptaron la decisión en aquel momento. Se desarrolló a partir de allí una inmensa catástrofe humana.

En efecto, hasta ahora Venezuela se había declarado neutral en conflictos tales como la Guerra que en 1956 se desató entre Egipto contra Israel, Francia e Inglaterra por la nacionalización del Canal de Suez; la Guerra de los Seis Días en 1967 y su consecuencia, el bloqueo de Canal de Suez entre 1967 y 1975; el derrocamiento del rey Idris por parte de Gadafi en 1969 y el posterior embargo petrolero libio a Europa en 1970; la Guerra del Yom Kippur en 1973 y su desenlace que no fue otro que el Embargo petrolero Árabe en 1974; el derrocamiento del Sha de Irán en 1979, que produjo el advenimiento de la revolución islámica en Irán y el "segundo shock petrolero"; la guerra entre Irak e Irán de 1980 a 1988 que finalmente desembocó en la Invasión de Irak a Kuwait en 1991, etc.

Cada uno de esos eventos representó una situación de gran tensión para la paz mundial en medio de la Guerra

Fría que estaba en pleno auge entre EEUU y la URSS, y acarreo graves situaciones para la economía mundial que se vio privada de petróleo.

Sin embargo en todas y cada una de esas crisis Venezuela actuó de manera neutral tal y como convenía a sus intereses. De hecho, cada vez que pudimos, incrementamos nuestra producción petrolera ayudando así a un mundo que estaba ávido de hidrocarburos. Nuestra política internacional siempre fue manejada con prudencia, al margen de posiciones ideológicas y poniendo por delante las conveniencias del país. Nunca nos mezclamos en problemas ajenos ni amenazamos a nadie, con lo cual reforzamos nuestra bien adquirida reputación como el abastecedor más seguro y confiable del mundo.

Sin embargo nos encontramos ahora frente a un Irán donde impera desde 1979 una feroz dictadura teocrática encabezada por el Ayatollah Jamenei, cuya propia población ha puesto en duda la legalidad de la reelección del presidente Ahmadinejad, quien de paso no cesa de repetir que hay que barrer del mapa a Israel y quien adelanta planes nucleares -según él con fines pacíficos- pero cuya palabra el mundo pone en duda. Un Ahmadinejad que está enfrentado a la mayoría de las naciones árabes, excepto a la Siria de Bashar Al Assad, donde se está produciendo un baño de sangre. Un Ahmadinejad a quien tanto EEUU como Europa aplican sanciones cada vez más severas, que pudieran alcanzar a quienes negocien con el país persa. Un Irán que amenaza con bloquear el Estrecho de Ormuz por donde transitan cerca de 18 millones de barriles diarios de petróleo, y que está probando misiles de largo alcance capaces de alcanzar a Israel. Un Ahmadinejad que podría llegar a crear un conflicto capaz de desembocar en una III Guerra Mundial. Ese es el Irán al cual pretenden acercarnos cada vez más.

Una alianza entre Chávez y Ahmadinejad sería vista como una amenaza simultánea al petróleo que transita por el Estrecho de Ormuz y a la vez a las inmensas reservas petroleras de Venezuela. ¿Cuáles pueden ser los beneficios para Venezuela?: ¡Ninguno!

Repito, no tenemos arte ni parte en ese conflicto. Sólo una mente trastornada podría pretender forzar al país a involucrarse en semejante barbaridad.

martes 27 de diciembre de 2011

Las manos negras y peludas en Mercosur

Lo que todavía no nos ha explicado a nosotros es qué podemos vender más allá de petróleo

El 26 de marzo de 1991 se suscribe en Asunción el Tratado del mismo nombre mediante el cual se crea el Mercosur o Mercado Común del Sur. Los signatarios originales fueron la República Argentina, la República Federativa del Brasil, la República del Paraguay y la República Oriental del Uruguay.

El Capítulo IV del Tratado de Asunción trata acerca de la adhesión al Mercosur de nuevos miembros. El Artículo 20 del Tratado reza textualmente:

"... La aprobación de las solicitudes será objeto de decisión unánime de los Estados Partes".

Desde luego, tratándose de países democráticos, esa aceptación pasa por la decisión favorable de cada uno de los parlamentos de esos países. De lo contrario, se estaría violando su soberanía.

El 8 de diciembre del 2005 Venezuela formalizó su solicitud de adhesión al Mercosur; sin embargo, de acuerdo con lo establecido en el antes mencionado artículo 20 del Tratado, su aceptación requiere de la "decisión unánime de los Estados Partes".

Argentina y Uruguay aceptaron rápidamente la solicitud venezolana. No fue así con Brasil. El Senado brasileño resistió duramente las presiones del presidente Lula durante varios años.

En el caso del Paraguay, el Senado -controlado por la oposición- se viene negando sistemáticamente al empeño del presidente Lugo de que la solicitud venezolana sea aceptada.

El presidente Chávez, acostumbrado a la flexibilidad con el cual los poderes Legislativo, Judicial (y a los efectos prácticos, todos los demás poderes del país) se ajustan a su voluntad, no puede entender que la esencia de la democracia consiste en el equilibrio e independencia entre esos poderes. "Le pouvoir arrête le pouvoir" (el poder frena el poder) decía Montesquieu. Eso es precisamente lo que está ocurriendo en Paraguay: el Legislativo está frenando las intenciones del Ejecutivo.

El Senado paraguayo basa su decisión en la *Declaración de Leñas* suscrita en junio de 1992 por los presidentes del Mercosur, mejor conocida como *Compromiso Democrático de Mercosur*, cuyo primer considerando recuerda que "la plena vigencia de las instituciones democráticas es condición indispensable para la existencia y desarrollo de Mercosur".

Adicionalmente, el 24 de julio de 1998, los presidentes de los países del Mercosur suscribieron en Argentina el Protocolo de Ushuaia, algunos de cuyos compromisos se transcriben a continuación:

> "Reiterando lo expresado en la Declaración de la Leñas del 27 de junio de 1992 en el sentido de que la plena vigencia de las instituciones democráticas es condición indispensable para la existencia y el desarrollo del Mercosur,
>
> Ratificando la Declaración Presidencial sobre el Compromiso Democrático en el Mercosur...
>
> Acuerdan lo siguiente:
>
> *Artículo 1*

> La plena vigencia de las instituciones democráticas es condición esencial para el desarrollo de los procesos de integración entre Estados Partes del presente Protocolo...
>
> *Artículo 9*
>
> El presente protocolo se aplicará a los Acuerdos de Integración que en el futuro se celebren entre Mercosur y...".

El *quid* del asunto está en que muchos dudan que en Venezuela estén en plena vigencia las instituciones democráticas. Adicionalmente, no pueden entender que el Poder Judicial, se pliegue a los deseos del Poder Ejecutivo, declarando como "no aplicable" decisiones provenientes de la Corte Interamericana de los Derechos Humanos o buscando vericuetos para incumplirlas como el caso de Leopoldo López o, sencillamente, que de buenas a primeras se decida la salida de la CAN sin medir las consecuencias que ello acarrea.

Las verdaderas manos "negras y peludas" que frenan el ingreso a Mercosur son casos como el de Franklin Brito que muere en huelga de hambre en protesta porque le quitaron sus tierras, o casos como el de la jueza Afiuni, el de

Simonovis, el comisario Henry Vivas o el de tantos otros presos políticos. Son las empresas expropiadas sin compensación. Es la decisión de despenalizar las invasiones.

Esas son las razones que frenan el ingreso de Venezuela al Mercosur. Se trata más bien de la inseguridad jurídica imperante, que siembra dudas acerca de que en el país exista una verdadera democracia.

Por otra parte, el presidente Chávez no cesa de recordarles a los demás miembros del Mercosur lo atractivo que es para ellos el mercado venezolano. Lo que todavía no nos ha explicado a los venezolanos es qué es lo que nosotros podemos vender en Mercosur, más allá de petróleo.

martes 13 de diciembre de 2011

Los costos de la ley de precios

Pasarán a la historia como los peores gobernantes que hemos tenido

Los controles cada vez más exhaustivos que viene aplicando el Gobierno en su tránsito hacia el socialismo, están acelerando la destrucción de la economía.

Esta situación se traduce en empobrecimiento, inflación, desempleo, corrupción, mercado negro y devaluación. En efecto, demostrada hasta la saciedad la incapacidad oficial para atender la demanda de bienes y servicios que requiere la sociedad, el líder de la revolución pretende enfrentar el problema endeudándose, expropiando empresas, exacerbando el gasto público y aumentando las importaciones del sector público (aunque éstas se pudran en los puertos).

Cree el Presidente que si aumenta el gasto del Estado el pueblo se sentirá mejor. Eso puede ocurrir por un corto tiempo. La realidad es que cualquiera que reciba un mayor ingreso, procurará comprar más bienes. Ahora bien, si esos bienes no están disponibles, el resultado será que habrá más dinero tratando de comprar menos bienes. Inevitablemente aumentará la inflación, que a estas alturas ya podríamos calificar como "galopante" y que, por esta vía, concluirá en "hiperinflación".

El Gobierno cree que puede controlar la situación mediante la Ley de Costos y Precios Justos. Opina que aunque se incremente el circulante, los controles impedirán que las empresas suban los precios (sin importarle que quiebren).

Les tengo, señores del Gobierno, una mala noticia. El daño que le están haciendo a la economía y al pueblo, hará que ustedes pasen a la historia como los peores gobernantes que hemos tenido.

Salvo en tiempos de guerra no existe en la historia de la humanidad un solo caso en que ese tipo de controles haya tenido éxito. Por razones académicas quizás sería interesante que alguno de los ministros -quizás Giordani- estudie las consecuencias que, por ejemplo, tuvo en el Imperio Romano el Edicto de Precios Máximos de Diocleciano (año 301 de la era cristiana). Desde entonces, las cosas no han cambiado.

Como una humilde contribución a la comprensión del problema, me voy a permitir transcribir a continuación la pág. 659 de un libro titulado “Fundamentos de Teoría Económica”, que publiqué en 1991 (primera edición). Allí propuse un conjunto de postulados a los cuales me atreví a calificar como “Ley que rige los Controles del Estado en Asuntos Económicos”.

Le apuesto fuerte contra puyita, señor Presidente, que mi ley prevalecerá frente a la suya. Le doy como ventaja el hecho de que usted cuenta con poderes habilitantes.

> “Primer Postulado: Las distorsiones que experimenta un sistema económico son más profundas y terminan teniendo repercusiones sociales más negativas, en la medida en que sean más complejas las políticas de controles y regulaciones que se apliquen en un Estado.
>
> Segundo Postulado: La corrupción crece en proporción directa al número y la complejidad de los controles impuestos por un Estado.

Tercer Postulado: Mientras mayor sea el control ejercido sobre quienes deben ejercer algún control, mayores serán también sus exigencias para conceder ventajas o beneficios derivados de la existencia del control a su cargo.

Cuarto Postulado: Mientras mayores sean las exigencias de quienes pueden conceder discrecionalmente beneficios derivados de los controles del Estado, más poderoso será el grupo de quienes logran aprovechar en beneficio propio las ventajas derivadas de la existencia de tales controles.

Quinto Postulado: Mientras más poderoso sea el grupo que aprovecha en beneficio propio las ventajas que se derivan de la existencia de los controles, más difícil será desmontar el aparataje de regulaciones del Estado.

Sexto Postulado: En la medida en que se logre reducir tanto los controles que afec-

> tan la economía, como la discrecionalidad de los funcionarios con poder de decisión sobre dichos controles, se podrá reducir también la influencia de los grupos que aprovechan en beneficio propio la existencia de esas regulaciones".

Lo anterior no quiere decir que el Estado deba ni pueda renunciar a ciertos controles. Lo que sí tiene que hacer el Estado es impedir y frenar la discrecionalidad de los funcionarios públicos, incluyendo de manera muy particular la del Presidente de la República.

Al leer las barbaridades contenidas en la Ley de Costos y Precios Justos, me atrevo a agregar un Séptimo Postulado: Cualquier gobernante que pretenda violar sistemáticamente las leyes fundamentales de la economía terminará, más temprano que tarde, execrado por su propio pueblo.

Los costos de la ley de precios acabarán con este gobierno.

martes 29 de noviembre de 2011

A otro chino con ese cuento

Sólo en el 2011 el flujo de caja de PDVSA se verá afectado en más de 18.430 millones de dólares

La Constitución de la República Bolivariana de Venezuela establece en su artículo 314: "No se hará ningún tipo de gasto que no haya sido previsto en la ley de presupuesto... ".

El diputado Miguel Ángel Rodríguez ha presentado una denuncia gravísima. Me refiero al caso del presunto Punto de Cuenta Nº 062-11 de fecha 15-4-2011 en relación con el Banco de Desarrollo Chino, presentado por el presidente de PDVSA al Comandante Presidente.

El presidente de PDVSA admite el uso de un "excelente mecanismo" para burlar el art. 314 de la Constitución, mediante la creación de un fondo paralelo a través del cual se utilizan los recursos del fondo sin aprobación de la Asamblea Nacional (pág. 6):

> "Por haberse constituido como un fondo, tiene una administración separada del Tesoro Nacional, lo cual permite la asignación de recursos por parte del Ejecutivo Nacional para proyectos de infraestructura y de interés social".

Y más adelante añade:

> "El uso de estos fondos para proyectos sólo requiere la aprobación del Ejecutivo Nacional, simplificando los procedimientos administrativos de aprobación".

A confesión de parte, relevo de pruebas; dice un axioma jurídico. Me pregunto si no es una burla a la ley evadir la aprobación de un financiamiento de esta magnitud por la Asamblea Nacional, enmascarándolo bajo la forma de un Fondo Chino, que debe pagar PDVSA -aunque los recursos no sean para ella- y cuya utilización "sólo requiere la aprobación del Ejecutivo Nacional".

¿Qué pensarán los chinos?

El China Center del Brookings Institution -reconocido Centro de políticas públicas- presenta un estudio elaborado por Erika Downs acerca de los negocios que en el área energética ha llevado a cabo el Banco de Desarrollo Chino en diversos países.

Al referirse a Venezuela -pág. 49-, el estudio comienza con la siguiente frase: "El gobierno de Venezuela es el mayor deudor extranjero del Banco de Desarrollo Chino".

En la página 51 del informe se puede leer:

> "En agosto del 2010 el Banco de Desarrollo Chino, Bandes, Chinaoil y PDVSA formalizaron un 'préstamo a cambio de petróleo' por más de 20.000 millones de dólares... este es el mayor financiamiento extranjero jamás aprobado... Consiste de tres acuerdos; un préstamo a Bandes -no a PDVSA- por 10.000 millones de dólares regido por leyes inglesas; un préstamo de 70.000 millones de RMB (US$ 10.600 millones) a Bandes -no a PDVSA- regido por leyes chinas y un contrato entre PDVSA y Chinaoil...".

La parte en dólares (49%) que se prestan a Bandes servirá para financiar proyectos en Venezuela -en violación al art. 314 de la CRBV- y la parte en RMB (51%) será utilizada para financiar proyectos conjuntos o para financiar proyectos bilaterales en China (2 satélites entre otras fruslerías). El RMB chino no es una moneda convertible. PDVSA es simplemente la paganini de préstamos que no son para ella, entregando 430.000 b/d por 10 años. Sólo en el 2011 el flujo de caja de PDVSA se verá afectado en más de 18.430 millones de dólares.

Se nos dice ahora que PDVSA ha contratado un nuevo préstamo por 6.000 millones adicionales para invertir en la Faja del Orinoco y se afirma con inigualable desfachatez que en apenas dos años la producción de ese proyecto alcanzará a 1.100.000 barriles diarios. Los desarrollos en la Faja son largos y complejos. Hay que perforar pozos, construir oleoductos por donde fluya petróleo que hay que calentar porque es muy denso y después construir grandes instalaciones para procesar ese crudo de mala calidad y transformarlo en crudos sintéticos, además de puertos. ¿2 años? A otro chino con ese cuento.

Por otra parte, China debería supervisar el gasto de los recursos provenientes del préstamo; sin embargo de acuerdo con fuentes venezolanas -pág. 52- "los chinos están incómodos porque 8.000 millones de dólares desaparecieron sin que fuesen sometidos a la consideración de China".

Para mitigar los riesgos políticos, los chinos insisten en un "accountability" más severo en el uso de los fondos. Quieren que sus préstamos sean percibidos como un "beneficio para Venezuela como un todo -y no sólo para Chávez-, ante la creciente posibilidad de un gobierno post Chávez que pudiera renegar del acuerdo de préstamo".

De la lectura del documento se deduce que los chinos están... preocupados: *(www.brookings.edu/~/media/Files/rc/papers/2011/0321_china_energy_downs/0321_china_energy_downs.pdf)*

martes 15 de noviembre de 2011

El Punto de Cuenta del presidente de PDVSA

Se están saltando los mecanismos para que los recursos que ingresan pasen al Tesoro Nacional

Con asombro fuimos testigos de la denuncia presentada el miércoles pasado por el diputado Miguel Ángel Rodríguez en relación con el Punto de Cuenta Nº 062-11 de fecha 15-4-2011 del presidente de PDVSA para el Comandante Presidente de la República. El diputado Rodríguez explica la forma como el documento llegó a sus manos y exige una inmediata investigación por parte de la Asamblea Nacional.

De una primera revisión del documento -obtenido a través de los medios de comunicación- saltan a la vista las presuntas irregularidades que caracterizan al famoso fondo acordado con el Banco de Desarrollo de China, mejor conocido como "Fondo Pesado" chino-venezolano. Y digo presuntas, porque su calificación definitiva corresponde a los tribunales.

En la página 3 del citado documento se puede leer textualmente:

> "En octubre del 2010, se acordó con el BDC un financiamiento de gran volumen y largo plazo, por US$ 20.000 MM, a un plazo de 10 años. Para el pago de esa deuda, se acordó un volumen de hasta 430 MBD... lo cual significa un 16% de la producción nacional de crudo".

Por lo pronto, el ministro reconoce en el referido Punto de Cuenta que 430.000 b/d representa el 16% del crudo que producimos. Eso significa que nuestra producción total es de 2,6 millones de barriles diarios y no de 3 millones como venía afirmando el Gobierno.

En segundo lugar, confiesa el ministro que para pagar los $ 20.000 millones recibidos del Banco de Desarrollo de China -más US$ 8.000 que ya se habían recibido mediante dos financiamientos anteriores de los años 2007 y 2008- PDVSA destinará 430.000 b/d durante 10 años (lo que equivaldría más o menos a pagar 60% de interés por un financiamiento de igual monto).

En tercer lugar en la página 2 del Punto de Cuenta se menciona que los barriles utilizados para el pago del Fondo chino han sido: "calculados a un precio promedio de 40 $/ barril".

Se queja textualmente Ramírez en la pág. 9 que el pago del Fondo: "constituye un fuerte impacto para PDVSA", ya que los precios reales del primer trimestre de 2010 eran de 91 $/B; es decir, que "PDVSA dejará de recibir US$ 12.556 MM"

"Además de no recibir el ingreso por esos volúmenes, PDVSA debe cubrir los costos de regalía, impuestos de extracción y costos de producción y refinación"... "En consecuencia -continúa el Punto de Cuenta en su pág. 9- el impacto financiero total de estos despachos para el año 2011, en el flujo de caja de PDVSA asciende a US$ 18.430 MM".

Pero quizás lo que más me impresiona del documento es la desfachatez con que se describe el *modus operandi* -que es calificado como un "excelente mecanismo"- para burlar los mecanismos de control en la utilización de los recursos del Fondo.

En las páginas 6 y 7 del Punto de Cuenta, se puede leer:

> a) "El Estado venezolano recibe de manera anticipada una masa de recursos financieros que será pagada en el futuro con entre-

> gas de crudo y productos por parte de PDVSA".
>
> b) "Por haberse constituido como un fondo, tiene una administración separada del Tesoro Nacional, lo cual permite la asignación de recursos por parte del Ejecutivo Nacional para proyectos de infraestructura y de interés social".
>
> c) "Este mecanismo ha permitido agilidad en los procesos de pago y otros procedimientos administrativos, con lo cual los recursos llegan oportunamente a los entes ejecutores de los proyectores".
>
> d) "El uso de estos fondos para proyectos sólo requiere la aprobación del Ejecutivo Nacional, simplificando los procedimientos administrativos de aprobación".

En otras palabras, en su Punto de Cuenta al Comandante Presidente, el ministro explica que se están saltando a la torera todos los mecanismos establecidos en las leyes para que los recursos que ingresan pasen al Tesoro Nacional y después puedan ser utilizados mediante un Presupuesto que debe ser aprobado por la Asamblea Nacional y cuya ejecución debe ser supervisada por la Contraloría General de la República. Confiesa también, de hecho, que los recursos recibidos a través del Fondo chino son asignados directamente por el Ejecutivo Nacional, sin que de ellos participen las gobernaciones y alcaldías.

En fin, las presuntas irregularidades son tan pesadas como parece serlo el mismo "Fondo Pesado" chino venezolano. En sana lógica, la Asamblea Nacional debería investigar esta situación de inmediato y, de existir una mínima independencia de los poderes, cabría esperar que la Contraloría procediese a inhabilitar a los funcionarios involucrados.

martes 1 de noviembre de 2011

PDVSA y China

La estatal petrolera conserva buena parte de los recursos y los gasta sin control de nadie

La destrucción a que ha sido sometida PDVSA será un caso de análisis en las universidades del mundo. Nunca en tiempos de paz se había sacrificado a la principal empresa de un Estado en el altar de una ideología. Esa empresa constituía la más importante fuente de riqueza y proporcionaba la inmensa mayoría de las divisas fuertes. A la misma le fueron despedidos más de 20.000 trabajadores, cada uno de los cuales tenía en promedio 15 años trabajando para la industria, o sea, que acumulaban más de 300.000 años de experiencia y conocimiento. Después de eso, fue avasallada por la politiquería y el populismo, obligándola a llevar a cabo infinidad de actividades que no formaban parte de su misión y que, por lo tanto, no sabía ejecutar, corrompiéndola y llevándola a casos tristemente célebres como el de Pdval. A PDVSA la endeudaron a niveles increíbles y ahora parece que le están asignando otra función: la de servir de punta de lanza para que las riquezas petroleras de Venezuela le sean entregadas a China, a cambio del compromiso de esta nación de asumir la defensa del régimen. Se trata de un papel que nos recuerda al de la URSS en Cuba en los años más candentes de la guerra fría.

Recientemente dos periodistas españoles, Juan Carlos Cardenal y Heriberto Araújo, realizaron una extraordinaria investigación que los llevó a recorrer más de 25 países y realizar más de 500 entrevistas en numerosos países africanos, de Asia Central y de América Latina. El resultado de su investigación se ha materializado en un libro titulado *"La silenciosa conquista de China"* que será publicado en cinco idiomas. El libro, repleto de historias humanas y datos, pretende explicar con evidencias descubiertas sobre el terreno cómo China está forjando su futura hegemonía, apoderándose de las riquezas naturales de los países que se lo permiten.

El modelo de negocios que viene aplicando China en Angola, República Democrática del Congo, Turkmenistán, Birmania y otros -sobre todo en países africanos- se asemeja mucho lo que están haciendo en Venezuela. Por lo pronto, salta a la vista el denominado "Fondo a Largo Plazo y Gran Volumen Chino Venezolano" (no es por cierto el único) a través del cual le prestaron a Venezuela 20.000 millones de dólares, de los cuales 10.000 millones en dólares y 10.000 millones en yuanes. Estos últimos sólo sirven para comprarle bienes y servicios a China.

Se cree que en pago, Venezuela se ha comprometido a entregarle a China el 16% de su producción petrolera (430.000 b/d) hasta el año 2023. El precio de venta resultante de esta negociación es de 40 dólares por barril. De confirmarse estas cifras, las pérdidas anuales de PDVSA en la operación superarían los 15.000 millones de dólares solamente en el año 2011. Si hablásemos en términos de intereses, el costo que estaríamos pagando por ese financiamiento sería del orden de un 60%.

¿No entenderán los chinos los riesgos que asumen?

Y mientras tanto PDVSA, asfixiada por las obligaciones que se le imponen de enviar petróleo a Cuba, de ayudar a países "hermanos" y a la vez de transformarse en el brazo financiero de la revolución, ya no parece estar en condiciones de cubrir ni siquiera sus propios gastos.

Para poder mantenerse a flote, PDVSA está solicitando que se le permita conservar el remanente en efectivo que aún existen del fondo chino y que se mantiene en un depósito en el Banco de Desarrollo Chino en Hong Kong.

A PDVSA ya no le alcanzan sus ingresos para cubrir sus operaciones. Por primera vez estamos siendo testigos de una PDVSA que, en vez de aportar recursos al Estado, tiene que ser auxiliada por el BCV, para lo cual este último recurre a emisiones inorgánicas de dinero. ¡Qué locura!

Antes, el ISLR, los dividendos y las regalías que pagaba PDVSA iban a parar al Tesoro Nacional. Esos recursos eran después utilizados por el Estado conforme a un Presupuesto Nacional aprobado por el Congreso y, el 20% de ellos (el situado constitucional), era distribuido entre gobernaciones y las alcaldías

Hoy en día PDVSA conserva buena parte de los recursos y los gasta sin control de nadie. Otra parte es enviada al Fonden que tampoco rinde cuentas, mientras la Contraloría General de la República se mantiene ciega, sorda y muda. A las gobernaciones y a las alcaldías se les están escamoteando los recursos que constitucionalmente les corresponden, mediante el artificio de aprobar un presupuesto en base a un precio del petróleo substancialmente inferior al real.

¡Qué barbaridad!

martes 18 de octubre de 2011

¿Más escuelas o más armas?

Hay que devolverle la racionalidad al destino del país. La prioridad somos los venezolanos

Para qué necesita Venezuela un segundo satélite chino o más aviones, submarinos, tanques de guerra, misiles y toda la quincallería bélica que le estamos comprando a Rusia? ¿A quién le vamos a declarar la guerra? ¿Acaso no sería prioritario invertir ese dinero en educación, en salud, en justicia o en seguridad?

Venezuela ya es el primer comprador de armamento de Rusia en Latinoamérica y el segundo del mundo después de India. Pero se acaba de anunciar un nuevo crédito de 4.000 millones de dólares para la compra de más material militar ruso. ¡Por Dios! ¿Acaso el propio Presidente no ha sido testigo en carne propia de la urgencia de invertir en nuestros hospitales (quizás en el área de la oncología)?

¿No es acaso prioritaria la educación? ¿Cómo es posible que seamos testigos del abandono en que se encuentran nuestras escuelas, mientras el Gobierno se empeña en adquirir el más sofisticado armamento? ¿Son acaso éstos más importantes que el presupuesto de nuestras universidades?

¿Cómo entender que mientras la inseguridad asola de manera inmisericorde toda la geografía nacional, el gobernante se ufane de que está adquiriendo sistemas misilísticos, equipos antiaéreos y submarinos? ¿Cómo se puede estar tan despegado del suelo para creer que el pueblo necesita un segundo satélite?

¿Cómo entender un reciente evento donde el oficialismo convoca a especialistas en el tema de la inseguridad, sólo para concluir que la misma no es más que una "sensación" creada por los medios? Para probar la tesis de la "sensación de inseguridad", una de las "especialistas" afirmó que las cifras de asesinatos no son reales porque los medios no citan fuentes oficiales. ¿No sabe esa señora que esas fuentes dejaron de suministrar cifras oficiales?

Y desde luego, la inseguridad está estrechamente ligada a la impunidad. ¡Los crímenes prosperan porque la policía y la justicia venezolana no son capaces de capturar ni de procesar a la abrumadora mayoría de los delincuentes! ¿Cómo pretenden convencernos que sus juguetes bélicos son más importantes?

¿Cómo entender que se aleguen razones de defensa de la integridad territorial para justificar la compra de armas, al mismo tiempo que se renuncia en la práctica a nuestros derechos en la Zona en Reclamación, simplemente para complacer a Fidel y a los países del Caricom?

Muchos creen que todo es el resultado de la corrupción que acompaña al tema de la compra de armamentos, donde además se mezclan las mafias rusas. ¡Desengáñense! El asunto es mucho más complejo y obedece a una profunda planificación. A quienes no lo crean, los invito a leer el *Plan de Desarrollo Económico y Social 2007-2013*. Allí se insiste reiteradamente en la necesidad de promover nuevas "relaciones políticas, económicas y culturales" con la idea de "construir un mundo multipolar que quebrante la hegemonía del imperio norteamericano". Allí claramente se establece que nuestro petróleo debe ser utilizado como punta de lanza, no para promover un desarrollo económico capaz de resolver los problemas sociales, sino más bien como instrumento para luchar contra la odiada "hegemonía" y promover los objetivos ideológicos del Socialismo del Siglo XXI.

Por eso es más importante comprarle armas a Rusia y Bielorrusia o todas las fruslerías que se le están comprando a China, antes que construir escuelas, hospitales y carreteras en Venezuela. Allí se le da prioridad a las relaciones con Cuba, con Irán, con Rusia, con Bielorrusia, con China o con Siria. Más que promover un intercambio comercial fructífero y equilibrado, la nueva visión geopolítica hace hincapié en un intercambio *político-ideológico* con "otras naciones alineadas en similares trincheras antiimperialistas o con los polos de poder extra regionales" que contribuyan a "quebrantar" al detestado imperio, aunque para ello le entreguemos el país a otros imperios mil veces peores.

¿No nos estaremos comiendo la flecha en la autopista del mundo al mantener tal hermandad con Bashar al-Assad -tirano hereditario que masacra al pueblo sirio- o con Ahmadinejad, percibido como una creciente amenaza a la paz mundial? ¿En qué planeta estarán viviendo nuestros gobernantes cuando siguen defendiendo a un tirano derrocado como Gadafi?

Llegó el momento de que los venezolanos comprendamos que hay que devolverle la racionalidad al destino del país. La prioridad somos los venezolanos. Las fantasías ideológicas de Chávez son cosa del pasado, tal como él mismo lo es.

martes 4 de octubre de 2011

¿Y la soberanía?... Bien, gracias

¿Y tanta palabrería acerca de la defensa de la patria y la soberanía?...

En 1824 Gran Bretaña había reconocido el Río Esequibo como límite occidental de la Guayana Británica. Sin embargo, atraída por las riquezas auríferas de la región, ocupó poco a poco territorio venezolano, llegando a proponer hacia 1870 la llamada Línea Schomburgk que llegaba hasta las cercanías de Upata.

Aquello provocó la ruptura de relaciones entre Venezuela y Gran Bretaña y condujo a la creación de un Laudo Arbitral que quedó constituido por dos norteamericanos, dos británicos y un ruso. A Venezuela no se le permitió nombrar a ninguno de los árbitros, aunque al menos pudo designar a un abogado de Nueva York como representante jurídico de Venezuela ante el Tribunal Arbitral. Se llamaba Severo Mallet-Prevost.

El resultado de aquel arbitraje, que tuvo lugar el 3 de octubre de 1899, se conoció como el Laudo de París. A pesar de los avatares de la Revolución Restauradora, Venezuela denunció de inmediato aquella decisión declarándola írrita. El Laudo no tomó en cuenta para nada los claros títulos que Venezuela poseía.

El Laudo fue el resultado de una componenda política. Así lo denunció en memorando póstumo Severo Mallet-Prevost, afirmando que aquella decisión fue "injusta para Venezuela y la despojó de un territorio muy extenso e importante sobre el cual Gran Bretaña no tenía, en mi opinión, la menor sombra de derecho".

Cuando Gran Bretaña concede la independencia a Guyana, se firma el Acuerdo de Ginebra en 1966, en el cual las partes convienen en buscar una solución "amistosa" y "aceptable". En 1970 las partes suscriben el Protocolo de Puerto España, en el cual se congelan las negociaciones por 12 años.

Venezuela considera el territorio al Oeste del Río Esequibo como una Zona en Reclamación y así lo reconoce la comunidad internacional. Jurídicamente la posición de Venezuela se fortalece al desconocer inversiones que se realicen en ese territorio, hasta tanto se resuelva la disputa.

Esa fue la posición que sostuvimos en 1978 ante la posibilidad de que Venezuela cooperara en la construcción del proyecto hidroeléctrico del Alto Mazaruni a cambio de la disposición guyanesa de proceder a un arreglo práctico de la disputa.

En todo caso, a partir 1983, al expirar el Protocolo de Puerto España, Venezuela manifestó su intención de remitir la controversia al Secretario General de la ONU, lo cual Guyana aceptó.

A lo largo de más de un siglo, la posición de Venezuela en este sentido ha sido la misma. La Constitución aprobada en 1999 establece en su Art. 10 que los territorios y espacios geográficos de la República "son los que le correspondían a la Capitanía General de Venezuela antes de la transformación política iniciada el 19 de abril de 1810, con las modificaciones resultantes de los tratados y laudos arbitrales no viciados de nulidad". Esto se refería al Laudo de París, que Venezuela siempre consideró nulo.

En el año 2004 las cosas comenzaron a cambiar. Fidel Castro promovía la candidatura del ex presidente de Costa Rica, Miguel Ángel Rodríguez, a la Secretaria General de la OEA.

Se dice que convenció a Chávez de apoyar esa candidatura. Pero para poder garantizar el triunfo de Rodríguez, se necesitaban los votos de las naciones del Caricom.

El Caricom tradicionalmente ha sido favorable a Guyana frente a la reclamación territorial venezolana. Castro intervino para suavizar la postura venezolana, a fin de inclinar el voto de esas naciones dentro de la OEA a favor de su candidato, lo cual también favorecía a Chávez.

El plan de Castro funcionó a la perfección y Miguel Ángel Rodríguez resultó electo como Secretario General de la OEA en el año 2004. Sin embargo su pasantía por la Organización fue breve, ya que acusado de corrupción en su país tuvo que renunciar y fue trasladado esposado a Costa Rica, donde fue condenado a cinco años de cárcel.

Pero ahora ha llegado el momento de la verdad. Guyana ha venido otorgando concesiones y procurando extender su mar territorial a 300 millas sin preocuparse de Venezuela. De salirse con la suya, Venezuela perdería 150 mil kilómetros cuadrados de áreas marinas y submarinas. Si lo que les hemos escuchado al canciller Maduro y al embajador Chaderton representan la posición oficial de nuestro país, mucho me temo que vamos a lanzar al cesto de la basura los derechos que le corresponden a Venezuela. Una vez nuestra política exterior la de define Cuba.

¿Y tanta palabrería acerca de la defensa de la patria y la soberanía?... Bien gracias

martes 20 de septiembre de 2011

Carta abierta a Luisa Estela Morales

Con respeto le sugiero la lectura del "Manual para la aplicación de Instrumentos Internacionales"

Con el respeto que me merece su alta jerarquía, deseo recomendarle la lectura de un libro titulado *"Manual para la aplicación de Instrumentos Internacionales"*, que forma parte del Proyecto *"Capacitación de Jueces en Derechos Humanos"* publicado bajo los auspicios del TSJ en el año 2004, coordinado por un eminente Magistrado de ese Tribunal, Dr. Juan Rafael Perdomo.

> "Este Manual está dirigido a los jueces que forman parte del 'Programa de Capacitación para Jueces y/o Juezas en Derechos Humanos' que adelanta el Tribunal Supremo de Justicia, con Asesoría técnica de

> Amnistía Internacional (AI) y la Administración del Programa de Naciones Unidas para el Desarrollo (PNUD)..."

Como no me consta, Dra. Morales, que usted haya participado en el referido *"Programa de Capacitación"*, me permito transcribirle a continuación algunas frases tomadas del mismo:

> "... el Estado venezolano ha ratificado la mayoría de los instrumentos internacionales sobre derechos humanos que se han aprobado tanto en el ámbito de la Organización de las Naciones Unidas (ONU) como en el de la Organización de los Estados Americanos (OEA)... ".

> "Lo anterior acarrea que el Estado venezolano esté sometido a supervisión internacional, pudiendo ser declarado responsable por la inobservancia de los instrumentos internacionales sobre derechos humanos".

> "El incumplimiento de lo dispuesto en estos instrumentos no sólo se limita a los

> órganos del Poder Ejecutivo, sino que también abarca al resto de los poderes públicos, incluyendo el Poder Judicial, por lo que puede consistir en una aplicación errada o una omisión en el ámbito interno, de lo dispuesto en dichos instrumentos internacionales"... (Pág. 1)
>
> "Los jueces constituyen actores fundamentales en la tutela de los derechos humanos de la población. Por esta razón es necesario que conozcan y apliquen los principios y contenidos del Derecho Internacional de los Derechos Humanos en la labor de administrar justicia y entiendan la estrecha relación existente con el Derecho Interno". (Pag. 2)

Al referirse a los *Instrumentos Internacionales sobre Derechos Humanos y la Responsabilidad Internacional del Estado*, el referido texto auspiciado por el TSJ sostiene:

> "Actualmente se reconoce la capacidad del ser humano para reclamar tanto en la jurisdicción interna como internacional la

> responsabilidad del Estado por la violación de los mencionados derechos"... (Pág. 29)

En la página 31 del Manual en referencia, se formula la pregunta:

> "¿Un Estado puede ser declarado internacionalmente responsable debido a las actuaciones de su poder judicial?
>
> "La respuesta es afirmativa, puesto que en materia de responsabilidad internacional rige el principio de unidad del Estado, razón por la cual la obligación de respetar los derechos humanos no se limita al poder ejecutivo, sino que abarca a cada una de las instancias que funja como sujeto activo de la violación"...
>
> "La Corte Interamericana de los Derechos Humanos considera que:
>
> ... la responsabilidad internacional del Estado puede generarse por actos u omisiones de cualquier poder u órgano de éste,

> independientemente de su jerarquía, que violen la Convención Americana"

Al referirse al tema de la soberanía, el Manual cuya publicación fue auspiciada por el TSJ, afirma:

> "Las soberanía es el poder que tienen los Estados para realizar actos de gobierno sobre la población que vive en su territorio. En el derecho internacional contemporáneo, la concepción de soberanía sigue siendo importante, pero ha sufrido importantes transformaciones, en gran medida debido a la fuerte influencia del derecho internacional de los derechos humanos." (Pág. 45)

> "¿Es la soberanía excusa válida para justificar el incumplimiento de un tratado internacional sobre derechos humanos"

La respuesta en el texto es tajante:

> "No, un Estado que viole un tratado internacional sobre derechos humanos y justifique esa conducta alegando razones de soberanía, incurre en un ilícito internacional y en consecuencia puede ser declarado internacionalmente responsable" (Pág. 45)

> "Cuando un Estado ratifica un tratado internacional sobre derechos humanos y acepta someterse a la supervisión de los mecanismos creados por estos instrumentos, realiza cesiones de soberanía. La internacionalización de los derechos humanos se ha convertido en un límite a la soberanía de los Estados..." (Pág 47)

Me permito sugerirle, Dra. Morales, que le envíe una copia de este Manual al Canciller. Si a Ud le hace falta, lo pongo a su disposición.

martes 6 de septiembre de 2011

"Contango" y "Backwardation"

Sólo faltaba la guinda del pastel: la caída de los precios del petróleo. Nos esperan tiempo difíciles

Los mercados energéticos se han visto sacudidos este año por dos severos eventos que tenían la capacidad de elevar los precios del petróleo a niveles pocas veces imaginados.

Por una parte -en plena "primavera árabe"- la guerra civil en Libia sacó del mercado 1,6 millones de barriles diarios de petróleo.

En segundo lugar, otro importante agente energético entró en crisis: la energía atómica. El terremoto y el tsunami de Japón afectaron gravemente los reactores nucleares de Fukushima reviviendo los temores de Chernobyl. Se congelan todos los proyectos nucleares y las miradas se voltearon nuevamente hacia el petróleo.

En ese momento se produce un fenómeno conocido bajo el nombre: "Contango". Es una situación en la cual los mercados se convencen de que los precios del petróleo, en el futuro cercano, van a ser mayores que los actuales. Se abre el apetito para la especulación y los precios suben.

Ahora bien, la economía mundial -que aún no se había recuperado de la grave crisis del 2008- no pudo soportar los efectos del aumento en los precios petroleros, aunados a la crisis de endeudamiento en los países europeos y el enfriamiento de la economía estadounidense. Reaparece el fantasma de la crisis. Todas las grandes economías del mundo están revisando hacia la baja sus expectativas de crecimiento y, evidentemente, a menor crecimiento económico, habrá menor consumo de petróleo.

En medio de tales circunstancias se derrumba finalmente el gobierno de Gadafi, quien al igual que otros líderes de su calaña, anda disociado de la realidad sin darse cuenta de que ahora no es más que un fugitivo odiado por su pueblo.

Hablemos un poco de Libia. En 1961 ese país producía tan sólo 20.000 barriles de petróleo. Apenas 8 años después, en 1969, había logrado la hazaña de aumentar su producción a más de 3.100.000 barriles diarios y se pensaban que en poco tiempo alcanzaría los cinco millones.

Pero en 1969 Gadafi da un golpe de Estado e instaura una dictadura que, entre otras cosas, provoca el derrumbe de la producción petrolera libia, promueve el terrorismo e interviene en otros países.

Ya para el 2000, forzado por la necesidad y aislado por el mundo, Gadafi renuncia a su trayectoria de patrocinio a terroristas y vuelve a llamar a las compañías petroleras. Hoy en día las mayores empresas americanas, europeas, chinas, rusas, japonesas, indias e indonesias venían ya operando en Libia, hasta que estalló la revuelta hace seis meses, cuando se paraliza la producción.

Gadafi ya es historia y Libia -ávida de recursos para emprender su reconstrucción- retomará su producción con todo el potencial característico de sus prolíficos yacimientos y sus enormes reservas petroleras.

Pero en una economía mundial estancada, el reingreso al mercado del petróleo libio puede traducirse en una caída importante de los precios del petróleo. Se podría entonces producir otro fenómeno, inverso al "contango", conocido como "backwardation".

Eso ocurre cuando los mercados esperan que en el futuro los precios del petróleo van a ser más bajos que en el presente y en consecuencia comienzan a especular a la baja, forzando una caída de los precios.

Malas noticias para Venezuela y peores para su gobierno. El petróleo aporta el 95% de los dólares que nos ingresan y que son indispensables para mantener las importaciones que requiere el país, cuyo aparato productivo ha sido destrozado por la locura, la ignorancia y el dogmatismo gubernamental.

Esto augura una nueva devaluación y una inflación aún mayor. Habrá más escasez resultado de la falta de inversión y de unos controles irracionales. A ello hay que sumar el deterioro de los servicios públicos, particularmente de la salud, la increíble ineficiencia del aparato gubernamental, la crisis eléctrica, la inseguridad física y jurídica, el endeudamiento, los manejos con las reservas internacionales, la destrucción de PDVSA, los alimentos que se pudren y la corrupción. Sólo faltaba la guinda del pastel: la caída de los precios del petróleo. Nos esperan tiempos difíciles.

No le arriendo las ganancias al oficialismo -con un presidente enfermo- que estableciendo un símil con los mercados petroleros enfrenta una situación de "backwardation", es decir, que existe la convicción de que en el futuro cercano valdrá menos que ahora. Para colmo tendrá que enfrentar una oposición que a diferencia del gobierno prospera bajo el signo del "contango" y cuyos integrantes, además, están bailando tango pegados.

martes 23 de agosto de 2011

¡Trasladan el oro a Moscú!

El oro es recibido en Moscú como garantía para compras de aviones, tanques de guerra...

Me voy a referir a un asunto de extrema gravedad. Las reservas de oro constituyen parte fundamental del respaldo de la moneda. En el caso que nos ocupa se habla de 510 toneladas de oro. A valores del año 2005 el precio rondaría los diez mil millones de dólares, aunque en los mercados su precio podría ser considerablemente superior. Fueron acumuladas durante los años en los cuales el país mantuvo una política de neutralidad internacional.

Esas reservas siempre estuvieron bajo la responsabilidad del principal banco del país y -de acuerdo con la ley- la entidad sólo puede vender el oro para ejercer una acción interventora en el tipo de cambio y defender la estabilidad de la moneda.

El Gobierno procede a eliminar progresivamente la autonomía que debería tener la institución. Para ello coloca en la dirección del banco a personas absolutamente leales, a la vez que propicia la salida de altos ejecutivos que pudieran adversar el manejos de las reservas.

Mientras tanto, la situación del país es cada vez más tensa. Hay ruido de sables y se teme que en cualquier momento pueda producirse una rebelión militar. Los rumores circulan en los cuarteles. El alto mando, como es natural, es proclive al Gobierno; sin embargo muchos oficiales de alto nivel y en mandos medios están cada vez más en desacuerdo con el rumbo que están tomando las cosas. No sólo los militares están polarizados, también lo está la población en general.

Por definición, los militares están obligados a la disciplina, la obediencia y la subordinación. La alianza con los comunistas y medidas tales como el manejo irregular de las reservas internacionales, contribuyen sin embargo -entre otras muchas causas- a la percepción de que si el Gobierno actúa al margen de la ley, los militares ya no tienen la obligación de sujetarse a su mando. La tensión es cada vez mayor.

Simultáneamente la situación internacional se va complicando.

Temeroso de que las reservas caigan en manos de sus adversarios, el Gobierno decide finalmente movilizar el oro. Dado el "carácter reservado de la operación" pretende hacerlo de manera semiclandestina, pero al filtrarse la operación, contribuye a agravar la intensa preocupación en los rangos militares.

El presidente de la República, cuyo "estado espiritual es verdaderamente lamentable", ordena el traslado del oro. Efectivamente, el 13 de setiembre de 1936, Manuel Azaña -presidente de la República española- firma el decreto autorizando el transporte "de las existencias que en oro, plata y billetes hubiera en aquel momento en el establecimiento central del Banco de España".

El 18 de julio de 1936 un sector importante del ejército -liderados por los generales Franco, Sanjurjo y Mola- se habían alzado en armas contra la Segunda República española.

El 25 de octubre de ese mismo año, se embarcan con destino a Rusia en los buques soviéticos Kine, Kursk, Neva y Vogoles, 7.800 cajas llenas de oro, amonedado y en lingotes, que constituían la mayor parte de las reservas de España. La operación fue supervisada por el ministro de Hacienda, Juan Negrín.

El oro es recibido en Moscú como garantía para compras de aviones, tanques de guerra, cañones antitanques, armas en general y pertrechos. La Rusia comunista cobró precios exorbitantes por las armas, por fundir el oro, por el transporte, por el cambio, por la custodia, etc. La operación de colocar las reservas en Rusia fue un desastre para la República, la cual no sólo resultó estafada sino que, al ponerse en manos de Stalin, perdió por completo su autonomía financiera.

Como era de esperar, la manipulación de las reservas en poder del Banco de España desata una severa crisis monetaria en la Segunda República, provocando una inflación incontrolable.

Lo que vino después es ampliamente conocido. España se hunde no sólo en la miseria, sino peor aún, en una guerra brutal y fratricida en la cual ambos bandos cometen las más increíbles atrocidades y mueren centenares de miles de personas. El resultado final fue una larga y terrible dictadura que habría de durar hasta la muerte de Franco el 20 de noviembre de 1975.

La historia tiene una terca tendencia a repetirse. Las reservas internacionales son sagradas. De ellas depende la estabilidad del signo monetario. Nadie puede disponer de ellas a su antojo, ni manejarlas como si fuesen mis reservas, porque -al igual que ocurre con las fuerzas armadas- están al servicio exclusivo de la Nación y en ningún caso al de persona o parcialidad política alguna.

martes 9 de agosto de 2011

Venecuba vs. Municipio Baruta

Aguarden un momento.

¡No todo es malo!

Hay otra cara de la moneda.

Hay otra Venezuela posible

Venezuela es un país en conflicto. Cada día se realizan infinidad de protestas de trabajadores públicos o empresas nacionalizadas cuyo personal no ha recibido sus pagos, al igual que ciudadanos desengañados, víctimas de promesas incumplidas. La TV vive encadenada -a veces por horas- mientras un fulano que se cree dueño y señor de vidas y haciendas trata de imponernos, a como dé lugar, un socialismo detestable que nos quiere llevar a Cuba -ese mar de la felicidad- que de acuerdo con las encuestas nadie desea.

Nos sentimos mudos e impotentes testigos ante la destrucción progresiva de las instituciones democráticas: la separación e independencia de los poderes (Montesquieu: *"le pouvoir arrête le pouvoir"*) y tantos otros conceptos que habíamos internalizado y que formaban parte de nuestros sistema de vida tal como el respeto a la propiedad privada, la libertad de expresión y la existencia de unos tribunales que, mal que bien, eran capaces de impedir la anarquía.

Y desde luego está la inseguridad. Ese monstruo de mil cabezas que ha engullido a centenares de miles de vidas ante la mirada incompetente e impávida de las autoridades.

La escasez, la inflación -quizás la más alta del mundo-, un aparato productivo en ruinas, la industria petrolera destartalada.

Y para colmo la omnipresente figura de ese fulano -ahora calvo- que demuestra su desprecio por los profesionales venezolanos, al extremo de que se trata sus males en un país donde los adelantos de la oncología hay que estudiarlos recurriendo a la paleontología. Desprecio que por cierto se extiende a otras profesiones con escenas que nos turban en lo más profundo de la conciencia al observar (por primera vez en nuestra historia, ya sea precolombina, colonial o republicana) a un grupo de militares, rodilla en tierra, como recibiendo a un dios que baja del Olimpo.

Todo lo anterior nos hunde en una suerte de depresión colectiva.

Pero aguarden un momento. ¡No todo es malo! Hay otra cara de la moneda. Hay otra Venezuela posible.

La oposición está reaccionando y la MUD se está organizando. La historia, como suele hacerlo, nos está planteando el reto de eventos inesperados que pudieran llegar a cambiarlo todo. Hay razones para ser optimistas.

Veamos la Venezuela que será en vez de la que es. Es un país lleno de oportunidades para los jóvenes que con su esfuerzo tendrán que desempeñar un rol relevante en la reconstrucción que se avecina. Es un país donde a través de un acuerdo social se alcanzará la seguridad jurídica que permitirá que miles de millones de dólares sean invertidos, creando millones de empleos, construyendo centenares de miles de viviendas, reconstruyendo las instituciones hoy desmontadas. Un Estado que se ocupará de sus funciones propias y que dedicará sus recursos a los venezolanos antes que a Cuba, Bielorrusia, Nicaragua, Bolivia, etc.

¿Puede todo eso ocurrir? ¡Claro que sí! De hecho, si en lugar de observar los males macro que nos acosan, yo bajase la mirada a mi propio vecindario, allí puedo encontrar la Venezuela que yo quiero para mis hijos. Voy a citarlo aunque sea a modo de ejemplo:

Vivo en el Municipio Baruta. En una urbanización cuyas calles fueron todas recientemente asfaltadas. El aseo urbano recoge varias veces a la semana la basura. Con las últimas lluvias se produjo frente a mi casa un deslave que amenaza con interrumpir la vía e incluso con el derrumbe de algunas casas. Pues bien, la alcaldía se hizo presente de inmediato y ya está iniciando los trabajos para resolver el problema. De la seguridad, no tengo nada que quejarme. ¡Al contrario! Todo el tiempo pasan patrullas y policías motorizados que se detienen y preguntan con educación si todo está en orden. Las calles están limpias y las aceras son barridas. Regularmente los árboles son podados y sembrados y la grama mantenida. El pago de los impuestos se facilita gracias a unidades móviles que se estacionan en sitios accesibles a los vecinos. En esas mismas unidades se pueden obtener con facilidad documentos tales como constancias de residencia, fe de vida, etc. A la vez, el alcalde está demandando ante el TSJ la nulidad de la llamadas Leyes del Poder Popular que pretenden crear un Estado paralelo que concentraría todo el poder en el hombre calvo.

En fin, ese es sólo un ejemplo de que la Venezuela que todos queremos sí se puede lograr. Si Gerardo Blyde ha podido lograrlo en Baruta, no me cabe la menor duda de que nuestro candidato unitario a la Presidencia de la República también podrá lograrlo.

martes 26 de julio de 2011

...Al tercer día resucitó entre los muertos

¿Quién sustituiría al comandante presidente?

¿Cómo podría mantenerse la revolución?...

Existen algunos líderes que despertaron en la población un fervor que rayaba en el fanatismo religioso. Eso sin duda lo lograron Hitler, Mussolini o Mao. Todos pudieron hipnotizar al pueblo con encendidos discursos en los cuales tensaban las fibras más íntimas, exacerban los temores más recónditos y despertaban los odios más profundos. Un torbellino de sensaciones se apoderaba de las masas que caían como idiotizadas frente a la palabra del líder, quien pasaba a ser percibido como una suerte de semidiós.

También Latinoamérica ha contado con este tipo de dirigentes que fueron capaces de subyugar con su palabra a los habitantes de sus naciones. Ejemplos sobran y, por sólo mencionar unos pocos, podemos referirnos a Perón y a Evita Perón en la Argentina, a Velasco Alvarado en Perú y a Fidel Castro en Cuba.

Con excepción de Evita, todos fueron militares, todos fueron dictadores y todos participaron en golpes de Estado o alcanzaron el poder por la vía de las armas. Todos tuvieron las mismas características comunes: el militarismo y el populismo.

Como antes se mencionó, fueron percibidos en el imaginario popular como una suerte de semidioses; sin embargo, ninguno alcanzó el estatus final de dios, por la sencilla razón de que ninguno logró regresar de la muerte. ¿Se imaginan los lectores a una Evita que -curada hipotéticamente en Cuba de su grave enfermedad- hubiese podido encabezar nuevamente alguna de aquellas gigantescas manifestaciones ante sus "queridos descamisados" desde el balcón de la Casa Rosada en Buenos Aires?

Quizás el líder que más ha profundizado en el potencial político de una resurrección ha sido Fidel Castro. De hecho en 1997 desapareció de la palestra pública y puso a correr el rumor de que había enfermado gravemente e incluso de que había fallecido. La tensión alcanzó niveles inusitados. En los círculos diplomáticos se cruzaban toda suerte de versiones, en tanto que la prensa internacional se hacía eco de informaciones que en muchos casos eran sembradas. Todos decían tener una fuente creíble que aseguraba que estaba grave o que había muerto o que estaba incapacitado. El malestar era tal que muchos pensaban que de un momento a otro se produciría algún evento que iba a cambiar el curso de la historia; sin embargo, nadie dentro del país se atrevía a asomar la cabeza por temor a que se la cortaran. Incluso dentro de la alta jerarquía del partido, no sabían lo que ocurría. Las especulaciones de todo tipo estaban a la orden del día. ¿Quién sustituiría al comandante presidente? ¿Cómo podría mantenerse la revolución? ¿Soltarían a los presos políticos? ¿Qué harían otros gobiernos? ¿Continuaría el socialismo?

Pero finalmente todo se trataba de una patraña cuidadosamente orquestada por el propio Fidel para profundizar tanto el desconcierto de los ciudadanos como su control sobre los cubanos, que venían atravesando por gravísimas dificultades y enormes carencias durante el llamado "período especial" -caracterizado por una larga crisis económica- que se había iniciado en 1991 a raíz del colapso de la URSS.

Así, no al tercer día, pero sí a la tercera semana -el 1 de setiembre de 1997- Fidel hizo su reaparición. En una rueda de prensa celebrada en La Habana, se rió ante los periodistas y les declaró:

- "Todos tenemos que morir. Algún día pasa."

Después -en tono jocoso- agregó:

- "Cuando realmente ocurra, a las autoridades cubanas les será difícil convencer al pueblo de que es cierto".

Fidel había simulado una resurrección. No hacía otra cosa que tratar de exaltar un sentimiento popular, una suerte de fe de cuasi religiosa, capaz de mantenerlo en el poder para siempre.

Parodiando a Pascal, quien refiriéndose al amor afirmó: "El corazón tiene sus razones que la razón no comprende", se podría alegar lo mismo con respecto a la fe.

La razón no puede comprender que un político que ha causado tanto daño a su país pueda conservar todavía un importante apoyo popular. Sólo ese sentimiento de fe cuasi religiosa lo explica. Ahora bien, ¿qué ocurriría con el imaginario popular si, tal como se narra en el Evangelio de San Pablo, ... "desciende a los infiernos y al tercer día resucita entre los muertos... "?

Y de paso no olvidemos que, en todo caso, por ser Dios, Cristo tuvo la potestad de elegir a su sucesor en la tierra:

> "Eres, Pedro, y sobre esta piedra erigiré mi iglesia... a ti te daré las llaves del reino de los cielos" (Mateo 16 13-20).

martes 12 de julio de 2011

"... yo bajaré tranquilo al sepulcro"

Se pretende venderle a los venezolanos una figura del Padre de la Patria teñida de marxismo

El 5 de julio se cumplió el bicentenario de la independencia de Venezuela. Dentro de pocos días celebraremos el onomástico del Padre de la Patria. Como es de esperar, estas son fechas en las cuales se honra su memoria.

Bolívar, sin embargo, no ha podido descansar en paz. Su tumba ha sido perturbada, su palabra ha sido tergiversada y se ha abusado de su memoria al extremo de atribuirle ideologías y pensamientos que en vida le hubieran resultado chocantes.

Todavía en vida se preocupaba grandemente por el uso indebido que se hacía de su nombre. Al respecto resulta interesante revisar algunos párrafos de una carta que desde Popayán le escribe, en 1928, a Antonio Leocadio Guzmán:

> "Si algunas personas interpretan siniestramente mi modo de pensar, me es bien sensible pero inevitable; con mi nombre se quiere hacer el bien y el mal y muchos lo involucran como el texto de sus disparates".

Pero si eso le ocurrió en vida, nunca se pudo imaginar El Libertador las barbaridades que hoy se le quieren achacar. Ciertamente el Padre de la Patria tuvo una larga carrera política y a lo largo de tantas décadas de vida pública escribió infinidad de cartas, manifiestos proclamas y expresó tantas y tan variadas ideas, que resulta fácil extraer alguna expresión aislada que sirva para atribuirle, a los ojos del lector poco conocedor o mal intencionado, un supuesto apoyo a alguna intención que en nada coincide con su general manera de pensar.

Bolívar luchó siempre por la unidad de su patria y por la eliminación de las diferencias entre los ciudadanos. Él aspiraba a lograr un crisol de razas. Hoy se pretende venderle como un adalid de la "lucha de clases", término que en aquella época no existía, pero que sin embargo ya se manifestaba bajo otro concepto que se definía como "lucha de colores". Procurando como antes se dijo la unidad de todos, Bolívar aborreció ese tipo de conflictos, pues comprendió que sembrarían un daño colectivo en la sociedad que terminaría a por destruirla.

Entre los más cercanos colaboradores de El Libertador estaba el general Manuel Piar, quien creyó ver en la lucha de clases -entonces lucha de colores- una oportunidad en beneficio de la causa emancipadora, tal como Boves lo había hecho poner a los llaneros del lado de la causa realista.

El 5 de agosto de 1817, desde el Cuartel General de Guayana, Bolívar emite una proclama en la que acusaba a Piar de "proclamar los principios odiosos de la guerra de colores para destruir la igualdad... ".

Se trataba de un tema que Bolívar aborrecía -como ya se dijo- y que finalmente lo llevó a someter a Piar a un Consejo de Guerra, que terminó por condenarlo al fusilamiento, aunque El Libertador se negó a degradarlo como exigía su condena.

Hoy en día se pretende venderle a los venezolanos una figura del Padre de la Patria teñida de marxismo. Nada más ajeno a la realidad, se hubiera revolcado en su tumba. En realidad Marx fue muy posterior a Bolívar y, como si fuera poco fue el más duro crítico que nunca ha tenido El Libertador, contra quien lanzó las más aberrantes acusaciones, tildándolo entre otras cosas de "deshonesto, bribón, cobarde, Napoleón de las retiradas" y otros tantos epítetos que ofenden a cualquier venezolano.

Se puede ser bolivariano o se puede ser marxista. Lo que no se puede es ser a la vez bolivariano y marxista. Quien así lo pretenda estaría dando muestras de una ignorancia que supera la venezolanidad.

En todo caso, valgan las fiestas patrias que estamos celebrando para poner la figura de nuestro Libertador en el alto sitial que la historia le ha reservado. Dejemos que en su tumba descanse en paz y no permitamos que después de muerto se pretendan utilizar sus restos para encabezar una lucha que le era ajena. No invoquemos su espíritu en nombre de falsas causas. No permitamos que esos sagrados restos se mezclen con rituales que no son dignos de su grandeza y, sobre todo, atengámonos a sus deseos antes de morir, expresados en la hacienda de San Pedro de Alejandrino -en Santa Marta- el 10 de diciembre de 1830, cuando en su última proclama nos llama a todos a la unión. Esa proclama comienza y termina con las siguientes frases:

> "Habéis presenciado mis esfuerzos para plantar la libertad donde antes reinaba la tiranía... si mi muerte contribuye a que cesen los partidos y se consolide la unión, yo bajaré tranquilo al sepulcro".

martes 28 de junio de 2011

Las enfermedades del jefe de Estado

También se da el caso de jefes de Estado que simulan enfermedades

Las enfermedades de los jefes de Estado -reales o simuladas- suelen tener un profundo impacto en la sociedad. Revisemos algunas páginas de la historia:

Comencemos por Lenin. Años de agotadores esfuerzos fueron minando el físico del personaje. Sufría de insomnio, irritabilidad, dolores de cabeza, decaimiento, fiebres e infinidad de otros males atribuidos al estrés revolucionario. Todos eran síntomas, porque la verdadera causa de su enfermedad era mucho más grave. Versiones posteriores a su fallecimiento parecen indicar que su mal coincidía con la evolución clínica de la neurosífilis. Sin embargo, su muerte fue finalmente el resultado de al menos tres accidentes cerebrovasculares.

Desde 1920 experimentaba breves pérdidas de conciencia. Cuando sus facultades mentales declinaron, su enfermedad se transformó en un secreto de Estado y fue ocultada al pueblo.

Al final Lenin -enfermo- se transformó en un prisionero de Stalin. En su afán por controlar el poder, a Stalin le convenía un Lenin discapacitado pero vivo. De esta forma fue aislado, mientras Stalin controlaba las informaciones que el mundo recibía sobre el líder supremo de la revolución quien en apariencia aún conservaba el mando. En la práctica, era Stalin quien había ocupado su lugar, aprovechando el tiempo para apoderarse del dominio burocrático absoluto, de la nomenclatura y para deshacerse de sus adversarios.

Finalmente Lenin muere en marzo de 1924. Fue embalsamado y colocado en exhibición tras un muro de vidrio en un mausoleo en la Plaza Roja de Moscú. Su cuerpo se transformó en una suerte de trofeo que, aun muerto, servía para afianzar el poder de Stalin.

El caso de Lenin pone de manifiesto la necesidad de transparencia cuando la salud de un estadista está en juego. Al esconder la incapacidad del líder durante la etapa final de su enfermedad se facilitó la usurpación del poder soviético por parte de Stalin. Esto demuestra las terribles consecuencia que puede tener la desinformación acerca de la salud de los líderes políticos. Se trata de una lección que cada día cobra mayor relevancia.

Peores suspicacias podrían desatarse en el caso teórico de algún Mandatario enfermo que, conservando el cargo, se colocase en manos de una potencia extranjera.

Pero también la historia nos muestra casos en los cuales la salud de un Presidente puede transformarse en la causa de que pierda el poder. No tenemos que ir muy lejos para constatarlo. Aquí mismo, en Venezuela, tenemos el caso de Cipriano Casto.

El "cabito" gobierna desde 1899 hasta 1908. Modificó la Constitución para reelegirse y también para alargar su período presidencial. Nueve años duró el gobierno de Castro. "De esos nueve años -afirma Jorge Olavarría en su libro 'Gómez un enigma histórico'- cinco habían sido de sangrientas guerras internas, y gravísimos conflictos internacionales; y cuatro de incesante agitación y tensión interna y externa... ".

Audaz caudillo, retaba a las potencias del mundo entero con lo cual terminó por aislar a Venezuela. Finalmente una enfermedad de los riñones lo obliga a abandonar el país -en noviembre de 1908- para someterse a una cirugía en el exterior. Deja encargado temporalmente al vicepresidente, Juan Vicente Gómez. A poco de zarpar el vapor "Guadaloupe", sus seguidores lo abandonaron. Nunca más regresaría al país, cuyo destino quedaría en manos de Gómez hasta su muerte ocurrida en diciembre de 1935.

El temor a que una situación de este tipo pudiera repetirse es quizás una de las causas por las cuales algunos mandatarios prefieren no encargar a sus vicepresidentes cuando se ven obligados a salir del país por razones de salud.

Pero también se da el caso de jefes de Estado que simulan enfermedades, quizás con la tortuosa intención de observar la reacción de sus seguidores. El propio Juan Vicente Gómez fue un maestro en este tipo de ardides. Cuando finalmente falleció, nadie se atrevía a creerlo. Incluso se dice que murió antes de la fecha oficial, pero que el anuncio se aplazó para que su muerte coincidiese con la de El Libertador.

Y desde luego tenemos el caso de Fidel Castro. Tal como lo hizo en varias ocasiones, en 1997 Castro desapareció por más de tres meses, desatando rumores acerca de su muerte. Finalmente cuando reapareció, declaró a la prensa: "Todos tenemos que morir; algún día pasa". Después -en tono jocoso- agregó: "Cuando realmente ocurra, a las autoridades cubanas les será difícil convencer al pueblo de que es cierto".

martes 14 de junio de 2011

Una brizna de paja en el viento

El destino del régimen venezolano está en manos de quien considera su mayor enemigo

El mercado petrolero atraviesa una de las situaciones más complejas que se recuerdan. Enormes fuerzas que operan en sentido contrario están gravitando simultáneamente sobre los precios del petróleo, en un caso empujándolos al alza y en otro caso amenazando con derrumbarlos.

En el mercado prevalece una situación de incertidumbre. Una vez más, los eventos del mundo islámico productor de petróleo amenazan con degenerar en problemas mayores. Veamos:

Como consecuencia de la guerra que contra la dictadura de Gadafi libran los rebeldes libios con el apoyo de la OTAN, la producción de Libia ha caído de cerca de 1,5 millones de b/d a apenas unos 200.000 b/d. Mientras tanto, los graves conflictos que han estallado en Yemen y Siria vienen profundizándose (aunque no son miembros de la OPEP producen entre ambos casi medio millón de b/d). Otros países de la región también están amenazados.

Además, casi la totalidad del petróleo que se produce en el Golfo Pérsico -más de 20 millones de b/d- sale a los mercados a través del Estrecho de Ormuz.

En la orilla occidental del estrecho, se encuentra Bahrein (donde está estacionada la V Flota de Estados Unidos). Allí se están produciendo conflictos entre la población de mayoría shií y el gobierno suní. Del otro lado del estrecho, en la orilla oriental, se encuentra Irán.

Desde el último fraude electoral, la conflictividad interna en Irán ha alcanzado niveles de ebullición. El pueblo ya no tolera la dictadura teocrática del ayatolá Jamenei, en tanto que este último se encuentra cada vez más enfrentado con quien fuera su protegido, el presidente Ahmadinejad. La inestabilidad es rampante en el segundo mayor productor de petróleo de la OPEP.

Vemos, pues, que existen severos motivos de incertidumbre; sin embargo, como si lo anterior fuera poco, la crisis nuclear que se generó en Japón a raíz del terremoto y tsunami que afectaron los reactores nucleares de Fukushima, derivó en un nuevo impacto inesperado: la energía atómica se sumó a la crisis. Incluso Alemania tomó la decisión de cerrar todos sus reactores nucleares a lo largo de la próxima década.

Dos de los principales agentes energéticos del mundo -el petróleo y la energía atómica- se ven amenazados simultáneamente.

Frente a todos los eventos descritos no es de extrañar el salto inesperado en los precios del petróleo, superando en el caso del WTI los 100 dólares por barril.

En este marco tuvo lugar la última reunión de la OPEP. En la misma se enfrentaron dos tendencias diferentes. Por una parte, países como Arabia Saudita, Kuwait, Emiratos Árabes y Qatar propusieron elevar las cuotas de producción de la OPEP a fin de impedir que los precios petroleros siguiesen aumentando, lo cual podría agravar la crisis económica mundial. La otra tendencia -Irán, Venezuela y Libia- se opuso tenazmente al aumento de las cuotas (básicamente porque ninguno de los tres estaría en capacidad de aumentar sus niveles de producción en caso de que les incrementasen sus cuotas).

En realidad lo que ocurrió fue que al no llegar a un acuerdo, se produjo un rompimiento. Cada país quedó liberado de sus compromisos con respecto a las cuotas y, en consecuencia, en los próximos meses veremos a algunos de los miembros de la OPEP -principalmente a Arabia Saudita- aumentar considerablemente sus niveles de producción ya que ahora nada se los impide.

Llegó, pues, el momento de la verdad. Si los precios del petróleo se mantienen elevados, no cabe duda de que la economía mundial se verá resentida, con lo cual la recesión que se produciría desembocaría finalmente en una caída de la demanda petrolera y en consecuencia también en una disminución en los precios del producto.

En definitiva, lo que vaya a ocurrir parece estar en manos de Estados Unidos. A menos que el FED de Estados Unidos apruebe una tercera ronda de estímulos (QE3) para enfrentar la recesión, es probable que los precios del petróleo vuelvan a experimentar un fuerte deterioro.

Parece, pues, que el destino del régimen venezolano está en manos de quien considera su mayor enemigo. Sería bueno que en un acto de humildad, quien preside ese régimen entendiese lo que al final de su vida comprendió el Libertador: Que no es más que *una brizna de paja en el viento.*

martes 31 de mayo de 2011

Lacayos del Imperio (Persa)

¿Qué ventajas puede lograr el pueblo venezolano de una alianza con Irán?

Los más antiguos imperios del mundo (que aún se perciben a sí mismos como tales) son China e Irán. El concepto de imperio lo llevan en su ADN histórico y sus gobiernos siguen ejerciendo su vocación imperial.

En esta oportunidad me voy a referir a Irán, conocido hasta hace poco tiempo como Persia.

Unos 1.500 años antes de Cristo, Medos y Persas se instalan en el actual territorio de Irán. En el año 559 a.C., Ciro asume el trono de Persia y conquista Asia Central. En los siglos siguiente se apoderan de Mesopotamia, Siria, Egipto, y Palestina. También ocupan los territorios actuales de Libia, Bulgaria, Pakistán y Afganistán. En las Guerras Médicas dominaron las ciudades griegas, con excepción de Esparta, que los venció en la batalla de las Termópilas. Hacia el año 330 a.C. Alejandro Magno vence a Darío apoderándose e incendiando a Persépolis que era la capital de Persia. A la muerte de Alejandro, sus generales heredaron el Imperio.

La violencia endémica de esa parte del mundo nunca ha cesado. En la batalla de Jalula, hacia el año 640 de nuestra era, el califa Omar conquista el Imperio Persa e impone el islam como religión. Coincide el momento con la gran división del islam entre chítas y sunitas. Persia se pliega al chiísmo que aún practica. En los siglos XIII y XIV es invadida y devastada por los mongoles. Pero a partir de 1501 la dinastía de los Safávidas restablece el Imperio. En 1623 los persas conquistan nuevamente Bagdad y en los siguientes siglos se mantienen en continuo enfrentamiento con el impero Otomano que dominó al actual Irak hasta finales de la I Guerra Mundial.

En 1925 un oficial llamado Reza Kan derrocó a la dinastía reinante y se autoproclamó Sha (rey) cambiando el nombre de Persia por el de Irán. Le sucedió su hijo Reza Pahlevi, Sha de Irán, que fue derrocado primero en 1952 por su primer ministro Mossadeg y después, en 1978, por la revolución islámica del Ayatolá Ruholla Jomeini, quien estableció una dictadura teocrática y fundamentalista que aún se mantiene en el poder, después de retomar -entre 1979 y 1987- su histórica guerra contra Mesopotamia (ahora Irak).

Bajo el nombre de República Islámica de Irán, el Imperio Persa aún existe con sus mismas tradiciones, ambiciones e idiosincrasia. En la práctica el actual emperador -cabeza del Estado y de la religión- es el Ayatolá Jamenei, quien bajo el título de Líder Supremo, ejerce el dominio de Persia con mano de hierro. Le asiste el presidente Ahmadinejad.

El *"gran satán"* -nombre con el cual denominan a EEUU- es el enemigo mortal del Ayatolá Jamenei, quien no cesa de proclamar que es necesario barrer del mapa a Israel.

A pesar de ser uno de los mayores productores mundiales de petróleo, Irán ha emprendido el desarrollo de la energía atómica, según afirma, con fines pacíficos. Sin embargo, ha sido acusado de esconder bajo su programa civil, otro de carácter militar.

Como consecuencia de lo anterior, el Consejo de Seguridad de la ONU viene imponiendo desde el año 2006, diversas sanciones a Irán, que por cierto han contado con el voto favorable de Rusia y China. A su vez, EEUU también le ha impuesto sanciones a ese país. Preocupadas por las consecuencias de esas sanciones, las más importantes empresas tanto de EEUU como de Europa, han optado por retirarse de Irán.

"Los amigos de mis enemigos son mis enemigos", solía repetir Churchill. ¿Por qué meternos en un pleito que no es nuestro? Sin ninguna necesidad, el gobernante venezolano está tomando partido a favor de uno de los bandos y haciéndose enemigo del otro (que por cierto es de quien obtenemos casi la totalidad de los dólares que requiere nuestro país), rompiendo así una tradición de neutralidad que tantas ventajas le aportó a Venezuela. ¿Para qué? ¿Qué ventajas puede derivar el pueblo venezolano de esa situación?

Estamos siendo testigos de un carnaval de ignorancia y populismo. Nos quieren volver lacayos de un Imperio -pero del Persa- al cual no nos une ninguna vinculación histórica, cultural, religiosa, lingüística, ni de ningún tipo, como no sea una visión política trasnochada completamente ajena a nuestra idiosincrasia. Según esa visión, compartimos con Persia un mismo enemigo: *"el gran satán"*.

La dictadura teocrática que impera en Irán ya no es tolerada ni por su población ni por el mundo; sin embargo, los lacayos de ese imperio han salido en su defensa, así como de Siria, Libia y cuanta forma de gobierno autoritario y socialista aún subsista.

martes 17 de mayo de 2011

¡A los chinos no los revisan!

“No todos” tenían que someterse a una rigurosa inspección y cacheo de la Guardia Nacional

Deseo relatar algunos incidentes que nos ocurrieron a mi esposa y a mí el 8 de mayo, día de la madre. Lo hago, porque considero que los venezolanos ya no podemos seguir callando ante la ineficiencia y los abusos.

Me habían comentado que desde hace varios días estaba interrumpido el servicio de agua en el Aeropuerto Internacional Simón Bolívar. No sabía si creerlo, pues esa es la primera puerta de entrada del país. No puedo recordar ningún aeropuerto en ninguna parte del mundo, ni siquiera en los países más pobres que he tenido la oportunidad de conocer, que no tuviese agua. Para colmo, en el aeropuerto que lleva el nombre del padre de la patria, también son recurrentes los cortes de electricidad. Lo cierto es que cada vez nos parecemos más a Tanganika o a Botswana.

Pero volviendo a los hechos que deseo narrar, mi esposa me dice que tiene que ir al baño. Al rato regresa con cara de disgusto. Después de realizar una larga cola, logra por fin acceder al wc. Se podrán imaginar ustedes el estado de aquellas instalaciones privadas de agua, no sé por cuánto tiempo. Decide retirarse, pero se topa entonces con una señora que le exige lavar la poceta con una ponchera de agua tomada de un tobo que alguien había colocado a la entrada del baño. Disgustada mi esposa se niega alegando ella no había ensuciado esas instalaciones. La señora de marras -de aspecto concordante con su educación y su lenguaje- le dice a mi esposa: "Yo no sé que se creerán ustedes los escuálidos que creen que les va a caer el oro por limpiar un escusao".

Pues bien, eso nos da una clara señal de la situación actual del país. Por una parte, nos encontramos con un gobierno que incumple de manera cada vez más evidente con lo que deberían ser sus obligaciones más elementales. Pero a la vez, el gobernante parece haber sido capaz de desviar la atención de sus seguidores, de forma tal de que siempre habrá alguna excusa para culpar a alguien más que no sea el Teniente Coronel devenido en Comandante Presidente. Así por ejemplo, no me cabe la menor duda de que la señora en cuestión debería estar enfurecida por la porquería existente en los baños del aeropuerto y de allí su reacción violenta y grosera. Sin embargo, antes que considerar que la culpa de lo que allí ocurría es de las autoridades, optó por recurrir a una de las manidas excusas que les ha enseñado el señor de las cadenas: la culpa es de los escuálidos. Con igual razón, la culpa ha podido ser del imperio, del capitalismo o de los enemigos de la revolución.

Finalmente nos llamaron para hacer la cola para abordar el vuelo. Una gran cantidad de los pasajeros eran chinos. Las mujeres por el lado derecho y los hombres por el lado izquierdo, tenían que someterse a una rigurosa inspección y cacheo de la Guardia Nacional. En ese momento hizo presencia un fornido cabo que le pidió a los chinos que se salieran de la cola. Pensé que era una injusticia con los pobres chinos. Pues no fue así. El cabo procedió a pedirle a los chinos que abordasen el avión sin inspección alguna. Asombrado me dirigí al cabo y le pregunté por qué hacía eso. Su respuesta me dejó asombrado: “Tenemos órdenes de no revisar a los chinos”.

No me pude contener: “Supongo que usted está en cuenta de que se trata de un caso de discriminación racial. Para colmo, usted está aplicando la discriminación contra los venezolanos”

“Piense usted lo que quiera. Esas son mis órdenes”, me contestó.

No es que yo tenga nada en contra de los chinos, pero realmente me indigna que en mi propio país, a los ciudadanos de otros países les otorguen prerrogativas que se nos niegan a los venezolanos. Los venezolanos, estamos pasando a ser ciudadanos de tercera.

"Si ese es el caso", le dije al cabo, "yo me niego a ser revisado"

El cabo se sintió desconcertado. Con gran prudencia, debo reconocerlo, el Guardia Nacional cambió de actitud y me dijo con educación que en realidad la disposición de no revisar a los chinos obedecía a que de acuerdo con sus estadísticas, esos ciudadanos no transportaban drogas y que además lo hacía para no demorar el abordaje y despegue del avión. Le dije que las estadísticas mismas ofrecían la respuesta. Bastaba con hacer una revisión aleatoria de todos los pasajeros, pero que lo que no se podía hacer era aplicar una discriminación racial tan notoria.

Me pregunto, ¿cuál será la razón para que a los chinos se les otorguen contratos petroleros sin licitación?

martes 3 de mayo de 2011

Gabinete de Sombra

Sus miembros no deben aceptar ningún cargo público en el próximo gobierno

Deseo insistir en un planteamiento que hice en mi último artículo para este diario. Creo que en Venezuela resulta indispensable la designación de un *Gabinete de Sombra.*

Se trata de una institución usual en naciones como el Reino Unido, Canadá y Australia. También en Francia se aplica bajo el nombre de *cabinet fantôme* o *contre gouvernement*, en Italia se conoce como *governo ombra* y en Rumania *cabinetul din umbrâ*. No es ninguna idea novedosa.

Consiste en la designación de un gabinete alternativo al del gobierno, pero designado por la oposición. Cada uno de los *ministros de sombra* tendría bajo su responsabilidad hacerle seguimiento a las acciones que lleva a cabo el ministerio del gobierno cuya contraparte representa. Debe analizar las correspondientes decisiones oficiales, a la vez que presentar políticas alternativas, con lo cual el país sabría qué esperar del próximo gobierno.

El Gabinete de Sombra constituye una institución indispensable para garantizar la continuidad gubernamental en un gobierno de tipo democrático, una de cuyas características tiene que ser la *alternabilidad.*

En el caso venezolano, la designación de un Gabinete de Sombra adquiere una relevancia muy particular. Como lo señalé en un artículo anterior, en vista de que la oposición se ha puesto ya de acuerdo en que las primarias para la designación de un candidato único se realizarán en febrero del año que viene, pareciera que toda la acción política se centra en torno a los intereses de quienes desean ser precandidatos. No existe una imagen de unidad y, por el contrario, lo que prevalece es la impresión de que mientras cada uno hala la brasa para su propio costado, las angustias y necesidades verdaderas de la población están siendo puestas a un lado.

Se presenta, pues, un desesperanzador vacío que está siendo llenado únicamente por el candidato oficial, que abusando de sus facultades, recurre a todo tipo de ventajismo, monopolizando la televisión y la radio para difundir en cadena un mensaje a la vez populista y polarizador. Ese mensaje está destinado prácticamente en su totalidad a imponer un sistema socialista que no está previsto en nuestra Carta Magna. Por el contrario, todas las encuestas evidencian que los venezolanos no deseamos parecernos a Cuba, que es el tipo de socialismo por el cual quieren llevarnos a la fuerza.

El Gobierno ataca la propiedad privada, confisca empresas sin indemnizarlas, destruye el aparato productivo, limita la libertad de expresión, aumentan la inseguridad, la inflación y la escasez, los servicios se deterioran, se atenta contra los derechos humanos, se violan tratados internacionales, se aplasta la independencia de los poderes, se aprueban Leyes Especiales de espaldas a la Constitución y sin que exista ninguna posibilidad de apelar ante un Tribunal Supremo de Justicia cuyos miembros se han convertido a una nueva religión conforme a la cual el presidente es su dios y, en consecuencia, sus deseos están por encima de cualquier ley humana. Se trata, pues, de la muerte misma del sistema democrático, porque se están aprobando por esta vía cambios que fueron expresamente negados por el pueblo en un referendo constitucional.

Pero mientras todo esto ocurre, sólo existen voces aisladas y dispersas que asumen las críticas de las acciones gubernamentales.

Por ello es indispensable la designación de un Gabinete de Sombra capaz de hacerle frente de manera orgánica y contundente a la masiva destrucción que ha emprendido el oficialismo de nuestro sistema de vida. Ese gabinete debe estar constituido por las mentes más brillantes de la oposición. Sus miembros no pueden tomar partido a favor de ninguno de los precandidatos que van a concurrir a las primarias de febrero, ni ser ellos mismos precandidatos. Deben ser juramentados ante la Mesa de la Unidad y responder no sólo ante ella, sino también ante todo el pueblo.

Por último -quizás esto es lo más difícil- deben comprometerse a no aceptar ningún cargo público en el próximo gobierno. Esta sería la única forma de evitar los inevitables celos que surgirían entre los integrantes de la Mesa de la Unidad. Tendría que tratarse de hombres excepcionales dotados no sólo de gran formación, trayectoria y reconocimiento, sino que además fuesen capaces de poner a un lado sus ambiciones personales frente a la grave situación que padece Venezuela. Serían los verdaderos patricios de la política y sus voces vendrían a llenar un enorme vacío que actualmente nos aturde y nos desmoraliza.

martes 19 de abril de 2011

Gabinete y Corte Suprema en la Sombra

A falta de un candidato concreto, la oposición necesita desde ya un equipo del más alto nivel

Nos aguardan 21 meses cargados de dificultades y obstáculos. Coincide ese tiempo con el de la campaña para las elecciones presidenciales que presumimos (solamente presumimos) que tendrán lugar en diciembre del 2012.

Quien lleva las de perder, en principio, es el candidato del Gobierno, quien tendrá que subir un corozo para enfrentar la acumulación de problemas de todo tipo que a lo largo de 12 años han generado sus desastrosas políticas encaminadas a revivir un muerto que falleció por incapacidad hace muchos años en el mundo: el socialismo marxista.

Por su parte la oposición tampoco las tendrá fácil. Tendrá en primer lugar que resolver sus propias contradicciones internas, comprendiendo que lo que el país espera de ellos es la unidad. La escalera se sube escalón por escalón y, sin duda, el primer escalón consiste en vencer a Chávez. Si quieren lograr este objetivo, tendrán que hacer -si es que son capaces- un máximo ejercicio de desprendimiento político y de comprensión de que de las ambiciones personales deben ser relegadas a un segundo plano ante la meta de unidad que le exigimos todos los venezolanos.

Yo sugeriría la designación inmediata de un *Gabinete de Sombra*, al estilo británico, que vaya monitoreando las graves dificultades por las cuales inevitablemente atravesará el país, con el objeto de ir proponiendo soluciones concretas a cada una de ellas. Estas soluciones deben surgir desde el seno mismo de la unidad, a fin de que la población entienda que sí existe un equipo que comprende las dificultades, que enfrenta las mentiras con las cuales el gobernante intenta a diario enmascararlas y que ofrece remedios viables al país. Desde el punto de vista político, un equipo de esta naturaleza prestaría un apoyo invalorable tanto a los precandidatos como al candidato de unidad que surja de las primarias.

Los miembros de este *Gabinete de Sombra* deberían, en mi opinión, ser imparciales frente a los distintos precandidatos que se presentarán a las primarias. Deberían rendir cuentas ante la Mesa de la Unidad y ser a la vez los voceros ante la población de los asuntos específicos que correspondan al Despacho en la Sombra que se desempeñen. Así, por cada ministro importante que tenga el Gobierno, pienso que se debería designar un *Ministro en la Sombra*, obviando desde luego el inconstitucional calificativo de Ministro del Poder Popular...

Los miembros del *Gabinete de Sombra* deberían ser los campeones de la Constitución y evidenciar ante todos los ciudadanos que un gobierno debe comenzar por respetar la Ley.

Incluso propongo la creación de una *Corte Suprema en la Sombra* que analice las decisiones del máximo tribunal y que ponga en evidencia la brutal pérdida de legitimidad que se ha producido en el país como consecuencia de la progresiva desaparición del equilibrio entre los poderes públicos, principio fundamental de cualquier gobierno que pretenda llamarse democrático. Quienes ocupen tan honrosa posición se transformarían en la verdadera conciencia de la legalidad en el país. Por lo pronto se me ocurren dos nombres: Román Duque Corredor o Alberto Arteaga.

Los miembros de este *Gabinete y Corte Suprema en la Sombra* deben ser individuos de la más alta calificación en sus respectivas áreas, lo cual serviría además para poner en evidencia la asombrosa incapacidad de quienes ocupan actualmente las diferentes carteras gubernamentales. La imagen ante el mundo que proyectaría la oposición adquiriría una nueva dimensión.

¿Qué más fácil que proponer un *Canciller en la Sombra*? La oposición cuenta con excelentes internacionalistas capaces de brillar con luz incandescente frente a la complicada realidad internacional y de contrastar con la palidez cultural e intelectual de quien actualmente ocupa esa cartera.

Para el *Ministerio de la Defensa en la Sombra* me atrevo incluso a proponer un candidato concreto: Rocío San Miguel. Para Agricultura: Carlos Machado Allison. Economía y Finanzas: Pedro Palma. Petróleo: Alberto Quirós Corradi, y sucesivamente.

En fin, no me quiero referir a una lista de candidatos sino más bien a la idea. Enfrentados ya a la realidad de que las primarias serán en febrero del año que viene, a falta de un candidato concreto, la oposición necesita desde ya un equipo del más alto nivel que sea escuchado por los venezolanos. No puede ser que la voz de un presidente que ha perdido la legitimidad de desempeño, sea la única que se escuche en el país.

martes 5 de abril de 2011

Matar al tigre y temerle al cuero

De permanecer Gadafi en el poder, la humanidad no podría justificar la matanza que se produciría

El 1 de setiembre de 1969 Muamar Gadafi llega al poder en Libia después de derrocar mediante un golpe de Estado al rey Idris.

El 1 de febrero de 1979 el Ayatolá Jomeini -exiliado en París- regresa a Teherán, iniciándose así la revolución islámica que derroca al Sha de Irán e impone desde entonces una feroz dictadura teocrática en ese país.

El 16 de julio del mismo año 1979, Saddam Hussein llega al poder en Irak después de derrocar al presidente al-Bakr. La mesa queda servida y los comensales -cada uno más violento que el otro- se aprestan a continuar con una tradición milenaria de ferocidad que ha bañando de sangre esa región del mundo desde los albores mismos de la historia.

Una vez derrocado el Sha de Irán, los gobernantes suníes del Golfo Pérsico temen que la revolución islámica shií del Ayatolá Jomeini desestabilice toda la región. Acude en auxilio de los mismos Saddam Hussein, quien ese mismo año había alcanzado la presidencia en Irak. Propone invadir a Irán y reinstaurar en el trono al Sha, objetivo que esperaba lograr rápidamente. Se equivocó. La guerra se prolongó entre 1980 y 1988.

Al final de la guerra Irán e Irak quedan agotados. Se vuelve entonces Saddam contra sus antiguos aliados y les pide indemnizarlo por los daños que había sufrido su país durante el conflicto. En vista de que no atienden sus peticiones, Saddam decide invadir a Kuwait y apoderarse de su petróleo. El día 2 de agosto de 1990, el poderoso ejército iraquí -en una operación tipo *blitzkrieg*- se apoderó de su minúsculo pero acaudalado vecino.

Se forma entonces una alianza árabe occidental presidida por el rey Fahd por la parte árabe y por el presidente Bush (padre) por la parte occidental. La operación adopta el nombre *"Escudo del desierto"* y su objetivo era impedir que las tropas iraquíes continuaran su avance y se apoderasen también de los riquísimos yacimientos petrolíferos de Arabia Saudita. Después la operación cambia de nombre y pasa a llamarse *"Tormenta del desierto"*. Saddam es rápidamente expulsado de Kuwait, pero al retirarse, incendia todos los pozos petroleros de Kuwait.

Percibiendo que Saddam estaba derrotado, las poblaciones iraquíes de Basora y los kurdos del país se unen a la batalla para liberar a su país de aquella abyecta dictadura.

Ocurre entonces un hecho imprevisible: después que mataron al tigre, le tuvieron miedo al cuero. Los aliados se retiran de Irak y dejaron a Hussein en el poder. Las represalias del dictador en contra los kurdos y los habitantes de Basora fueron demoledoras. Se dice que miles lo pagaron con la vida.

El 11 de setiembre del 2001 se producen los ataques terroristas contra las Torres del Centro Mundial de Comercio y contra el Pentágono. EEUU le pide a Afganistán entregar a Osama Bin Laden, responsable de aquellos atentados. Afganistán se niega y el resultado es que el presidente Bush (hijo) toma la decisión de invadirlo.

Poco después aparecen unos sobres con ántrax en algunas oficinas de Washington. Se pensó que provenían de Irak, ya que Saddam había utilizado armas químicas y biológicas contra su propio pueblo. Las Naciones Unidas pide a Irak permitir la entrada de inspectores, a lo cual Saddam se niega.

Vencido el plazo del ultimátum, una coalición formada por EEUU, el Reino Unido, España, Portugal, Italia, Polonia, Dinamarca, Australia y Hungría ataca a Irak el 20 de marzo del 2003.

Saddam contaba con un ejército de 327.000 hombres, 400.000 reservistas, 2.200 tanques de guerra rusos y chinos, 100 tanques anfibios, 300 aviones MIG, 3.000 cañones antiaéreos, 7.860 lanzaderas de misiles antiaéreos, 90 helicópteros, etc.

Nada pudo Saddam contra la alianza encabezada por EEUU. Lo triste es que al final no se encontraron las armas químicas y biológicas.

Lo cierto es que cuando Saddam invadió a Kuwait hubiese sido el momento de completar la tarea. El mundo entero lo hubiera comprendido. Después fue difícil justificarlo.

Como la historia tiene una terca tendencia a repetirse, eventos más o menos similares se están repitiendo en Libia. Una nueva alianza árabe occidental está actuando para preservar los derechos humanos de los libios. Ojalá que esta vez, después de matar al tigre, no le tengan miedo al cuero.

De permanecer Gadafi en el poder, la humanidad no podría justificar la matanza que se produciría entre los rebeldes libios, quienes ya no pueden tolerar la dictadura que los agobia desde hace 42 años. Además hay que recordar que Gadafi tiene una larga historia de apoyo al terrorismo.

martes 22 de marzo de 2011

Las barbas en remojo

No se puede confundir el concepto moderno de "soberanía" con el que existía en la Edad Media

Estamos siendo testigos de un evento histórico: Cuando ya parecía demasiado tarde, la comunidad internacional -incluyendo el Consejo de Seguridad de la ONU, la Liga Árabe y el Consejo de Cooperación del Golfo (GCC)- se unieron para detener la andanzas de un dictador que ya lleva 42 años en el poder.

El mensaje que le dieron al coronel se puede interpretar en pocas palabras: *No importa cuánto petróleo tengas, el mundo ya no está dispuesto a tolerar que un dictador utilice sus aviones rusos y sus mercenarios extranjeros para atacar a su propio pueblo.*

Incluso Rusia -cuyas ventas de armas a ese país superaban los US$ 4.500 millones- o China, a la cual el dictador ofreció todo el petróleo que pudiese requerir, se abstuvieron de ejercer el veto al cual tenían derecho en el Consejo de Seguridad de la ONU. La Resolución del Consejo de Seguridad se adopta por 10 votos a favor y ninguno en contra (aunque con 5 abstenciones).

No faltará quien diga que se trata de una injerencia extranjera, una violación al principio de autodeterminación de los pueblos y también a la soberanía de una nación.

¡No se trata de una injerencia en asuntos internos! Se trata de salvaguardar los derechos humanos de ciudadanos libios que están siendo masacrados. Se trata de una tragedia incomprensible -por decir lo menos- ya que a la representación del Gobierno libio le correspondió hace poco tiempo presidir la Comisión de Derechos Humanos de la ONU. Tanta importancia fingía darle el coronel a este principio, que en 1988 se creó en Libia el "Premio Gadafi a los Derechos Humanos" para distinguir cada año:

> "a una personalidad que colaboró de forma sublime en la prestación de servicios humanos destacados y en la realización de labores gloriosas en defensa de los derechos humanos, defender la causa de la libertad y apoyar la paz".

Esta distinción le ha sido otorgada entre otros a Fidel Castro, Hugo Chávez y Daniel Ortega.

En cuanto al principio de la "libre determinación", como su nombre lo indica, corresponde a los pueblos y no a los dictadores. Cuando un militar utiliza armas de guerra contra su propio pueblo pierde cualquier vestigio de legitimidad y, en defensa de la soberanía de ese pueblo, la comunidad internacional tiene la obligación moral de acudir en su auxilio.

No se puede confundir el concepto moderno de "soberanía" con el que existía en la Edad Media, cuando se consideraba que el príncipe era el soberano y sus súbditos no podían apelar a una autoridad más alta. Todavía por allá, en 1576, Jean Bodin -en su obra *"Los Seis Libros de la República"*- señalaba que "la soberanía es un poder absoluto y perpetuo, a través del cual, quien la ejerce, tiene la facultad de dictar y derogar leyes".

Me pregunto yo si ese es el tipo de "soberanía" que auspician algunos gobernantes que salieron en defensa de los derechos del dictador.

Libia es miembro de la ONU desde el 14 de diciembre de 1955 y, como tal, está obligada a respetar las obligaciones asumidas al adherir la Carta de la Organización y aquellas emanadas de tratados y otras fuentes de derecho internacional. En este sentido es necesario recordar que en el orden externo los estados soberanos se transforman en sujetos del derecho internacional y no pueden actuar como entes irresponsables desligados de cualquier norma.

En el caso específico que nos ocupa, vemos como el Gobierno libio anuncia un inmediato "cese al fuego", pero sus aviones y tanques rusos siguen atacando a las ciudades en poder de sus opositores. En otras palabras, por lo visto Gadafi consideró como "no aplicable" la decisión del Consejo de Seguridad.

En vista de esta situación vemos como el presidente Sarcozi de Francia, el primer ministro Cameron del Reino Unido, el presidente Obama y su secretaria de Estado Clinton -de EEUU- afirman que a Gadafi se le juzgará "por lo que hace y no por lo que dice".

Finalmente la comunidad internacional actuó a partir del sábado y los ataques han tenido efectos devastadores sobre las defensas aéreas de Gadafi. Todo parece indicar que, salvo opciones indeseables, Gadafi irá a parar a la Corte Penal Internacional.

El mensaje también es claro para otros gobernantes que se sientan tentados a utilizar sus aviones rusos contra el pueblo o a considerar como "no aplicable" las decisiones de tribunales internacionales que emanan de tratados suscritos y ratificados. A esos gobernantes hay que darles un consejo: *Cuando veas las barbas de tu vecino arder, pon las tuyas en remojo.*

martes 8 de marzo de 2011

Gadafi

Salvo circunstancias indeseables, su destino es la Corte Penal Internacional

Para el momento de escribir estas líneas Gadafi aún se encuentra en el poder. Sus chances de conservarlo lucen escasos.

Veamos a vuelo de pájaro la historia de Libia y del personaje:

Egipcios, cartagineses, fenicios, griegos y romanos fundaron y dominaron las principales poblaciones libias. Para el siglo VII los árabes habían conquistado el país. A mediados del siglo XVI la costa mediterránea de Libia formaba parte del Imperio Otomano, en tanto que el interior del país era gobernado por una dinastía fundada por el jerife de Marruecos. A mediados del siglo XIX la Hermandad Islámica de los Senussi se impuso. En 1914 los italianos conquistaron a Libia y en 1920 reconocieron al jefe de los Senussi como emir de los beduinos. En 1951 el país obtiene su independencia bajo el reinado de Mohamed Idris al-Senussi.

Libia es un mosaico de mezclas étnicas y de tribus beduinas. La parte oriental del país es árabe, el resto es berebere (una etnia autóctona del Magreb). La población profesa el culto musulmán suní.

Casi todo el país forma parte del Sahara, con excepción de una estrecha franja litoral donde se encuentran los principales núcleos de población como Trípoli, Bengasi, Al Zawiya y otros.

Ese fue el país donde se produjo el 1 de septiembre de 1969 un golpe de Estado. Una docena de oficiales decidieron aprovechar un viaje del rey Idris a Turquía, organizaron un banquete e invitaron a los oficiales de mayor jerarquía. En mitad de la fiesta, los oficiales fueron rodeados por soldados y hechos prisioneros a punta de pistola. Aquella jornada se conoció como *Operación Palestina.*

Consumado el golpe, surgió como líder un teniente de apenas 28 años cuyo nombre era *Mu'ammar al-Gadafi*, de origen beduino, hondamente religioso, profundamente xenofóbico y ferviente admirador de Gamal Abdel Nasser.

Procedió Gadafi a cambiar el nombre al país, al cual denominó al-Jamahiriyah *al-Arabiyah al-Libiah al-Ishtirakiyah* (Jamahiriya Árabe Libia Popular y Socialista). Cambió la bandera libia e impuso un lema: *"Socialismo, unidad y libertad"*.

Desde hace 42 años gobierna con mano de hierro. Dos poderosas fuerzas parecían impulsar la mayoría de los actos de Gadafi: el idealismo y el odio.

Iglesias cristianas y sinagogas fueron transformadas en mezquitas. Libia se inclinó hacia la URSS. Las acciones de su líder cada vez se radicalizaron más. Modificó unilateralmente los contratos petroleros suscritos, rescindiéndolos y restringiendo la producción. Utilizó el petróleo de Libia con fines políticos, pues su objetivo era el de enfrentar a los países petroleros árabes con las naciones occidentales. En 1970 ordenó recortes de producción que en la práctica se transformaron en un embargo petrolero que dejó a Europa sin petróleo en pleno invierno. En 1981 Gadafi decidió atribuirse la soberanía del Golfo de Sidra, violando leyes de navegación internacionales. En 1981 aviones libios Sukhoi de fabricación soviética (SU 22) atacaron cazas norteamericanos F14 y más adelante utilizó aviones MIG 25 y misiles SA-5 (soviéticos) para atacar y amenazar naves de EEUU en la zona. En 1986 Gadafi anuncia la puesta en marcha de un plan terrorista solicitando a "todo el pueblo árabe" atacar cualquier blanco norteamericano, ya se tratara de "bienes, barcos, aviones o personas".

El 14 de abril de 1986 -en represalia por las acciones de Gadafi- un grupo de aviones F-111 de EEUU lleva a cabo la misión *"Pies húmedos"*, donde muere una hija adoptiva del líder.

Sin que se haya probado, algunos creen que Gadafi financió el atentado de Septiembre Negro en las Olimpíadas de Münich de 1972 donde fueron asesinados los atletas israelíes. En 1986 una bomba atribuida a terroristas libios estalló en la discoteca "La Belle" en Berlín, provocando numerosos muertos y heridos y en 1998 -según testimonio del propio exministro de Justicia libio, Mustafa Abdel Jalil- Gadafi ordenó personalmente el atentado contra el vuelo 103 de Pan Am que cayó en Lockerbie, dejando 270 víctimas. En el 2003 el líder indemnizó a los familiares con lo cual asumió la responsabilidad.

Tanto los libios como el mundo exigen su renuncia, pero Gadafi afirma no poder hacerlo porque no ostenta ningún cargo; sin embargo alguien está atacando a su propio pueblo recurriendo a mercenarios extranjeros. No confía en su ejército y los ataques de sus aviones Sukhoi podrían desatar una respuesta internacional. Tampoco controla ya las zonas ni puertos petroleros. Salvo circunstancias indeseables, su destino es la Corte Penal Internacional.

martes 22 de febrero de 2011

El genio se salió de la botella

Soplan vientos de cambio. El mundo es testigo de lo que está ocurriendo en El Medio Oriente

En Egipto los ciudadanos demostraron que sí se puede. Centenares de miles salieron a protestar durante 18 días continuos. Ganaron la batalla gracias a su perseverancia. Mientras tanto los militares -cuyo apoyo a Mubarak lucía inquebrantable- comprendieron que los vientos de la historia soplan ahora en otra dirección. Ni un disparo salió de aquellos rifles.

Así suelen actuar los militares en todas partes. Cuando entienden que el reclamo del pueblo es legítimo, les retiran su apoyo a los autócratas. Esa es la pesadilla de todos los dictadores del mundo.

En el Medio Oriente el genio se salió de la botella. Los problemas arrancaron en Túnez donde Ben Alí, mandatario por 30 años, fue desplazado del poder mientras sus fuerzas armadas se mantuvieron al margen.

Los vientos de cambio pueden afectar los sitios más inesperados. En la lista figuran gobiernos como el de Argelia, donde Bouteflika llegó al poder en 1999 pero que, vencido su período presidencial, modificó la Constitución para reelegirse al mejor estilo de algún autócrata caribeño; o en Yemen, donde Ali Abdullah Saleh lleva 32 años en el poder. Todos se encuentran amenazados por lo que luce como un efecto dominó indetenible. También Baharein, Sudán y Marruecos, entre otros.

Ningún país está exento de riesgos. Ni siquiera Arabia Saudí, amenazada por grupos cuyo fanatismo religioso los lleva a aspirar a un califato *Wahabita*. El *wahabismo* ha inspirado a algunos de los movimientos más radicales del islam. Pero no es el radicalismo religioso lo que parecen estar anhelando las multitudes árabes; es más bien la democracia.

Quizás donde existen más razones para que los ciudadanos exijan un cambio democrático es en países como Irán, Libia y Siria.

En 1979 las multitudes iraníes salieron a la calle para reclamar la salida del Sha de Irán. Intentando calmar los ánimos, éste decidió designar al líder de la oposición

-Shahpur Bakthiar- como Primer Ministro. Bakthiar ofrecía democracia, pero quien se coló fue el Ayatolá Jomeini, que impuso una dictadura teocrática que aún impera.

Hoy en día -32 años después- la historia se apresta a pasar la página. El pueblo nuevamente está en las calles de Teherán reclamando aquella democracia que les había sido esquilmada. Recordemos que el 12 de junio del año pasado se impuso de manera fraudulenta y sangrienta la reelección del presidente Mahmud Ahmadinejad, quien pudo lograr su trampa gracias al apoyo del Líder Supremo. Y es que en Irán quien tiene el control es el Ayatolá Jamenei -Jefe de Estado y Líder Supremo- elegido de por vida por el Consejo de Expertos integrado por 86 ayatollahs. Sólo ellos pueden removerlo.

Pero como el genio se salió de la botella, los ciudadanos ya no están dispuestos a tolerar más aquella dictadura teocrática dominada por Jamenei. Es su cabeza la que pide el pueblo. En respuesta, el Líder Supremo amenaza con una "Azura" (decreto religioso) para acusar de "Mohareb"(enemigos de Dios) a los líderes de la oposición y a los que participen en disturbios en su contra. El castigo para un Mohareb es la pena de muerte. Aún así el rugido del pueblo continúa clamando libertad. Es posible que el Ayatolá Jamenei, en un esfuerzo por salvar su propia testa, termine por arrojarles la de Mahmud Ahmadinejad.

Y en Libia la situación tampoco es mejor. Aquel dictador que llegó al poder en 1969 después de derrocar al rey Idris, confronta también las iras de su pueblo. La represión ha sido violenta y se habla ya de más de 90 muertos en los últimos días. Al mundo le cuesta olvidar el apoyo que Gadafi dio al terrorismo internacional. Se le acusó de financiar el movimiento *"Septiembre Negro"* que perpetró la matanza de atletas judíos en las Olimpíadas de Munich en 1972, así como de las bombas colocadas en "La Belle", una discoteca en Berlín donde murieron más de 200 personas, y de apoyar a quienes plantaron la bomba en el vuelo 103 de Pan Am que cayó en Lockerbie dejando 270 víctimas.

Soplan vientos de cambio. El mundo entero es testigo de lo que está ocurriendo en El Medio Oriente. En otras latitudes ejércitos y ciudadanos comprenden que podría estar llegando la hora de seguir el ejemplo que El Cairo dio. Sólo el respeto a las normas democráticas, a la independencia de los poderes, a la libertad de expresión, la libertad de los presos políticos, a las elecciones libres, a los tratados internacionales, al manejo pulcro y eficiente de los fondos públicos, podrían convencer al genio de que regrese a la botella.

martes 8 de febrero de 2011

El Cairo y Teherán

Dada la alianza de Chávez con Irán, somos considerados como una parte del problema

El primer conflicto petrolero del mundo islámico se produjo en agosto de 1953 cuando el Sha de Irán fue derrocado (por primera vez) por su Primer Ministro Mossadegh, interrumpiendo la producción petrolera iraní que era vital para enfrentar el comunismo en la Guerra de Corea.

El segundo gran conflicto estalla en Egipto con Gamal Abdel Nasser, quien impone su *nacionalismo socialista árabe*, así como una política de *panarabismo*. En junio de 1956 Nasser nacionalizó el Canal de Suez. Aquello provocó que Francia, el Reino Unido e Israel le declarasen la guerra. EEUU impuso la paz, temeroso de una III Guerra Mundial.

El carismático Nasser constituye con Siria la República Árabe Unida y junto con otros países árabes, promete la destrucción de Israel. A finales de mayo de 1967, declara: "Árabes, esta es nuestra oportunidad de asestar a Israel un golpe mortal y aniquilador"

El 4 de junio de 1967, despegan de Israel 300 aviones Mirage que destruyen la poderosa aviación egipcia sin que ésta lograse tan siquiera levantar vuelo. Derrotado, Nasser decide bloquear el Canal de Suez, interrumpiendo el flujo de petróleo desde el Golfo Pérsico. Estalla una inmensa crisis. El petróleo, que pasaba por el Canal, tenía ahora que darle la vuelta a todo el continente africano. No había suficientes tanqueros en el mundo para hacerlo.

En 1970 muere Nasser. Le sucede Anwar el-Sadat, quien jura vengar la derrota sufrida por su patria. El 6 de octubre de 1973 -día sagrado para los judíos por tratarse del Yom Kippur y también sagrado para los árabes porque se iniciaba el Ramadán- Egipto y Siria atacan por sorpresa a Israel. Una vez más los árabes resultan vencidos. Las naciones árabes declaran un embargo petrolero que interrumpe todos los envíos de petróleo a Occidente, dando lugar a otra inmensa crisis conocida como el primer shock petrolero.

Al verse derrotado, Anwar el-Sadat decide cambiar de rumbo y firma en Camp David la paz con Israel. Gadafi -de Libia- indignado le declara la guerra a Egipto. Los fundamentalistas islámicos nunca perdonarían a Sadat y lo asesinan el 6 de octubre de 1981. Asume entonces el mando su vicepresidente, Hosni Mubarak, quien desde hace tres décadas gobierna con mano de hierro.

Pero ahora un tsunami de cambios recorre el mundo árabe. Ya provocó la caída del dictador de Túnez -Ben Alí, con casi dos décadas y media en el poder- y amenaza a otros países de la región y en particular a Egipto.

Con justa razón, centenares de miles de egipcios reclaman un Gobierno democrático. Inshallah (Dios lo quiera). El problema es que en cinco mil años de historia, Egipto nunca ha conocido la democracia y muchos temen a la Hermandad Musulmana -fundada en 1928- con un ideario basado en el islam, pero no violenta, que aspira a la instauración de un Gobierno teocrático inspirado en la shari'a.

De alguna forma la situación nos recuerda los sucesos que provocaron la caída del Sha de Irán, quien se había mantenido en el poder -también con mano de hierro- por más de tres décadas y media. En 1979 las multitudes iraníes salían a la calle reclamando la salida del Sha, quien en un último esfuerzo por calmar los ánimos designó a Shahpur Bakthiar -líder de la oposición- como Primer Ministro.

Bakthiar ofrecía democracia, pero quien se impuso fue el Ayatollah Jomeini desatando la revolución islámica shií que aún se mantiene en el poder, mediante una dictadura teocrática férrea y fundamentalista por más de tres décadas. Su actual presidente, Mahmud Ahmadinejad, sigue afirmando que hay que barrer del mapa a Israel mientras que en la ONU se teme que esté desarrollando armamento atómico. Mientras tanto el Ayatollah Alí Jamenei, líder supremo de esa dictadura teocrática, saluda los sucesos de Egipto como un "movimiento de liberación islámico".

Una última reflexión: Venezuela siempre se había mantenido neutral frente a los recurrentes conflictos que afectan a los países islámicos productores de petróleo, cada uno de los cuales impactó severamente los mercados mundiales. Las raíces de esos conflictos se basan en hechos de un pasado remoto -desde el éxodo hasta el holocausto- pero que nada tienen que ver con nuestra historia. Como país petrolero siempre estuvimos dispuestos a acudir en auxilio de los mercados y siempre fuimos considerados como una parte de la solución. Ahora sin embargo, dada la alianza de Chávez con Irán, hemos pasado a ser considerados como una parte del problema.

martes 25 de enero de 2011

Miedo cochino

La legitimidad de un gobernante debe ser de origen y también de desempeño

Aprovechando los meses que le quedaban a una de las mayorías parlamentarias más indignas que hemos conocido en nuestra historia republicana, pudimos observar a un grupo de diputados que, aprobando, sin ni siquiera leer y sin importar cuán inconstitucionales fuesen, cuantas leyes se les ordenase para contribuir a la perpetuidad del régimen.

Sin embargo, aquella retahíla de instrumentos legales reflejaban una sola cosa: un miedo cochino.

Comenzaré por uno cualquiera de esos instrumentos, la llamada "Ley Antitalanquera".

Al oficialismo le faltaba un solo diputado para lograr el control de las tres quintas partes de los miembros de la Asamblea Nacional, lo cual le hubiera permitido continuar utilizando a gusto la nueva Asamblea que se instalaría el 5 de enero del 2011. Con el inmenso poder que ha acumulado quien te conté, no parecía que la seducción de un solo diputado fuese un objetivo inalcanzable.

Por otra parte, 34 diputados oficialistas hubiesen tenido que saltar la talanquera para que la oposición pudiese lograr el mismo objetivo ¿Qué llevó entonces a la feneciente Asamblea Nacional a imponer la famosa ley "antitalanquera"? La respuesta es evidente: el miedo cochino de quien te conté.

La famosa ley es absolutamente inconstitucional ya que viola descaradamente el artículo 201 de la Constitución, que establece:

> "Los diputados o diputadas son representantes del pueblo y de los Estados en su conjunto, no sujetos a mandatos ni instrucciones, sino sólo a su conciencia. Su voto en la Asamblea Nacional es personal".

Igual miedo cochino está impidiendo la incorporación a la nueva Asamblea Nacional de varios diputados que ya habían sido proclamados. Al respecto la Constitución establece en su Artículo 200:

> "Los diputados o diputadas a la Asamblea Nacional gozarán de inmunidad en el ejer-

> cicio de sus funciones desde su proclamación hasta la conclusión de su mandato o de la renuncia del mismo"

Más claro no canta un gallo. El significado retorcido que se le dio a ese artículo en las más altas instancias del Poder Judicial, solo pone en evidencia la falta de independencia de los poderes que prevalece en Venezuela.

El mismo miedo cochino los llevó también a imponer una Ley Habilitante que ha causado revuelo a nivel internacional. Tal fue su impacto, que quien te conté comienza a sentir un vacío a su alrededor. Esa habilitante, como lo señaló Insulza, viola la Carta Democrática Interamericana. Incluso panas como Correa y Cristina prefieren guardar prudente distancia. Y mientras tanto Dilma -conocedora en carne propia de lo que son capaces las dictaduras militares-parece estar revisando algunos aspectos de las relaciones establecidas por su predecesor.

Algunos creen que Insulza reculó. No es esa mi impresión. Según el Artículo 20 de la Carta Democrática Interamericana el Secretario General de la OEA está obligado a realizar "gestiones diplomáticas, incluidos los buenos oficios", a fin de frenar un quebrantamiento del orden constitucional en un Estado Miembro. Si tales gestiones fuesen infructuosas, el mismo artículo establece que: "En caso de que en un Estado Miembro se produzca una alteración del orden constitucional que afecte gravemente su orden democrático, cualquier Estado Miembro o el Secretario General podrá solicitar la convocatoria inmediata del Consejo Permanente para realizar una apreciación colectiva de la situación y adoptar las decisiones que estime conveniente".

La legitimidad de un gobernante debe ser de origen y también de desempeño. El orden constitucional también se puede alterar gravemente cuando desde el ejercicio del poder se viola la Constitución afectando el orden democrático.

Cada vez es más evidente -a los ojos de toda la comunidad internacional- que en Venezuela se está produciendo un quebrantamiento progresivo del orden constitucional. Las violaciones en materia de derechos humanos, el ejercicio del poder sin sujeción al Estado de Derecho, la falta de separación e independencia de los poderes públicos, las limitaciones a la libertad de expresión, la falta de probidad en la gestión pública, son todos elementos que suman para comprobar le pérdida de legitimidad en el ejercicio del poder. La democracia representativa, que todos los estados miembros de la OEA se comprometieron a defender al suscribir la Carta Democrática Interamericana, está en entredicho.

Este cuento no ha terminado. Un olor penetrante se siente en el ambiente: olor a miedo cochino.

martes 11 de enero de 2011

CAP: In Memoriam

Muchos errores se le pueden atribuir, pero que fue un demócrata a carta cabal, no se puede discutir

El día 15 de octubre de 1975 el presidente Carlos Andrés Pérez me acusó, en rueda de prensa, de haber recibido un soborno de la Occidental Petroleum. Al presentar tales imputaciones, CAP estaba repitiendo las palabras de un señor Kaufman -despedido por la Occidental- y a la que la estaba demandando por varios millones de dólares ante un tribunal de Houston. Kaufman decía que la petrolera me había sobornado para que en mi condición de Secretario del Ministro de Minas e Hidrocarburos le facilitase a la petrolera la obtención de unos Contratos de Servicio al Sur del Lago de Maracaibo.

Lo cierto es que yo nunca fui Secretario del Ministro de Minas e Hidrocarburos y, para esa fecha, nunca había tenido cargo público alguno que tuviese que ver con el petróleo.

En boca del Presidente aquello provocó un escándalo. Se designó un Juez Instructor Especial de Primera Instancia, que me imputó y me prohibió la salida del país. Adicionalmente el Congreso Nacional designó una Comisión Bicameral integrada por 17 senadores y diputados para investigar las acusaciones.

Después de exhaustivas investigaciones, la Comisión Bicameral del Congreso me absolvió por unanimidad.

El caso pasó a manos de la Dra. Carmen Beatriz Romero de Encinoso, Juez Superior Séptimo en lo Penal del Distrito Federal y Estado Miranda -posteriormente Magistrada de la Corte Suprema de Justicia- quien en sentencia del día 16 de noviembre de 1976 me absolvió también de los cargos. También lo hizo la Sala Penal de la Corte Suprema de Justicia en sentencia del 9 de febrero de 1977, avalando así los planteamientos del Ministerio Público. Incluso la prensa me respaldó de manera unánime.

La razón de revivir aquellos sucesos -36 años después- es porque constituyen un ejemplo claro de cómo debe funcionar la separación de los poderes públicos en una democracia. Un ejemplo es mejor que mil lecciones. En los hechos narrados participaron el Poder Ejecutivo -en cabeza del propio Presidente de la República-, el Poder Legislativo que designó una Comisión Bicameral integrada por varios senadores y diputados y el Poder Judicial a través de un Juez de Primera Instancia, un Juez Superior y la Corte Suprema de Justicia. Igualmente participó el Ministerio Público. A pesar de la enorme influencia del Presidente, su fuerza no se impuso ante las demás ramas de los poderes públicos y, en definitiva, lo que sí prevaleció fue el talante democrático de Pérez, quien tuvo que aceptar las decisiones de las demás instancias. Eso, con la serenidad que me da el tiempo que ha transcurrido, debo reconocerlo.

Quizás las alabanzas que surgen de quienes fueron sus amigos, no tienen la misma significación que el reconocimiento que hoy le quiere hacer alguien que fue severamente perjudicado por CAP.

Aún recuerdo los consejos que en aquellos tiempos me daba el Dr. Pedro Tinoco, ya fallecido: "Con un presidente tan poderoso como Pérez no se pelea. Mejor vete al exterior y estudia un doctorado. Cuando regreses ya habrá otro presidente y todo se habrá olvidado". Pues bien, no seguí su consejo, no me fui, enfrenté el juicio y -como tenía que ser- resulté absuelto.

Yo dudo que en las actuales circunstancias pudiera repetirse una situación similar, porque hoy en día no impera una visión de igual respeto hacia la independencia de los tribunales ni de los demás poderes. Los jueces que me absolvieron no fueron a dar a la cárcel con sus huesos y los senadores y diputados no actuaron como focas temerosas, ni el Ministerio Público atendía instrucciones del Presidente.

El respeto de Carlos Andrés Pérez a la independencia de los Poderes Públicos quedó ampliamente demostrado en momentos muchos más trascendentes, cuando siendo Presidente por segunda vez, aceptó el enjuiciamiento, destitución y condena por parte de esos otros poderes.

Muchos errores se le pueden atribuir, pero que CAP fue un demócrata a carta cabal, no se puede discutir. Que lo que actualmente impera no es más que una mascarada de democracia, eso sí es discutible, porque ya hasta las máscaras están cayendo. CAP fue reivindicado por HCh.

Al retroceder en la historia reciente uno no puede sino asombrarse del progresivo deterioro institucional que hemos vivido a la largo de los últimos 12 años. Hoy tenemos a las demás ramas de los poderes públicos servilmente arrodilladas ante el poder prevaleciente. ¿Puede esto llamarse democracia? ¡Lo dudo! Sin que me quede nada por dentro hoy quiero rendir un tributo a la memoria de Carlos Andrés Pérez. La historia habrá de juzgarlo.

martes 28 de diciembre de 2010

Venezuela: ¡una democracia vibrante!

Nunca se atrevería ningún funcionario a contravenir los deseos del pueblo

En Venezuela podemos gritar con orgullo a los cuatro vientos que nuestro país atraviesa por una etapa de vibrante democracia. Nunca como ahora se cumplieron tan perfectamente los postulados que Montesquieu señalaba en su obra *"De l'Esprit des Lois"* (Del Espíritu de las Leyes):

> "La libertad es poder hacer todo lo que las leyes permiten... ".

Eso afirmaba el barón de Montesquieu en el Libro XI, Capítulo III de su citada obra donde enfoca el tema de "Las leyes que dan origen a la libertad política en su relación con la Constitución".

La clara división de poderes que prevalece en Venezuela permite que cada uno de los cinco poderes existentes (Ejecutivo, Legislativo, Judicial, Moral y Electoral) tenga la capacidad y fuerza suficiente para frenar por sí solo los abusos de cualquiera de los otros cuatro poderes.

"Para que no se pueda abusar del poder es preciso que, por la disposición de las cosas, el poder frene al poder (le pouvoir arrête le pouvoir)" -afirmaba el barón- y, quien puede negarlo, eso es precisamente lo que ocurre en Venezuela, pues finalmente se ha establecido un sistema de pesos y contrapesos (checks and balances) que garantiza el más perfecto equilibrio entre las distintas ramas de los poderes públicos.

Debemos pues estar orgullosos de la madurez que ha alcanzado nuestra sociedad, que finalmente es lo que ha permitido que podamos colocar nuestros destinos en manos de hombres que son capaces, por sí mismos, de enfrentarse a la tentación de que sus deseos prevalezcan sobre la opinión de los demás.

"Es una experiencia eterna que todo hombre que tiene poder siente la inclinación de abusar de él, yendo hasta donde encuentre límites". Sin embargo, esas opiniones de

Montesquieu no son aplicables a quien hoy dirige los destinos de la patria, pues las virtudes que lo adornan se transforman en el límite mismo de sus propias ambiciones, contradiciendo así las aseveraciones del barón francés quien en el año 1735 sostenía: "¡Quién lo diría! La virtud misma necesita límites".

Ningún venezolano puede alegar hoy en día que las decisiones del Poder Judicial estén influenciadas por los deseos del Poder Ejecutivo. Mucho menos podría ningún ciudadano llegar a sospechar que la Asamblea Nacional esté aprobando leyes por el simple hecho de que convengan a otro de los poderes, ya que claramente no existe ningún poder que prevalezca sobre los otros. En realidad, las leyes que emanan de nuestro Parlamento no son más que el simple reflejo de los deseos que el pueblo ha expresado cuando éste ha sido consultado.

Y en cuanto al respeto a la Constitución, claramente ha quedado establecido que "dentro de la Constitución todo se puede, fuera de ella nada", coincidiendo así con Montesquieu cuando este último afirmaba: "nadie está obligado a hacer las cosas no preceptuadas por la ley, y a no hacer las permitidas".

Es precisamente por ello que teniendo como guía y norte los preceptos de nuestra máxima ley -que no es otra que la Constitución- los deseos del pueblo, expresados en libérrimos ejercicios de votación (elecciones, referendos, etc.), son escrupulosamente respetados por los máximos representantes de los poderes públicos. Eso es precisamente lo que garantiza la institucionalidad en Venezuela con respecto a la cual, como antes dije, podemos sentirnos orgullosos. Nunca se atrevería ningún funcionario a contravenir los deseos del pueblo una vez que éste ha sido consultado y se ha manifestado en un sentido u otro. Pretender pues imponer mediante leyes -orgánicas o no- cambios constitucionales que fueron rechazados por el pueblo en un referendo expresamente convocado al efecto, sería una acción ilegítima que a ningún político se le ocurriría en Venezuela. Menos aún a quien encabeza el Estado.

Por otra parte, los ciudadanos podemos estar tranquilos porque, en el supuesto negado de que por algún error involuntario los diputados electos por el pueblo pudiesen incurrir en el desliz de aprobar alguna disposición que contravenga los deseos emanados de las urnas o los postulados de la propia Carta Magna, para eso están los magistrados del Tribunal Supremo de Justicia -máximos representantes del Poder Judicial- quienes con una venda en los ojos y una espada en la mano, se opondrían sin duda a que prevalezca ley alguna que viole el espíritu o el texto de la Constitución.

Si usted ha llegado hasta aquí, le quiero recordar que hoy es 28 de diciembre, día de los Santos Inocentes. Solo me queda decirle, ¡caíste por inocente!

martes 14 de diciembre de 2010

¿Vender Citgo?... ¡Qué locura!

Aunque soy reacio a utilizar semejante calificativo, vender Citgo sería una traición a la patria

"Citgo es un mal negocio", afirmó quien todos sabemos, alegando además que "si la vendiéramos y colocáramos ese dinero en bancos, con los intereses habría dividendos".

Armándome de la misma paciencia que requeriría para explicárselo a un niño de cinco años, trataré de aclararle a ese señor dónde está su error.

Me voy a remontar al año 1976. El 1 de enero de ese año, la industria petrolera venezolana amaneció nacionalizada. La Creole cambió de nombre y a partir de ese momento pasó a llamarse Lagoven; la Shell se transformó en Maraven; otras transnacionales pasaron a ser Corpoven. Sus directivos eran venezolanos y la casa matriz de las mismas ya no eran Exxon, ni Shell, ni Mobil, ni ninguna de "las siete hermanas". Ese 1 de enero la casa matriz de todas nuestras empresas petroleras fue PDVSA.

En apenas dos décadas PDVSA se transformó en una historia de éxito fulgurante, llegando a ser la segunda mayor empresa petrolera del mundo (según *Petroleum Intelligence Weekly*).

Sin embargo, PDVSA había nacido con severos obstáculos. El primero de ellos era que, aunque éramos dueños de nuestras instalaciones y petróleo, no teníamos acceso a los mercados internacionales. El segundo obstáculo era que el 75% de nuestras reservas probadas correspondían a crudos pesados, con mucho azufre, que los mercados no deseaban. Ese tipo de crudos los teníamos que vender a precio de gallina flaca. Los compradores fijaban los precios, ya que solo les interesaban para mezclarlos con crudos livianos de otras procedencias.

Tuvimos que modificar los patrones de refinación de nuestras refinerías para que fuesen capaces de procesar nuestros crudos pesados. Fue una tarea inmensa y costosísima.

Surgió entonces en los mercados una oportunidad que había que aprovechar. A raíz de una de las crisis en el Medio Oriente, algunas refinerías en EEUU y Europa se quedaron sin suministro de crudo. PDVSA pudo comprar algunas a precio de oportunidad. Tal fue el caso de Citgo que ya era dueña de varias refinerías en territorio norteamericano. En un primer momento adquirimos el 50% de sus acciones; más adelante compramos el restante 50%, con lo cual pasamos a ser propietarios del 100% de esas grandes instalaciones.

El paso siguiente fue titánico. Teníamos que hacer en ellas cuantiosísimas inversiones para dotarlas de procesos de conversión profunda (craqueo catalítico) a fin de adecuarlas a las características de los crudos pesados y ácidos de Venezuela.

Pero ni nuestro Gobierno ni PDVSA contaban con los fondos requeridos, ni querían otorgar avales. Optamos entonces por recurrir a financiamientos que serían pagados con el flujo de caja de la propia Citgo. Eso limitó por algunos años el pago de dividendos a PDVSA.

Hace años esos financiamientos ya fueron pagados y Citgo pasó a ser el principal brazo comercializador de nuestro petróleo. La empresa llegó a ser propietaria de ocho grandes refinerías en EEUU con capacidad para refinar más de 1,5 millones de barriles diarios, además de 66 terminales. Era además copropietaria de oleoductos que atravesaba a EEUU de sur a norte y disponía de más de 15.000 estaciones de servicio (más que restaurantes McDonald's) que aunque no eran propias, estaban abanderadas con la marca

Citgo y vendían gasolina venezolana. Pasamos a controlar casi el 10% del mercado de gasolina más importante del mundo.

Se logró una integración vertical admirable, gracias a la cual el petróleo proveniente de nuestros yacimientos era entregado en los tanques de gasolina de los automovilistas norteamericanos, después de haber sido refinado en nuestras propias refinerías, transportado en nuestros oleoductos y buques y expedido en estaciones de servicio Citgo.

Lamentablemente, por culpa de una pésima administración, Citgo está actualmente endeudada, se ha transformado en una empresa ineficiente y politizada al igual que PDVSA -cuyas cifras de producción están siendo falseadas-, se han vendido muchos de sus activos, se han retirado miles de estaciones de servicio que antes operaban bajo su bandera y la salud financiera de la empresa ha quedado comprometida. Por eso no paga dividendos e incluso se habla del riesgo de un embargo.

¡Es indispensable recuperarla! Si la vendiésemos estaríamos renunciando a la soberanía petrolera. Quedaríamos en manos de empresas extranjeras (quizás chinas) que quieran comprar nuestro petróleo pesado a precio de gallina flaca. Aunque soy reacio a utilizar semejante calificativo, vender Citgo sería una auténtica traición a la patria.

martes 30 de noviembre de 2010

La guerra y la paz

¡Cuántas muertes, sangre y sufrimiento sólo para apoyar las ambiciones de un caudillo!

Quienes disponen a su libre arbitrio de los recursos del país y utilizan el monopolio de la fuerza, pretenden por lo visto retrotraer a Venezuela a la etapa de los caudillos que asolaron a nuestra patria a lo largo de buena parte del siglo XIX.

Nos viene a la memoria José Tadeo Monagas, quien cercenó la autonomía de las regiones, impuso una dictadura disfrazada de legalidad, se valió del ejército para sus fines políticos personales, designó funcionarios sin mérito ni probidad y amparó la corrupción. Aquél mismo personaje que recurriendo al manido mensaje del "odio a la oligarquía", utilizó las turbas para asaltar el Congreso en 1848 y que después proclamó cínicamente: "la Constitución sirve para todo". Uno casi se lo puede imaginar con la Carta Magna en la mano izquierda, mientras que con la derecha ordenaba la agresión al Congreso en la que murieron los diputados Santos Michelena, José Antonio Salas, Juan García y Francisco Argote.

Caudillos como aquél destruyeron las esperanzas de paz a lo largo del siglo XIX, arrastrando a Venezuela a la tragedia que representaron infinidad de revoluciones: La *"Revolución de las Reformas"* (1835-1836), la *"Revolución Popular"* (1846-1847), la *"Revolución Liberal Conservadora"* (1853), la *"Revolución de Marzo de 1858"*, la *"Revolución Federal"* (1859-1863), la *"Revolución Genuina"* (1867), la *"Revolución Azul"*, la *"Revolución de Abril de 1870"* también conocida como la *"Revolución Liberal"*, la *"Revolución de Coro"* o *"Colinada"* (1874), la *"Revolución Reivindicadora"* (1878), la *"Revolución Legalista"* (1892), la *"Revolución de Queipa"* 1898, la *"Revolución Liberal Restauradora"* (1899), la *"Revolución Libertadora"*, entre otras.

¡Estamos hartos de revoluciones! La magnitud del dolor humano que se vivió en ellas atormenta la imaginación. ¡Cuántas muertes, sangre y sufrimiento sólo para apoyar las ambiciones de un caudillo!

Esta revolución no es mejor que las anteriores. Cuántos venezolanos asesinados en buena medida como consecuencia del mensaje de violencia que emana de los más altos niveles y de la ineptitud de quienes nos dirigen. Cuántos presos políticos, condenados en muchos casos en base al testimonio de un testigo que después ha negado su propio testimonio o, simplemente, sin que exista prueba alguna en su contra. Cuánta destrucción de la institucionalidad y de la moralidad, cuánta corrupción e inseguridad jurídica. Cuántos jóvenes bien formados que han tenido que emigrar porque no encuentran en su patria las oportunidades para contribuir con su esfuerzo al desarrollo de la misma y a su propio progreso. Cuántas familias separadas y cuántos profesionales excepcionales despedidos de PDVSA, cuya capacidad está siendo aprovechada en otras latitudes. Cuántas iniciativas y esfuerzos truncados, empresas y haciendas productivas que después de haber sido confiscadas se han hundido en un marasmo de improductividad, cuánta destrucción de la economía. Cuánta inflación y escasez. Cuánto sacrificio de la soberanía al entregarle a otro gobierno el manejo de áreas que por patriotismo nunca han debido ser cedidas. Cuánto engaño a las gentes más humildes que se han dejado marear por un discurso populista que les llega al corazón pero que les mutila el futuro. Cuánta estafa a los ciudadanos que se opusieron en un referendo constitucional a los cambios que se pretendió imponer en la Constitución, para de todas formas implantarlos por vías obviamente inconstitucionales, "sin cambiarles ni una coma". Cuánto servilismo. Cuánto desperdicio de oportunidades a lo largo de doce años en los cuales se ha malbaratado un billón de dólares y se han frustrado las esperanzas de toda una generación. Cuántas familias sin vivienda. Cuánto malestar laboral. Cuántos secuestros. Cuánto sufrimiento, inseguridad y odio. Cuánta destrucción inútil.

¡No, los venezolanos estamos hartos! Vivimos en el siglo XXI, no en el XIX. No queremos que se compren más armas; queremos que se construyan escuelas, hospitales y viviendas. Queremos seguridad. Queremos que el metro funcione y que no se vaya la luz. Queremos servicios. Queremos un lugar respetable en el concierto de las naciones civilizadas. Queremos libertad de expresión sin intimidación. Queremos que la justicia funcione. No queremos ser otra Cuba. Queremos verdadera democracia, con separación real de los poderes. No queremos venganzas, pero tampoco impunidad.

Queremos unidad para conquistar la paz. ¡No queremos la guerra!

martes 16 de noviembre de 2010

El tejido social

La economía se está hundiendo en un precipicio de ineficiencia estatal de difícil recuperación

Dos mochos se juntaron para rascarse. Uno de ellos, desesperado porque su bote hacía agua por los cuatro costados, visita al mocho más viejo en busca de consejo. Aquél, al verlo, le dice:

- Hermano, que bueno que viniste. Necesito más ayuda, porque después de medio siglo, mi propio bote destartalado está naufragando.

- ¿Cómo me dices eso? -contesta el mocho joven- Yo tenía un bote nuevo y tú me obligaste a remolcar al tuyo remando contra corriente. Me dijiste que si lo hacía, los dos podríamos navegar para siempre en el mar de la felicidad. Seguí tus consejos pero ahora mi bote está maltrecho y se está hundiendo.

-Pues mira chico ¡rema tú más duro para ver si nos salvas a los dos!

-¿Pero no ves que me voy a pique?

-Para que mi bote viva -replicó el viejo- tiene que vivir el tuyo. ¡Tenemos que rascarnos juntos!

Veamos: El primer bote hace agua y lo que lo mantenía a flote era una industria petrolera boyante, pero que ahora está severamente dañada y su producción se viene abajo. Esa industria aportaba cerca del 95% de los dólares que requería el país. Ahora son mucho más importantes que antes, porque habiendo destruido buena parte del aparato productivo, hoy tenemos que importar lo que ya no producimos; pero con un ingreso petrolero menguante, los dólares ya no alcanzan.

Se ha desatado un proceso de estatización que ha conducido a la incautación, nacionalización o expropiación de más de 1.300 empresas privadas que incluyen, entre otras, 300 empresas en los sectores industrial y comercial, más de 100 empresas en el sector petrolero, más de 100 empresas en los sectores de la construcción y urbanos y unas tres millones de hectáreas en el sector agrícola que han dejado de ser productivas. Todo esto ha conducido a que la economía venezolana se esté hundiendo en un precipicio de ineficiencia estatal de difícil recuperación, al menos mientras no se restaure la seguridad jurídica de forma de estimular nuevamente las inversiones. Pero por el contrario, quienes nos gobiernan, adelantan un proceso de radicalización aprovechando la perruna fidelidad de unas focas que de todas formas pronto se irán a nadar en el mar.

Ya destruyeron buena parte del sector financiero privado y ahora van a rematar la faena declarando a los bancos como un "servicio público". También están destruyendo al sector de la construcción, frustrando las esperanzas de los venezolanos de llegar a adquirir una vivienda propia. La crisis eléctrica, producto de la desidia gubernamental, golpea fuertemente al pueblo y a la economía.

La inseguridad -que campea por sus fueros- y el desempleo están minando las bases mismas de la sociedad, provocando una fuga masiva de cerebros. La inflación ha pasado a ser la más alta del mundo (29,7%), por encima de las de Congo (26,6%), Eritrea (20,5%), Argentina (20%), Guinea (16,6%) y Sierra Leona (15,5%).

Las protestas laborales se multiplican incontrolables por los cuatro costados del país. Inesperadamente son los trabajadores quienes más rechazan las expropiaciones, con lo cual respaldan la posición de cerca del 80% de los venezolanos que se oponen a ellas.

El equilibrio de los poderes y las instituciones en su conjunto, han caído genuflexos frente a una deidad que les exige bajar la cerviz y testimoniar públicamente una humillante e inconstitucional subordinación. De esto no escapan varias charreteras, generando tensiones en ese sector.

En el campo internacional ya cayeron las caretas. Todos saben lo que aquí está pasando. Las cosas se complican al obtener los republicanos el control de la Cámara de Representantes. En España, casos como el de la ETA arruinarán el enamoramiento con Zapatero. En Brasil ya no está Lula y no sabemos si Dilma mantendrá el romance. La luna de miel con Santos tampoco sabemos si durará, porque allá existe una política de Estado, en tanto que aquí impera una política de estados, pero de ánimo. Zelaya tampoco está y, mucho peor, el hermano Kirchner se murió. Hasta Insulza, que sabe otear el ambiente, se está insubordinando. Para colmo Evo, zamarro como buen indio, comienza a comprender lo que está ocurriendo. Y si volteamos hacia el mar de la felicidad... allí no hay vida. Los vientos están cambiando.

Y mientras el bote hace agua por los cuatro costados, aparece el caso Makled. ¿A dónde irá a dar preso? ¿Por qué tanto miedo a lo que pueda decir este tipo que tantos vínculos tenía con el oficialismo? ¡Es como demasiado! El tejido social corre el riesgo de rasgarse.

martes 2 de noviembre de 2010

"¡Exprópiese!"

El gobernante le está expropiando el nivel de vida a los venezolanos y sobre todo a los más pobres

Al grito de "¡Exprópiese!", el Gobierno venezolano está procediendo a la expropiación masiva de los sectores más débiles de nuestra población. No estoy hablando de las nacionalizaciones de Owens Illinois, de las industrias de Guayana, de las cementeras, de las petroleras, de Polar ni de Agroisleña, entre infinidad de otras empresas que se han visto afectadas por la irracional actitud de un gobernante que está desmontando el aparato productivo que con tanto esfuerzo se desarrolló en Venezuela. Ni siquiera estoy hablando de las casi tres millones de hectáreas que en el sector agrícola se han incorporado al cementerio de la improductividad después de haber sido confiscadas, en la mayoría de los casos en abierta violación de nuestra Constitución.

Me estoy refiriendo a un proceso de expropiación mucho más perverso y profundo que está afectando día a día a la totalidad de la población venezolana, pero que gravita con mucha mayor intensidad sobre los más desvalidos. Se trata de un fenómeno cuyo daño se manifiesta de manera inversamente proporcional al nivel de ingresos; es decir, mientras menor sea el nivel de ingresos, mayor será el perjuicio. Me refiero, por supuesto, a la inflación.

La inflación le está expropiando el nivel de vida a los venezolanos. Y sostengo que son los venezolanos más pobres los que mayor daño sufren, porque ellos son los que destinan un mayor porcentaje de sus ingresos a atender la más elemental de las necesidades: la alimentación. En los alimentos es donde se concentran las mayores tasas de inflación y a la vez el mayor nivel de incapacidad gubernamental. Recordemos el caso de Pdval.

El gobernante es incapaz de entender que el problema no se resuelve con controles ni expropiaciones. La única forma de lograr que los precios bajen es produciendo más y eso no se logra apropiándose de empresas y fincas productivas. Ellas eran precisamente las más capaces de aumentar la oferta de los productos que con mayor urgencia requiere la población. Se trata de una incautación grotesca, porque una vez expropiadas, la mayoría de estas empresas han caído en el barril sin fondo de la ineficiencia gubernamental, privando a la sociedad no sólo de lo que ellas antes producían, sino afectando además a los trabajadores que en ellas laboraban. Para colmo -sin excepción- sus costos de producción se incrementan y, aunque en apariencia el oficialismo afirme que ofrece esos productos a menores precios, la realidad es que las pérdidas en que incurren las empresas incautadas las obliga a pagar menos impuestos que antes, o bien a requerir de recursos financieros del Estado para mantenerse en operación. En ambos casos se trata de recursos que antes se podían dedicar a la educación, a la salud, a la seguridad, a la justicia, a obras de infraestructura o a otros fines que la sociedad requiere con mayor prioridad.

En todo caso, el único responsable de la inflación es el Estado. Aunque en general la población no tiene porqué entenderlo, la realidad es que los precios aumentan básicamente como consecuencia de que la cantidad de dinero que circula aumenta más rápidamente que los bienes y servicios que se ofrecen. Eso ocurre en mayor grado cuando el gasto público se desboca o se torna más ineficiente. El fenómeno se agrava peligrosamente cuando los gobiernos deciden recurrir a sus Bancos Centrales para financiar su déficit fiscal. Eso por cierto es lo que se autorizó con las últimas modificaciones de la Ley del Banco Central de Venezuela que terminaron por liquidar la autonomía del instituto. Preparen las alpargatas que lo que viene es joropo.

Gracias a la acumulación de barbarie e ignorancia que exhiben con orgullo nuestras autoridades, Venezuela ha alcanzado el dudoso honor de ser el país con mayor nivel de inflación en el mundo entero:

1° Venezuela: 29,7%

2° Congo: 26,6%

3° Eritrea: 20,5%

4° Argentina: 20%

5° Guinea: 16,6%

6° Sierra Leona: 15,5%

Bajo la consigna de "¡Exprópiese!", el gobernante venezolano le está expropiando el nivel de vida a los venezolanos y sobre todo a los más pobres. Las cifras trucadas que muestra el oficialismo no son sino el resultado de manejos estadísticos.

Cuando los ingresos petroleros alcanzaban para encubrir cualquier dislate, el oficialismo pudo cometerlos sin consecuencias. Pero ahora el costo político de sus acciones lo arrastrará hacia el abismo de la impopularidad. La historia se apresta a pasar la página.

martes 19 de octubre de 2010

"Calne de lata que cole poel suelo"

Los chinos deberían entender los riesgos que corren en negocios que se les están entregando "a dedo"

Soy admirador de China. De esa China varias veces milenaria que fue capaz de construir la gran muralla. Admiro a Confucio, que unos 500 años antes de Cristo luchaba por imponer la justicia, la convivencia y la armonía. Admiro el arte que legó la dinastía Ming y la prosperidad que impusieron después los emperadores manchúes. Admiro a la dinastía Ta Ch'ing, con todo su legado de sabiduría, prudencia administrativa y tolerancia. Maravillado recuerdo la historia de China entre 1660 y 1760, cuando sus emperadores supieron basar su autoridad y la obediencia de sus súbditos en un mínimo de coerción y un máximo de persuasión.

Y recuerdo también a Mao Tse Tung, que fue uno de los personajes más autoritarios del siglo XX. El de la *Larga*

Marcha que proclamó la República Popular China en la plaza Tiananmen el 1 de octubre de 1949 y el que, a finales de los 50, proclamó el *Gran Salto Adelante* para imponer el comunismo, provocando la muerte de entre 10 y 20 millones de chinos. Al Mao que para mantenerse en el poder arrastró a China a partir de 1966 a la *Revolución Cultural*. Aquel Mao que los chinos conservan embalsamado en una esquina de la plaza Tiananmen y al que sólo quieren recordar como un símbolo del pasado.

Admiro a Deng Xiaoping, ese pequeño gigante que entendió que Mao había sembrado a China de miserias. Que inspiró la política conocida como “un país, dos sistemas” y que es el arquitecto de los cambios y la apertura de China dirigidos a fomentar el progreso.

El asombroso crecimiento actual de China se le debe a Deng Xiaoping. Lo que Mao representó forma parte de una historia ya superada, a la que nadie en su sano juicio querría regresar. La parte de China que se mantiene comunista es la que viola los derechos humanos. La China que se tornó capitalista es la que está generando el mayor crecimiento económico que nación alguna haya logrado obtener durante mucho tiempo.

Pero a pesar de la admiración que me inspira China, mi prioridad es mi propia patria: Venezuela.

Hábiles comerciantes, los chinos aprovecharán sin duda las oportunidades que les regala nuestro gobierno. Lo que me atrevo a poner en duda es que Venezuela esté sacando beneficios de una relación que se basa en premisas equivocadas.

Los chavistas buscan el acercamiento a China convencidos de que así rompen la hegemonía del imperialismo norteamericano y contribuyen a destruir los núcleos hegemónicos del intercambio comercial. En su mente un tanto infantil, piensan que los chinos comparten "similares políticas antiimperialistas", tal como se establece en el Plan de la Nación 2007-2012. La realidad es otra.

Nadie puede oponerse a las relaciones con una nación como China que asoma como una de las mayores potencias económicas del siglo XXI. Pero una cosa son las relaciones que se construyen en torno a la búsqueda de un beneficio mutuamente enriquecedor y otra muy diferente es la entrega indiscriminada de nuestras riquezas, bajo condiciones que son ignoradas por nuestro pueblo.

Los chinos, que son conocidos por su proverbial paciencia, deberían entender mejor que nadie los riesgos que corren en algunos de los negocios que se les están entregando "a dedo" en el Bloque Junín de la Faja del Orinoco. Ojalá que éstos se ajusten a los principios de equidad normalmente aceptados en este tipo de actividades. De haberse producido una entrega de la soberanía, ni siquiera la Cláusula de Arbitraje de Shanghai evitará en el futuro las revisiones que correspondan.

Esa misma paciencia oriental les debería hacer comprender a los chinos que en Venezuela los vientos están cambiando. Prestarle 20.000 millones de dólares a un gobernante a quien el sol ya le da por la espalda -para ser utilizados por éste con fines políticos- podría ser poco recomendable. Ese gobernante está comprometiendo futuros ingresos petroleros (por primera vez en nuestra historia) bajo una fórmula de precios y condiciones que no conocemos. Sabemos, sin embargo, que aunque el préstamo es íntegramente pagadero en petróleo, la mitad del mismo sólo sirve para comprar productos chinos. Quizás hasta Confucio podría considerar que esto no contribuye a la convivencia (al dañar a los productores nacionales) y que a la vez es poco justo y armónico.

Los venezolanos queremos un acercamiento con la China milenaria y vibrante que a todos nos emociona. No aceptaremos, sin embargo, que nos vendan "calne de lata, pelo de lata de esa que cole poel suelo".

martes 5 de octubre de 2010

Todos los huevos en una sola canasta

Por fin el pueblo pudo entender claramente la burda trampa de la última Ley Electoral

En las elecciones del 26S el PSUV decidió poner todos los huevos en una sola canasta: Hugo Chávez. Nadie sabía quiénes eran los candidatos de esa tolda. El país entero estaba empapelado con las fotografías del líder máximo, quien de manera incansable recorrió hasta el último rincón de nuestra geografía montado en un camión desde el cual llamaba a sus partidarios a votar masivamente por... por él mismo.

Al mejor estilo de Stalin, Mao, Hitler, Mussolini, Kim Jong-il o Fidel, el líder lucía omnipresente -siempre con su chaqueta tricolor- en todos los rincones del país y en los medios de comunicación del Estado.

Un periodista extranjero me dijo que esa actuación le traía a la mente "El Hermano Mayor", aquella famosa novela de George Orwell.

El líder del PSUV incansablemente dedicó horas y horas en programas de televisión, radio y muy particularmente cadenas nacionales para crear un ambiente de plebiscito y polarizar a la sociedad venezolana. "Hay que pulverizarlos", "vienen por mí", etc. Chávez pasó a ser el tema central de la campaña de Chávez. Como buen soldado, siempre utilizaba como telón de fondo una suerte de guerra en la cual los "escuálidos" tendrían que ser barridos para que pudiera imponerse su revolución.

En mi opinión violaba presuntamente el numeral 3 del art. 5 del Reglamento de la Ley Electoral que prohíbe claramente promover "la discriminación o la intolerancia". También violó presuntamente el numeral 9 que prohíbe utilizar "la imagen, sonido o la presencia de niñas, niños o adolescentes". Y desde luego presuntamente violó el numeral 10 que prohíbe que se utilice "los símbolos nacionales o regionales de la patria o de los próceres de la República Bolivariana de Venezuela, o los colores de la Bandera Nacional o Regional".

Estaba convencido de que arrasaría y de que obtendría al menos las dos terceras partes de los miembros de la Asamblea Nacional. De todas maneras, para no correr riesgos, logró que su Asamblea previamente aprobase una Ley Electoral en la cual se modificaron los circuitos electorales favoreciendo de manera grosera al PSUV y violando el art. 186 de la Constitución que establece expresamente que los diputados serán electos en base a un sistema con:

> "... representación proporcional, según una
> base poblacional del uno coma uno por
> ciento de la población total del país".

A pesar de la absoluta inconstitucionalidad de esa ley, no había a dónde apelar. Cómo se iba a apelar ante un Tribunal Supremo de Justicia cuya presidenta se declara partidaria de un "nuevo constitucionalismo" que en sus propias palabras se opone a la división de los poderes establecida en la Constitución:

"No podemos seguir pensando en una división de poderes porque eso es un principio que debilita al Estado".

Pareciera que el Estado es Chávez, tal como decía Luis XIV, "L'Ètat c'est moi" (el Estado soy yo).

Pues bien, a pesar de todos los ventajismos imaginables el oficialismo perdió. Quien en la práctica era el único candidato, obtuvo el 48% de los votos y la oposición el 52%. Ese candidato ha perdido, sólo en el último año, más de un millón de votos. Por fin el pueblo pudo entender claramente la burda trampa de la última Ley Electoral a través de la cual el oficialismo logró la magia matemática de obtener el 60% de los diputados con el 48% de los votos.

Pero ahora el líder agarró la bajadita. Los vientos cambiaron. Lamentablemente todos los venezolanos tendremos que pagar, de hoy en adelante, las consecuencias de las absurdas políticas adelantadas por el gobernante a lo largo de los últimos 12 años. Mientras todos los demás países de Latinoamérica retomaron el rumbo del crecimiento y el progreso, Venezuela se enfrenta a una crisis sin precedentes, en la cual la inflación, la devaluación, la escasez, la inseguridad y el desempleo serán el pan nuestro de cada día.

La diferencia es que antes Chávez se las arregló para culpar a otros. ¡Ya no podrá! Él mismo se encargó de convencer al pueblo que él es el Estado.

Muchos piensan que antes de que tomen posesión los nuevos diputados, la ya fenecida Asamblea Nacional aprobará todas la leyes necesarias para consumar el odiado socialismo que pregona el líder para transformarnos en otra Cuba.

Si lo hace, la moribunda popularidad de Chávez se vendrá abajo, porque el pueblo puede ser tonto pero no tanto. Hacer eso equivaldría a bailar un joropo llanero zapateado sobre las cáscaras de los huevos que habían sido colocados en una sola canasta y que ahora yacen en el suelo.

martes 21 de septiembre de 2010

Vientos de cambio

Esperemos que nuestra sociedad sea capaz de pasar pacíficamente la página

En Venezuela soplan vientos de cambio. La sociedad tiene la urgente necesidad de cambiar el rumbo que ha emprendido. En términos históricos doce años no lucen como gran cosa; sin embargo, en términos económicos, la devastación que ha sufrido nuestro aparato productivo es quizás tan grave como la que hubiera podido derivarse de un conflicto bélico. Cerca de la mitad de las industrias han cerrado sus puertas abatidas por el bombardeo revolucionario y la increíble ignorancia e incompetencia de quienes nos dirigen.

La principal de nuestras industrias, la industria petrolera, ya no es ni la sombra de lo que antes fue. Por falta de mantenimiento sus instalaciones sufren con inusitada frecuencia de explosiones, incendios y accidentes que interrumpen las operaciones de nuestras refinerías. Esa falta de mantenimiento, aunada a la falta de inversiones, es la causa de la caída de nuestros niveles de producción y exportación petrolera. Las llamas y humaredas están a la vista de todos, pero el verdadero daño, el más grave aún está oculto a los ojos de la población. El endeudamiento de PDVSA crece a niveles tan inexplicables como inexplicables son los continuos derrames de petróleo que aparecen en el Lago de Maracaibo.

Las consecuencias de doce años de negligencia en la generación, transmisión y distribución de electricidad se manifiestan en los continuos apagones que sufrimos los venezolanos y que tan duramente afectan al sector productivo del país. Tienen toda la razón quienes atribuyen los cortes de electricidad a acciones de sabotaje. Sin embargo, el verdadero sabotaje lo cometieron quienes descuidaron los planes de electrificación que se venían adelantando.

En materia cambiaria se avecina una nueva tormenta. Las reservas internacionales que sirven de respaldo a nuestro signo monetario se ubican en torno a los 28.000 millones de dólares. Casi la mitad de ese monto -unos 14.000 millones de dólares- deberán ser desembolsados para cancelar las irresponsables nacionalizaciones de empresas petroleras, petroquímicas, contratistas, cementaras, cadenas de alimentos y siderúrgicas. Y todo ello sin ni siquiera entrar a considerar el posible resultado de arbitrajes internacionales en proceso de decisión. No hace falta ser economista para entender lo que va a ocurrir con nuestra moneda, cuyo valor de todas maneras se ve mermado a diario por una de las mayores inflaciones que existen en el mundo entero.

Pero el daño va mucho más allá que el puramente económico. Unos 120.000 venezolanos han perdido la vida a manos de la delincuencia. Nuestros gobernantes han sido incapaces de detener esta masacre y más bien la estimulan con el discurso de odios y enfrentamiento que se promueve desde los más altos niveles, contribuyendo a romper los lazos emocionales que permiten la vida en sociedad. En cuanto al número de víctimas, nuestra situación también se asemeja a la de un país en guerra.

Ni qué decir del sector salud. Enfermedades que antes habíamos sido capaces de combatir con éxito están resurgiendo con fuerza como resultado del abandono de las políticas sanitarias que antes se aplicaban. Pretender que con misiones diseñadas más para favorecer a Cuba que a Venezuela se va a resolver nuestra problemática en ese sector constituye una irresponsabilidad que viene a sumarse a todas las anteriores. Mientras tanto los hospitales, que con tanto esfuerzo se habían construido en el país, se caen a pedazos. El más mínimo sentido de patriotismo nos indica que la ruta emprendida es errónea y que el deber de cualquier gobernante es el de atender primero las necesidades de los ciudadanos que lo eligieron.

Otro de los graves daños que hemos sufrido es la fuga de cerebros y de gente joven bien capacitada. En buena medida el progreso de un país se basa en la formación que es capaz de proporcionarles a sus ciudadanos. Nuestras universidades tradicionales siguen formando excelentes profesionales, pero un gran número de ellos está emigrando como consecuencia de la falta de oportunidades que les ofrece su propia patria.

En Venezuela soplan vientos de cambio. Confiemos en que esos vientos no se transformen en tempestades. Esperemos que nuestra sociedad sea capaz de pasar pacíficamente la página. El 26 de setiembre se nos presenta una oportunidad excepcional de avanzar por ese camino. Ojalá que sepamos aprovecharla. Ojalá que ese día sepamos dejar a un lado la indiferencia y el miedo que son los mayores obstáculos que interponen en nuestro camino.

martes 7 de septiembre de 2010

26S: réquiem al comunismo

Expropiar los propietarios agrarios arruinar a los empresarios privados, centralizar los créditos...

Consultado Fidel Castro acerca de qué es en su opinión el "socialismo", no tuvo ningún empacho en responder: "comunismo".

En 1847 se reunió en París el II Congreso de la Liga Comunista. Allí se analizó un documento denominado *Principios del Comunismo* que sirvió de base al *Manifiesto del Partido Comunista* presentado por Marx y Engels un año después. En el documento se anunciaba la estrategia que utilizarían para adelantar la revolución comunista. Sus autores comenzaban por preguntarse: "¿qué vía de desarrollo adoptará la revolución?". La respuesta: "establecerá ante todo un régimen democrático". Se trataba de una vía indirecta que "sin embargo, no puede conducir a otro desenlace que la victoria del proletariado".

Más adelante el documento establecía: "La supresión de la propiedad privada es incluso la expresión más breve y más característica de esta transformación de todo el régimen social"... "¿Será posible suprimir de golpe la propiedad privada?". Y la respuesta fue: "No, no será posible"... "Por eso, la revolución del proletariado que se avecina, según todos sus indicios, sólo podrá transformar paulatinamente la sociedad actual... ".

Y a continuación se señala:

> "La democracia sería absolutamente inútil para el proletariado si no la utilizara inmediatamente como medio para llevar a cabo amplias medidas que atenten directamente contra la propiedad privada y aseguren la existencia del proletariado".

Después se enumeran las medidas a aplicar para imponer el comunismo. Se recomiendan:

Restringir la propiedad privada, quitarle a los capitalistas el usufructo de los medios de comunicación, expropiar gradualmente a los propietarios agrarios y de las fábricas ocupando sus empresas, utilizar la competencia de las empresas del Estado para arruinar a los empresarios privados, centralizar los créditos y la banca en manos del Estado, entre otras medidas.

Me preocupa lo que casi inmediatamente después, dice textualmente el documento de la Liga Comunista:

> "Por supuesto, todas estas medidas no podrán ser llevadas a la práctica de golpe. Pero cada una entraña necesariamente la siguiente. Una vez emprendido el primer ataque radical contra la propiedad privada, el proletariado se verá obligado a seguir siempre adelante y a concentrar más y más en las manos del Estado todo el capital, toda la agricultura, toda la industria, todo el transporte y todo el cambio. Este es el objetivo a que conducen las medidas mencionadas"... "Finalmente, cuando todo el capital, toda la producción y todo el cambio estén concentrados en las manos de la nación, la propiedad privada dejará de existir de por sí...".

Según Marx, al quitarle a los capitalistas privados el usufructo de todas las fuerzas productivas, de los medios de comunicación y del cambio, la economía experimentaría un avance y un desarrollo extraordinario:

> "Este avance de la industria brindará a la sociedad suficiente cantidad de productos para satisfacer las necesidades de todos. Del mismo modo, la agricultura (...) experimentará un nuevo auge y ofrecerá a disposición de la sociedad una cantidad suficiente de productos. Así, la sociedad producirá lo bastante para organizar la distribución con vistas a cubrir las necesidades de todos sus miembros".

Yo me pregunto si eso fue lo que ocurrió en Cuba o en la URSS o en los países de la órbita soviética, o en Corea del Norte. Todos se transformaron en Estados policiales y los ciudadanos pasaron a ser esclavos del Estado. La famosa plusvalía que según Marx los capitalistas les robaban a los trabajadores, fue a parar a manos del Estado. Así, sin excepción, los trabajadores de los países comunistas se empobrecieron, hasta que finalmente, hartos de mentiras y de engaños, se rebelaron, dando al traste con uno de los sistemas más oprobiosos que ha conocido la humanidad.

Cayó el muro de Berlín, se desintegró la URSS, los países de la órbita soviética huyeron horrorizados de Marx y de Lenin y de los dictadores como Stalin. El comunismo murió por ineficiente.

Pero a inicios del siglo XXI, las viudas del comunismo se juntaron en Venezuela para intentar revivir al muerto recurriendo a paleros y santeros. Desde luego, el cadáver de ese difunto ya está tan podrido como los alimentos que importó Pdval. A los muertos hay que dejarlos reposar en paz en sus tumbas.

Los venezolanos brindaremos el 26S un contundente réquiem al comunismo.

martes 24 de agosto de 2010

La inaudita destrucción de PDVSA

La industria petrolera de Colombia crece gracias al personal despedido de PDVSA

PDVSA -la segunda mayor empresa petrolera del mundo hasta el año 2002, según *Petroleum Intelligence Weekly*, ha experimentado una destrucción masiva.

En 2001 el país entero venía atravesando por una etapa de conmoción a raíz de la aprobación de la Ley Habilitante, a través de la cual mediante un paquete de 49 leyes, se intentaba alterar profundamente el régimen de propiedad y el sistema legal del país.

En el sector petrolero, los acontecimientos realmente comenzaron a agravarse a raíz de un programa de televisión de Esteban -el 7 de abril de 2002- en el cual, pito en mano despidió a un grupo importante de ejecutivos de la empresa:

> "Eddie Ramírez, director gerente hasta el día de hoy de Palmaven. ¡Pa' fuera!... Luego está despedido también, muchas gracias por sus servicios, señor Juan Fernández. Está despedido de Petróleos de Venezuela... Usted ha sido hasta el día de hoy gerente funcional de Planificación y Control de Finanzas... En tercer lugar, el gerente de Estrategia de Negociación... ¡Pa' fuera! Horacio Medina... ", y así sucesivamente. Después de cada despido, Esteban amenizaba sus palabras con un pito... prrrrrr.

Aquellos hechos concluyeron con un paro y con el despido de entre 20.000 y 22.000 trabajadores de la empresa, que en promedio tenían unos 15 años trabajando para la industria petrolera y que, en consecuencia, acumulaban más de 300.000 años de experiencia y conocimientos.

Es difícil entender cómo se llegó a tan grave crisis. La explicación la dio el propio Esteban con motivo de la presentación de la Memoria y Cuenta Anual ante la Asamblea Nacional, el día 15 de enero de 2004. En esa solemne oportunidad, en presencia de todos los embajadores acreditados ante el país, afirmó textualmente:

> "... Lo de PDVSA era necesario aun cuando nosotros no la generamos. Bueno, no es que no la generamos. ¡Sí la generamos!, porque cuando yo agarré el pito aquel en un Aló Presidente y empecé a botar gente, yo estaba provocando la crisis. Cuando nombré a Gastón Parra Luzardo y aquella nueva junta directiva, pues estábamos provocando la crisis. Ellos respondieron y se presentó el conflicto y aquí estamos hoy. ¡Era necesaria la crisis!".

Ya PDVSA no es ni la sombra de lo que era. Aunque el Gobierno habla de que producimos 3.100.000 barriles diarios, la OPEP lo desmiente y nos atribuye una producción cercana a los 2.300.000 b/d. Nuestras refinerías sufren constantes accidentes, incendios, explosiones y paradas provocadas por la impericia de quienes las operan. De 42.000 trabajadores la empresa pasó a tener en la actualidad más de 100.000. Las deudas financieras de la empresa pasaron de unos 5.000 millones de dólares en 1998 a cerca de 23.000 en la actualidad y los pasivos totales, incluyendo deudas a contratistas, proveedores y pasivos contingentes probablemente sean del orden de los 60.000 millones. Hay más de 20.000 pozos petroleros cerrados y la producción de gas se vino a pique. El PIB petrolero del país -con la sola excepción del 2004 y el 2008- ha venido cayendo de manera sostenida. Ya no está claro si PDVSA en una empresa petrolera, una agencia social, una seccional de un partido o el brazo financiero de una revolución. Nada ilustra mejor a la actual PDVSA que el triste episodio de los alimentos podridos de Pdval.

Mientras tanto otros países se beneficiaron de las locuras de nuestros líderes. Muchos de ellos enviaron misiones a Venezuela para reclutar a aquel personal altamente capacitado que de manera increíble nuestro país estaba desechando.

Allí está el caso de Colombia, donde su industria petrolera experimenta un auge impresionante gracias al personal despedido de PDVSA. A modo de ejemplo baste mencionar el caso de Pacific Rubiales, empresa constituida por ex gerentes de PDVSA, que ha pasado a ser la segunda mayor productora de ese país después de Ecopetrol y que, por cierto, está experimentando con éxito, con un producto llamado Llanomulsión, parecido a la Orimulsión, que de manera increíble los genios que manejan a PDVSA decidieron desechar. Hay muchísimos otros casos.

Ni hablar de Canadá, donde los venezolanos despedidos han contribuido al impresionante crecimiento de las arenas bituminosas en Alberta. Iguales historias de éxito se repiten en México, en el Golfo Pérsico, en EEUU y en todo el mundo.

Los venezolanos pagaremos con sudor y lágrimas la inaudita estupidez de esta revolución que nos está lanzando a un abismo de pobreza. ¿Será que esto también le provoca risa a esta gente?

martes 10 de agosto de 2010

¿Revolución socialista del siglo XXI?

¿Qué pensará el pueblo mientras hace colas en los Mercales para comprar un pollo?

El socialismo del siglo XXI es una suerte de menjurje que no podrá imponerse ya que carece de tres requisitos indispensables para cualquier revolución que merezca tal nombre: ética, épica e ideología.

La ética es una rama de la filosofía que estudia la moral, la virtud, el deber y el buen vivir. Carentes de moral, virtud y deber, los actuales revolucionarios se han concentrado simplemente en la práctica del buen vivir. El pueblo venezolano ha sido paciente testigo de cómo un grupo de líderes han despilfarrado una increíble suma que ya se acerca al millón de millones de dólares, sin que se haya logrado otra cosa que sembrar odios y destruir al aparato productivo del país, mientras que una advenediza y grotesca bolioligarquía -que controla simultáneamente el poder económico y el poder político- se ha enriquecido groseramente a costa del erario público. Casos como el de los miles de contenedores llenos de alimentos podridos son emblemáticos. La Asamblea Nacional se niega a discutir el caso, el Contralor dice que ya lo señaló hace dos años (aunque no inhabilitó a nadie ni hizo nada más), la Fiscalía hace maromas para deshacerse de esa papa ardiente en las manos, mientras surgen para colmo acusaciones de que militares queman de noche esos alimentos. ¿Qué pensará el pueblo mientras hace colas en los Mercales para comprar un pollo?

La épica de la actual revolución, por otra parte, se limita a un frustrado golpe de Estado. Puesto que es imposible capturar la imaginación de un pueblo sin presentarle héroes y mártires que lucharon denodadamente por un fin noble, los actuales revolucionarios de pacotilla tratan de apoderarse de la gesta y hasta de los restos del Libertador. ¡Qué ignorantes son!

El pensamiento de Bolívar era la antítesis de quienes hoy en día pretenden proclamar una revolución tildándose de bolivarianos. Es imposible en tan cortas líneas analizar el abismo que los separa del Libertador; sin embargo, sirva un ejemplo para ilustrar el caso: los odios de clases que preconizan los actuales "revolucionarios". A pesar de que Bolívar era un mantuano que pertenecía a la nobleza criolla, la gesta emancipadora que encabezó propiciaba un estado de derecho sin fueros, castas o razas, donde todos fueran iguales. El genio caraqueño aborrecía el concepto mismo de lucha de clases, idea que en su época se identificaba como "guerra de colores". Eso fue lo que llevó al fusilamiento de Piar. Veamos las acusaciones que a Piar le hace el Libertador el 5 de agosto de 1817:

> "Proclamar los principios odiosos de la guerra de colores para destruir así la igualdad, (...), convidar a la anarquía, aconsejar al asesinato, el robo y el desorden, eso es en sustancia lo que ha hecho Piar... ¿Qué pretende el General Piar en favor de los hombres de Color? ¿La igualdad? No: ellos las tienen y las disfrutan en la más grande latitud que pueden desear. El General Piar mismo, es una prueba irrevocable de esta igualdad".

Carentes pues de ética y de épica, los actuales revolucionarios se enfrentaron al mayor de los escollos al tratar de identificarse con alguna ideología. No hace mucho su líder trató de resolver el problema al proclamar: "Yo me declaro marxista, soy marxista"... "asumo el marxismo".

Ahora sí es verdad que esta revolución se volvió un arroz con mango. Tal como lo he afirmado en ar- tículos anteriores, Marx fue el más acérrimo detractor del Libertador. Se puede ser marxista o se puede ser bolivariano; pero lo que no se puede es ser marxista y bolivariano a la vez. Bolívar y Marx se encuentran en las antípodas del pensamiento político.

Por otra parte, el líder “bolivariano” ha transformado su enfrentamiento con EEUU en el leimotiv de su revolución. Veamos lo que nos narra Félix Zubr -héroe de la resistencia polaca durante la II Guerra Mundial- al referirse a una carta escrita por Marx a Engels con motivo del conflicto entre México y EEUU (1846-48) por la posesión de Texas. Escribe Marx:

> “¿Qué más quieren esos salvajes mexicanos, que ser incorporados a un imperio de civilización? ¿Qué más quieren los habitantes de la rica California que ser incorporados al cuerpo central de una gran nación?”.

Y en otra oportunidad los dos padres del comunismo, esos dos campeones del socialismo que fueron Marx y Engels, se ponen del lado del “imperialismo norteamericano” cuando señalan:

"En América hemos sido testigos de la conquista de México y estamos muy satisfechos".

martes 27 de julio de 2010

El comunismo, Bolívar y la Iglesia

Son marxistas y lo que en verdad pretenden imponernos no es otra cosa que el comunismo

Aunque anterior a él, Marx quiso que el comunismo y marxismo fuesen una misma cosa. De hecho, Marx elige el término comunista y funda en 1847 la Liga Comunista para promover sus ideas. El *"Manifiesto Comunista"* fue en 1848 el título escogido para el documento redactado por Carlos Marx y Federico Engels para exponer la doctrina que preconizaban: "Un fantasma recorre a Europa: el fantasma del comunismo". Con estas frases se inicia el documento.

"Yo me declaro marxista, soy marxista"... "asumo el marxismo" confesó a finales del 2009 el líder de la revolución bolivariana. ¡Tremenda contradicción! Se puede ser marxista o se puede ser bolivariano. Pero no se puede ser es marxista y bolivariano a la vez. La razón es simple: Marx fue el más implacable detractor de Bolívar.

El 14 de febrero de 1858, Marx le dirige a Engels una carta en la cual se refiere al Libertador como "el más cobarde, vulgar y miserable bribón". En la biografía de Bolívar que Marx escribe para *"The News American Cyclopaedia"* (1858), no escatima insultos contra el Libertador a quien acusa de traidor, déspota, falso, abyecto, deshonesto, Napoleón de las retiradas, e infinidad de otros epítetos. Afirma que la conquista de Nueva Granada se debió a las tropas inglesas y no a Bolívar, y los éxitos de la campaña de Quito (1822) a los oficiales británicos. "Incapaz de todo esfuerzo de largo aliento -continúa Marx- su dictadura degeneró pronto en una anarquía militar". Lo define como un "inescrupuloso líder de la aristocracia", al igual que lo describían en la Enciclopedia Soviética Grande de la URSS. Esa fue la visión que el marxismo tuvo de Bolívar.

El marxismo, por su parte, ha adoptado diferentes tonalidades como por ejemplo el leninismo, el trotskismo, el maoísmo, el nacional-bolchevismo, etc. Todos son marxistas y todos son comunistas. Todos atacaron la propiedad privada, redujeron a los ciudadanos al papel de esclavos del Estado y acabaron con la libertad de expresión. Todos atacaron la religión.

Se nos quiere vender ahora una suerte de marxismo bolivariano, cuando resulta que Bolívar y Marx se ubican en las antípodas del pensamiento político. Para completar el menjurje ideológico se nos dice que el marxismo es la más "avanzada propuesta hacia el mundo que Cristo vino a anunciar" (Esteban dixit).

Marx era ateo: "Las teorías comunistas, por supuesto, no descansan en las ideas, en los principios forjados o descubiertos por ningún redentor de la humanidad... ", afirma textualmente Marx en el *Manifiesto Comunista* y, en otra de sus obras (Crítica a la Filosofía Hegeliana del Derecho), Marx no duda en afirmar: "La religión es el opio del pueblo". Para el comunista, la religión debe ser combatida no sólo teóricamente, sino también en la práctica.

Los ataques contra la Iglesia, el cardenal y los obispos coinciden con las acciones de los comunistas en cualquier parte del mundo. Esas actuaciones contrastan, por cierto, con las opiniones ya maduras de Bolívar con respecto a la Iglesia:

En el Artículo 25 de la ley Constitucional de Colombia (Bogotá 24 de junio de 1828), Bolívar insiste en incluir:

> "El gobierno sostendrá y protegerá la religión católica, apostólica y romana, como la religión de los colombianos".

Más aún, el 28 de octubre de 1827, reunido con el arzobispo de Bogotá y los obispos de Santa Marta y Antioquía, el Libertador afirmó:

> "¡La causa más grande que nos une en este día! El bien de la iglesia y el bien de Colombia. Una cadena más sólida y más brillante que los astros del firmamento nos liga con la iglesia de Roma, que es la fuente del cielo".

En su proclama del 27 de junio de 1828 en Bogotá, afirma:

> "¡Colombianos! Me obligo a obedecer estrictamente vuestros legítimos deseos; protegeré vuestra sagrada religión como la fe de todos los colombianos".

Y en el mensaje que ofrece al Congreso Constituyente de Colombia el 20 de enero de 1830, su recomendación final a los delegados, antes de retirarse para siempre y morir, fue:

> "Permitiréis que mi último acto sea recomendaros que protejáis la religión santa que profesamos, fuente profusa de las bendiciones del cielo".

¿Cómo entender, pues, que ahora pretendan enfrentar al pueblo con la Iglesia? No les arriendo la ganancia. Están deschavetados.

¡Pobre Bolívar! No se merece el show que están montando con sus restos para distraer la atención de los alimentos que se pudren. Son marxistas y lo que en verdad pretenden imponernos -¡está clarísimo!- no es otra cosa que el comunismo.

martes 13 de julio de 2010

Legitimidad podrida

No está claro si en ese país impera una autocracia, una tiranía, una dictadura, un autoritarismo...

Qué es una "autocracia"? Según el Diccionario de la Real Academia de la Lengua Española, se trata de un "sistema de gobierno en el cual la voluntad de un solo hombre es la suprema ley" y un "autócrata" es por tanto "aquella persona que ejerce por sí sola la autoridad suprema de un Estado". El término solía aplicarse a las monarquías absolutas; sin embargo, cada vez más se utiliza como sinónimo de tiranía o incluso de dictadura.

"Dictadura", según la definición de *Wikipedia* "es una forma de gobierno en la cual el poder se concentra en torno a la figura de un solo individuo (dictador)... que se caracteriza por la ausencia de división de poderes...".

Para aclarar la situación, vale la pena recurrir a ejemplos prácticos. Imaginemos un gobernante electo legítimamente en base a una Carta Magna democrática, pero que sin embargo desea modificarla para adaptarla a un régimen diferente. Siguiendo los dictámenes de esa constitución, decide consultar al pueblo -a través de un referendo- los cambios que quiere proponer. El mecanismo en principio luce democrático.

Ahora bien, si el pueblo rechaza los cambios propuestos, al gobernante no le queda otro remedio que acatar la voluntad popular. Si por el contrario decide llevar adelante su proyecto -sin cambiarle ni una coma- en la práctica se divorcia del sistema democrático en el cual se basaba su legitimidad.

Sin embargo, en un intento por salirse con la suya pero conservando las apariencias democráticas, el gobernante opta por recurrir al parlamento de su país para que a través de leyes orgánicas apruebe los mismos cambios que él no pudo lograr vía referendo. Al hacerlo, pierde aún más su legitimidad porque resulta evidente que ninguna ley puede estar por encima de la Constitución ni de la voluntad popular, más aún si ésta ha sido expresamente consultada.

En todo caso -sumiso- el parlamento decide olvidarse de la Carta Magna y aprobar todo cuanto el líder pide. Al hacerlo, también está perdiendo su propia legitimidad, porque está tomando decisiones que van, no sólo más allá del marco constitucional, sino que además contradicen la voluntad popular que alguna vez eligió con su voto a esos parlamentarios.

Simultáneamente, las contorsiones del poder judicial para otorgarle apariencia de legalidad a la voluntad del poder dominante, ponen de manifiesto que la independencia de los poderes públicos -una de las bases fundamentales del sistema democrático- ha quedado en entredicho. Cada vez es más evidente que uno solo de los poderes está tomando todas las decisiones y que quien lo ejerce se ha transformado en la *suprema ley del Estado*.

Son ilustrativas las palabras de James Madison (1751-1836), padre de la Constitución de EEUU, quien al igual que los más ilustres defensores de la libertad, advertía:

> "La acumulación de todos los poderes, legislativo, ejecutivo y judicial, en las mismas manos... puede considerarse con toda exactitud, como la definición misma de la tiranía".

Sin embargo, cabe alegar que según la interpretación usual que se le da al término, en una "tiranía" no tiene que existir un fin último que guíe las acciones del Estado. El tirano no suele ponerse al servicio de una ideología.

Aquellos regímenes en los cuales se pretende presentar "un fin último superior" para legitimar las acciones del Estado, suelen conocerse como "totalitarios". Sus características son:

- Existe un líder supremo cuya imagen es ensalzada por todo el aparato del Estado.

- Existe una ideología que es defendida por el líder.

- Existe un objetivo que consiste en imponer grandes cambios a la sociedad.

- El derecho se pone al servicio del líder y de la ideología.

- Se pretende extirpar las formas de pensamiento opuestas recurriendo al adoctrinamiento y la reeducación.

- El líder busca el apoyo y el control de las masas para imponer la ideología.

- El líder pretende ejercer todo el poder sin limitaciones ni restricciones.

No está claro el tipo de gobierno que existe en el país imaginario que hemos venido utilizando como ejemplo. No está claro si el fin último que allí se pretende consiste en imponer una ideología, o si más bien lo que se intenta simplemente es imponer una nueva oligarquía que controle simultáneamente todo el poder económico y el poder político. No está claro si en ese país impera una autocracia, una tiranía, una dictadura, un autoritarismo o un totalitarismo. Lo que sí está claro -¡clarísimo!- es que en ese país la legitimidad democrática está podrida.

martes 29 de junio de 2010

PDVSA Socialista

La PDVSA exitosa pertenecía a la nación; la PDVSA Socialista pertenece a la revolución

"PDVSA Socialista", dijo Esteban que sería el nuevo nombre de nuestra casa matriz petrolera. Pocas veces en los once últimos años he estado de acuerdo con alguna propuesta de Esteban. Pero en esta ocasión, lo apoyo en un 100%.

Creo que es importante establecer una diferencia entre la PDVSA exitosa que nació el 1 de enero de 1976 cuando todas las operaciones de la industria petrolera pasaron a manos de venezolanos, y la PDVSA Socialista que en la práctica nació cuando fueron despedidos más de 20.000 venezolanos que tenían en promedio 15 años trabajando para la industria petrolera y que en consecuencia acumulaban 300.000 años de experiencia y conocimiento que fueron arrojados al cesto de la basura.

La PDVSA exitosa logró en dos décadas aumentar su capacidad de refinación desde unos 900.000 barriles diarios en 1976 hasta más de 3.000.000 de b/d, no sólo en el país, sino también en el exterior; se modificaron los patrones de refinación de las refinerías nacionales, dotándolas de procesos de conversión profunda a través de los cuales los crudos venezolanos pesados y de mala calidad pudieron ser transformados en los productos de alto valor en los mercados; en Europa, PDVSA llegó a ser copropietaria de 5 refinerías; se adquiere Citgo, la cual pertenece 100% a PDVSA, y que fue dueña de siete grandes refinerías en EEUU cuyos procesos de refinación fueron adecuados a las complejas características de los crudos venezolanos; se negociaron cerca de 15.000 estaciones de servicio en la costa este de EEUU, que sin ser propiedad de la empresa, fueron abanderadas con la marca Citgo a través de las cuales se vendía petróleo venezolano refinado en refinerías venezolanas; se participaba en la propiedad de dos grandes poliductos que atraviesan a EEUU de sur a norte, etc.

La PDVSA Socialista ha ofrecido 36 refinerías en todo el mundo (10 en Venezuela). Sólo ha cumplido con una: la de Cienfuegos en Cuba. En PDVSA Socialista la falta de mantenimiento es alarmante. La PDVSA exitosa batía récords en materia de seguridad industrial y carencia de accidentes, pero PDVSA Socialista se ha visto afectada por una plaga de accidentes, muchas veces fatales. Con periódica frecuencia se producen incendios y estallidos en nuestras principales refinerías, que obligan al paro de sus operaciones.

Las actividades de la PDVSA exitosa no se limitaron al área estrictamente petrolera. También en materia de gas se descubrieron 146 trillones de pies cúbicos de gas; se desarrolló una capacidad de producción petroquímica que superó el millón de toneladas por año y una producción de carbón que alcanzaba a más de 5.1 millones de toneladas anuales; se diseña y patenta un nuevo combustible denominado "orimulsión" consistente en una emulsión estable de crudos extrapesados y agua -ideal para generar electricidad-, el cual fue abandonado por la PDVSA Socialista (¡qué falta haría ahora!); se crea el Intevep que llega a transformarse en uno de los institutos de investigación en el área petrolera más importantes del mundo (más del 50% de las patentes de toda Latinoamérica surgían del Intevep); se crea el CIED, considerado también como una Universidad Corporativa de nivel mundial en el área energética.

La PDVSA exitosa era la segunda mayor empresa petrolera a nivel mundial y la mayor empresa de cualquier tipo en toda la Latinoamérica.

De no haberse interrumpido los planes de inversión de la PDVSA exitosa, deberíamos estar produciendo más de 5 millones de barriles por día. Sostiene PDVSA Socialista que el país produce 3.100.000 barriles por día, lo cual es negado por las fuentes internacionales. Según la OPEP para el mes de mayo de 2010 Venezuela producía 2.327.000 barriles diarios; en tanto que según la Agencia Internacional de la Energía esa producción fue de 2.250.000 b/d, incluyendo 480.000 b/d de crudos extrapesados en la Faja del Orinoco.

La PDVSA exitosa era la transnacional petrolera con menor nivel de endeudamiento. Las deudas de la PDVSA Socialista se acercan a los 67.000 millones de dólares. No paga a sus contratistas y a muchos los nacionaliza y no los indemniza.

¿Por qué en lugar de ocuparse de los asuntos que le conciernen, la PDVSA Socialista -en la cual todo se está viniendo a pique- se dedicó a importar y acaparar alimentos podridos en miles y miles de contenedores que se están descubriendo en todo el país?

La PDVSA exitosa pertenecía a la nación; la PDVSA Socialista pertenece a la revolución y la están destruyendo.

martes 15 de junio de 2010

¡Algo huele mal en PDVSA!

¿Quiénes fueron los importadores? ¿A cargo de quién estuvo el pago?

Dii, talem terris avertite pestem" -dioses, apartad de la tierra tan grande peste- clamaba Eneas, según nos narra Virgilio en La Eneida (III, 620), cuando es advertido por el oráculo de Apolo sobre la gran peste que se desataría en Lacio.

Dioses, apartad de la tierra tan grande peste, deberíamos también implorar los venezolanos cuando se nos informa acerca de los miles y miles de containers de alimentos importados por Pdval, filial de PDVSA, que están apareciendo en estado de putrefacción en diversos sitios de Venezuela. Muchos otros contenedores -según el gobernador del Zulia- pueden haber sido arrojados al mar ya que, según se dice, desde el principio fueron adquiridos sin cumplir con las exigencias sanitarias.

La más increíble impunidad ha servido de manto encubridor para estos delincuentes. Por lo visto se trataba simplemente de comprar a como diese lugar inmensas cantidades de alimentos que -según dicen las malas lenguas- o eran de pésima calidad o estaban ya en mal estado en los países de origen, razón por la cual eran adquiridos a precio de gallina flaca.

El precio de la compra por supuesto no reflejaba tal situación, con lo cual quien realizaba la operación hacía un negocio pingüe: por una parte se embolsillaba el sobreprecio y por la otra se beneficiaba de los dólares preferenciales que otorgaba Cadivi.

Cumplido así el objetivo fundamental de la operación -que no era otro que el pillaje- el cuerpo del delito, es decir, los alimentos, no pasaba de ser más que un estorbo del cual había que deshacerse. Así como el criminal que arroja el cuerpo de su víctima en un vertedero confiando en que los zamuros darán cuenta de él, así los contenedores a los cuales nos referimos parecen haber sido abandonados, confiando en que alguien se encargaría de encubrir los hechos para ahorrarse el costo político del escándalo. Pero como ningún crimen es perfecto, no pensaron los delincuentes en que el ofensivo olor de la podredumbre de esos alimentos terminaría por alarmar a los vecinos de los sitios donde fueron abandonados los contenedores.

No falta quien diga que precisamente por esa razón en el año 2009 se creó la Sociedad Mercantil Bolivariana de Puertos (Bolipuertos) para, en asociación con Cuba, centralizar y supervisar toda la actividad portuaria y alejar a posibles testigos. Así, hasta los almacenes y las empresas -algunas centenarias- que operaban en los puertos, fueron expropiados. Al hacerlo, por cierto, el Estado ya no tiene ahora a quien culpar. La culpa es íntegramente suya.

La "canalla" (*Chávez dixit*) no son los que él dice. Son los bandidos y sus encubridores. El pueblo no puede echar esto en saco roto. El sol no puede ser tapado con una Polar. Los niveles de corrupción que se han producido durante el actual régimen no sólo sobrepasan los límites de la imaginación, sino que además superan con creces cualquier otra situación de podredumbre administrativa que haya ocurrido a todo lo largo de nuestra ya bicentenaria historia republicana.

¿Quién tiene la responsabilidad? ¿Quiénes fueron los importadores? ¿A cargo de quién estuvo el pago? ¿Qué tuvo que ver PDVSA en todo este enmarañado asunto? Habiendo sido un director de PDVSA el presidente de Pdval, ¿no ha debido la estatal petrolera supervisar estas compras? ¿Por qué PDVSA -cuya deuda se acerca a la increíble cifra de $ 70.000 millones, cuya producción petrolera va en declive y cuyas refinerías estallan o se incendian con insólita frecuencia- tiene que estar importando y acaparando alimentos podridos en lugar de ocuparse de su negocio?

Alguien tendrá que responder al pueblo. Lo que sí está claro es que ni la Contraloría General de la República se preocupó por la estafa, ni mucho menos lo hizo la Asamblea Nacional que supuestamente cuenta con una Comisión de Contraloría que debería haber investigado tan monumental caso de corrupción y que obviamente es igualmente responsable por no haber cumplido con su deber.

Como decía Shakespeare en Hamlet: *"Algo huele mal en Dinamarca"*. No se trata sólo del olor de los alimentos podridos. Algo apesta en PDVSA, en Pdval, en Bariven, en la Contraloría General de la República, en la Asamblea Nacional, en los Bolipuertos y en los más altos niveles del Gobierno que encubren a los verdaderos culpables. ¡Alguien tiene que pagar!

El 26 de setiembre los venezolanos tenemos que elegir una Parlamento que impida que este tipo de monstruosidades se repita y que, además, las investigue.

martes 1 de junio de 2010

"Un millardito": el pecado original

El salario real de los venezolanos se derrumba en medio del caos inflacionario y la locura destructiva

Al observar el caos en el cual está sumido el mercado cambiario venezolano, a uno no le queda más remedio que revisar las causas del mismo. Lo primero que me viene a la mente -entre muchísimas otras razones- es el último programa dominical del presidente de la República en el año 2003. Allí, recurriendo a súplicas y amenazas, le exigía al Banco Central de Venezuela que le entregara "un millardito" de las reservas internacionales para financiar lo que él denominaba "la punta de lanza de la revolución agrícola": el plan Zamora. Aquel "millardito" es en buena medida el símbolo de lo que habría de venir.

Lo que exigía, por supuesto, no se podía hacer conforme a la ley que regía el BCV, porque el instituto no podía financiar el déficit fiscal ni el Gobierno era dueño de las reservas. Lo que se le pedía a los directivos del instituto es que buscasen un subterfugio para cumplir con los deseos presidenciales. De hecho, el instituto se las arregló para canalizar los fondos por otras vías.

Gobernar no consiste en trampear la ley. La autonomía de los bancos centrales tiene una razón de ser. Se ha demostrado hasta la saciedad que cuando las instituciones que emiten moneda se arrodillan frente a los gobiernos, terminan -de una u otra forma- imprimiendo dinero inorgánico para cubrir el déficit fiscal, desatando así una tragedia inflacionaria. Tal situación se torna tanto más grave cuando se trata de gobiernos populistas y dogmáticos que desprecian (o ignoran) hasta los más elementales fundamentos de la economía.

Pobre de los pueblos a quienes les toca vivir tal situación. Inevitablemente terminarán sumidos en la miseria a menos que logren cambiar el rumbo. La única manera de superar los problemas de la pobreza es creando riqueza y distribuyéndola de manera equitativa en la sociedad.

No es posible cumplir con tales metas pisoteando la seguridad jurídica que constituye la base elemental de la confianza. Porque cuando hay confianza hay inversión, crece el empleo y mejoran los salarios; cuando ello ocurre, aumenta el consumo, con lo cual se requieren inversiones adicionales para satisfacer los bienes adicionales que reclama la sociedad. Así, en ondas sucesivas, crecen las inversiones, el empleo, los salarios y el consumo. Por esa vía, los países se enrumban por un círculo virtuoso de crecimiento que a todos beneficia.

Lo malo es que el mecanismo también puede operar a la inversa en cuyo caso las sociedades corren el riesgo de precipitarse por un círculo vicioso de empobrecimiento. En un país con tantos recursos como Venezuela, la diferencia entre el círculo virtuoso de crecimiento y el círculo vicioso de empobrecimiento depende de una elección. La sociedad puede decidir si quiere ser pobre o si quiere progresar. Si el pueblo se deja engañar por líderes populistas, inexorablemente termina condenado a la miseria.

A partir de aquel histórico "millardito" -el pecado original- el juego estaba cantado. Después, a través de varias modificaciones de su ley, el organismo fue tomado por asalto y sus funciones ya no corresponden a las de un Banco Central. Hoy es un brazo más de la revolución, armado con la letal potestad de imprimir dinero inorgánico para financiar el déficit fiscal. El daño a la economía venezolana es abismal.

Aquel "millardito" inicial ya se ha transformado en 38 "millarditos" de dólares que de sus reservas internacionales el Banco Central de Venezuela le ha traspasado al Fonden.

¿Cómo los ha gastado el ente? ¡Nadie lo sabe! Ni siquiera presentan un balance en su página web.

Si a ese monto le sumamos la entrega de las cuestionadas "ganancias cambiarias" y las mal denominadas "reservas internacionales excedentarias" la realidad es que el BCV le ha entregado al Ejecutivo más de 46,9 millardos de dólares en un lapso de 10 años. Nuestras reservas internacionales, que deberían superar los 70.000 millones de dólares, apenas rondan los 27.000. Si dividimos la liquidez monetaria en poder del público -BsF 235,6 millardos- entre las reservas internacionales, obtendremos lo que se conoce como tipo de cambio implícito; es decir, cuántos bolívares circulan por cada dólar de reservas (nada tiene que ver con el otro tipo de cambio innombrable). ¡Qué desastre!

El daño ha sido profundo; el salario real de los venezolanos se derrumba en medio del caos inflacionario y la locura destructiva del aparato productivo avanza.

El 26 de septiembre tenemos la obligación de frenar este caos.

martes 18 de mayo de 2010

¿Cuánto vale un dólar?

Existen, pues, cuatro tipos de cambio al igual que existían en el infamante Recadi

Para saber cuánto vale un dólar, lo primero que hay que averiguar es de qué tipo de dólar estamos hablando. Se nos dice que en el país impera un cambio dual. Eso es falso. Lo que de verdad existe en Venezuela es un régimen de cambio diferencial asombrosamente parecido al Recadi de Lusinchi.

Veamos: cuando el tristemente recordado Recadi existía una tasa de cambio de 4,30 por dólar que se limitaba a algunas importaciones esenciales como alimentos y medicinas. Se fijó otra tasa de cambio a razón de Bs 6 por dólar para las operaciones de compraventa de divisas correspondientes a la industria petrolera y del hierro, estableciéndose además un tercer tipo de cambio de Bs 7,50 por dólar para la mayor parte de las importaciones de bienes y servicios. Por otra parte existía un mercado paralelo para otras operaciones donde se podían adquirir divisas libremente a un tipo de cambio flotante. Es decir, existían cuatro tipos de cambio simultáneamente.

El saldo de aquel Recadi fue nefasto y se prestó -como resulta inevitable en los regímenes de cambio diferenciales- a las más increíbles corruptelas.

Como antes dije, en Venezuela impera ahora otro Recadi. Existe un primer tipo de cambio a Bs 2,60 por dólar que cubre alimentos, salud, educación, transferencias familiares y otros conceptos que incluyen las importaciones del Gobierno. Existe otro tipo de cambio a razón de 4,30 por dólar para una segunda lista de rubros, considerados menos prioritarios. Pero existe además un tercer tipo de cambio para el pago de la deuda privada, cuya tasa aún no ha sido fijada. Y existe todavía otro tipo de cambio llamado "paralelo" -a una tasa de la cual no se puede hablar- y que está siendo objeto de nuevas regulaciones a través de la Ley de Ilícitos Cambiarios. Ojalá que el mecanismo funcione de manera transparente, sin que se desate una nueva ola de corrupción.

Existen, pues, cuatro tipos de cambio al igual que existían en el infamante Recadi.

Cabe preguntarse, ¿por qué el paralelo se ha disparado de la forma que lo ha hecho? ¿Cuál sería un tipo de cambio razonable?

Mi opinión es que eso es difícil de saber. Se trata de un problema de confianza y eso no se resuelve con amenazas de que le van a dar "en la madre a los especuladores".

Quizás la mejor manera de entenderlo es recurriendo a una poesía de Sor Juana Inés de la Cruz (1651-1695):

> "Hombres necios que acusáis a la mujer
> sin razón, sin ver que sois la ocasión de lo
> mismo que culpáis... "

Cada vez que el Presidente se para en una esquina y señala con el dedo algún edificio profiriendo un "¡Exprópiese!" o cuando ordena apoderarse de los depósitos de la Polar en Barquisimeto; cuando se apropian de fincas productivas, de cualquier empresa o industria que a ellos les venga en gana -mediante adquisiciones forzosas- o cuando desconocen contratos y no pagan sus deudas, cuando no hay transparencia en el mercado cambiario, simplemente se transforman en la ocasión de la especulación y actúan como los hombres necios a los cuales se refiere el poema anterior.

Provoca decirles: se deberían "dar en la madre" ustedes mismos, porque citando a Sor Juana Inés de la Cruz, "sois la ocasión de lo mismo que culpáis".

Cuando se transfieren parte de las Reservas Internacionales al Fonden y se gastan sin rendir cuentas -ya sea en Venezuela o regalándolas a otros países-, sin la menor duda se está contribuyendo de manera decisiva a que el dólar en el mercado paralelo se dispare. Lo mismo ocurre cuando se modifica la Ley del Banco Central de Venezuela a fin de permitir que el instituto pueda financiar el gasto público, con lo cual el país se desliza inexorablemente hacia el abismo de la hiperinflación.

No existe regulación, ni ley ni babalao que pueda impedir el debilitamiento progresivo del signo monetario mientras las políticas gubernamentales estén destruyendo al sector privado y asesinando la confianza; mientras no haya inversión; mientras exista una crisis eléctrica provocada por la incapacidad gubernamental; mientras se ataque la propiedad privada y se imponga a la fuerza el socialismo; mientras explotan, se incendian y paralizan las refinerías porque botaron al personal que sabía operarlas; mientras la inflación se dispara, se contrae el consumo y el PIB cae en más de un 7% en un solo trimestre.

Vuelvo a la pregunta inicial: ¿cuánto vale un dólar?

Creo que puede llegar a valer cualquier cosa mientras estemos en manos de hombres necios -Sor Juana Inés de la Cruz dixit-, corruptos e ignorantes.

martes 4 de mayo de 2010

Shock séptico

Cada vez producimos menos (incluyendo alimentos) y a la vez cada vez importamos más

Para hacer más comprensibles las explicaciones de carácter económico es conveniente establecer comparaciones con la medicina. Nuestra economía, tal como le ocurriría a un organismo del cual se ha abusado durante mucho tiempo, está dando evidencias de muchas patologías cuyo efecto combinado amenaza con conducir a situaciones irreversibles. Todos los sistemas comienzan a fallar simultáneamente y el cerebro, confundido, lanza órdenes que ya sólo son capaces de agravar la situación.

Una parálisis general comienza a evidenciarse. Se calcula que durante el primer trimestre del 2010 la caída del PIB pudiese haber superado el 6% y el consumo también está cayendo. Eso se refleja en un cambio en las encuestas. El cerebro, que ya no sabe interpretar las informaciones que recibe desde los distintos órganos, muestra signos de hiperactividad que ponen en evidencia dificultades en su funcionamiento: lenguaje alterado y agresivo, fallas de la memoria, alucinaciones, percepción confusa del entorno, fallas en las habilidades cognitivas como la capacidad de discernimiento.

Dolores agudos afectan ya todo el organismo. Crece el desempleo. Los problemas sindicales se van extendiendo por todo el país. Los trabajadores de las empresas expropiadas o apropiadas, que habían creído las promesas de la revolución, se dan cuenta ahora de que fueron engañados y de que estaban mucho mejor cuando esas empresas estaban en manos de particulares.

Diversos daños fisiológicos irrumpen a la vez. Las inversiones que no se hicieron (o las que se "desviaron") en el área eléctrica, se manifiestan inevitablemente en recortes de electricidad que afectan todo el organismo. Sin embargo, se intenta preservar la función cerebral y por eso, en las áreas cercanas a la misma, el flujo es el último en ser interrumpido.

Cada vez producimos menos (incluyendo alimentos) y a la vez cada vez importamos más. Nuestro organismo económico, mal manejado, se había vuelto dependiente de una droga tremendamente adictiva: el petróleo. Pero los recursos que este último aporta ya no son suficientes. La producción ha caído y las refinerías, diseñadas para maximizar su valor, cada vez más frecuentemente se ven afectadas por incendios, explosiones y accidentes de todo tipo debidos al mal mantenimiento o la falta de conocimiento de sus operadores, con lo cual el tiempo en que se encuentran paradas les impide cumplir con su objetivo. El manejo de los mercados ya no obedece a razones de racionalidad económica sino a motivaciones ideológicas. La mala administración y la inconcebible regaladera a otros países ha logrado lo que lucía inconcebible: el petróleo ya no alcanza, a pesar de su alto precio.

Al carecer de la droga en cantidades suficientes, el organismo está evidenciando un severo síndrome de abstinencia que afecta el sistema nervioso central, sobreviniendo fuertes trastornos fisiológicos a la vez que el cerebro oscila de la euforia a la desesperación.

Durante muchos años el país trató de desarrollar un conjunto de industrias básicas, muchas de ellas ubicadas en Guayana. Pero las locuras ideológicas del régimen las están transformando progresivamente en chatarra. Aguas abajo, la carencia de los bienes que producían estas empresas está afectando prácticamente la totalidad de las industrias que en otras regiones del país requerían de esos insumos para operar.

La paralización del organismo en su conjunto es progresiva. Mientras la actividad económica se contrae, crece el volumen circulatorio pero cae la tensión arterial, en tanto que los bajos niveles de hemoglobina evidencian una anemia perniciosa. Se trata de una enfermedad contradictoria. Ya no llega suficiente oxígeno a los distintos órganos del cuerpo.

En términos económicos se ha establecido una "estanflación" -el peor de los mundos- aunque algunos economistas comienzan ya a referirse a una nueva patología, aún más grave: la "contracflación".

Organismos parásitos extranjeros del tipo *taenia* han invadido y se están apoderando de los nutrientes y en la práctica están tomando las riendas del organismo, aunque las defensas comienzan a rechazarlo como un "cuerpo extraño".

La elevada cantidad de leucocitos indica además un severo problema de corrupción. El organismo padece de una septicemia.

Un cuerpo afectado por el conjunto de calamidades que se han descrito, se acerca rápidamente a la interrupción de todas sus funciones. Si no se toman medidas heroicas el shock séptico puede ser inminente.

martes 20 de abril de 2010

¡Contracflación!

La enfermedad provocada por la suma de la ignorancia, la ineficiencia, el populismo...

La inflación consiste en un aumento general de los precios que por lo general ocurre cuando la cantidad de dinero que circula crece más que la oferta de bienes y servicios. Es decir, cuando el gobierno gasta más dinero del que recibe y, para poder cubrir la diferencia, obliga a los bancos centrales a emitir mayor cantidad de moneda. Para eso hay que quitarles la autonomía a los bancos centrales y obligarlos a imprimir los billetes que requieren los gobiernos para financiar sus gastos. Se trata de un verdadero impuesto que puede ser introducido sin que nadie deba apoyarlo con su voto. Ningún congresista se vio jamás en la necesidad de levantarse y decir: "yo voto por la inflación".

Al recibir el Premio Nobel de Economía 1976, Milton Friedman dijo:

> "Muchos países sufren hoy los efectos de
> una inflación socialmente devastadora, un

> desempleo anormalmente alto, una errónea utilización de los recursos económicos y, en ciertos casos, la pérdida total de la libertad. Sucede todo ello no porque gentes malintencionadas hayan tratado de conseguir tales resultados, ni porque los ciudadanos persigan objetivos contrapuestos, sino porque se ha incurrido en errores de juicio acerca de las consecuencias de las medidas adoptadas por los gobernantes, errores que, al menos en principio, pueden ser corregidos mediante un mejor conocimiento de la ciencia económica positiva".

Venezuela es hoy en día uno de los países con mayor inflación en todo el mundo, fundamentalmente como consecuencia de la ignorancia y la incompetencia de sus gobernantes.

Pero mucho más grave que la inflación es la estanflación, que surge en la década de los setenta, cuando muchos gobiernos optaron por políticas económicas expansivas con el objeto de reactivar a sus economías, incurriendo para ello expresamente en severos déficit fiscales que en buena medida fueron financiados por sus bancos centrales. A partir de un momento determinado los niveles inflacionarios crecieron de manera desbocada, mientras sus economías se mantenían estancadas.

De allí el término "estanflación", es decir, estancamiento con inflación. Se trataba de una enfermedad perversa porque todas las medidas que se podían tomar para curar la inflación -como por ejemplo el recorte del gasto público- agravaban el estancamiento económico. Pero a la inversa, las medidas que se podían tomar para curar el estancamiento -como el aumento del gasto público- agravaban la inflación.

La "estanflación" llegó a ser calificada como el peor cáncer de una economía. Fue responsable de la caída de muchos gobiernos. Por ejemplo, el gobierno laborista inglés presidido por el primer ministro laborista James Callagham, sucumbió a esta patología y en 1979 fue reemplazado por el gobierno conservador presidido por Margaret Thatcher. Por otra parte, en América Latina, fueron muchos los gobiernos que afectados por el cáncer de la estanflación cayeron en medio de sangrientos golpes de Estado.

Pero ahora en Venezuela estamos inventando una nueva patología económica, de proporciones muchos más graves, que no puede ser definida como un simple estancamiento económico que coincide con altas tasas de inflación.

¡No! Venezuela no enfrenta sólo un estancamiento. Lo que en verdad nos está ocurriendo es que nos estamos dirigiendo aceleradamente hacia el precipicio de una severa contracción económica. Algunos analistas calculan que la contracción del PIB puede haber alcanzado niveles de entre un 6 y un 8% durante el primer trimestre, a pesar de que las empresas públicas suelen adornar sus resultados (incluyendo el BCV) para complacer los designios de la revolución. La contracción se ve provocada y agravada por políticas públicas terriblemente equivocadas, que están generando una inseguridad jurídica sin precedentes en el país. Como consecuencia de ello, son pocos los que se atreven a invertir, lo que está llevando a la muerte progresiva del sector privado venezolano. A todo ello hay que agregar la crisis eléctrica que viene generando daños devastadores en nuestro aparato productivo.

Como si lo anterior fuera poco, la inflación se eleva a niveles sorprendentes, que de acuerdo con Maza Zavala, superarán el 30%.

No padecemos, pues, de una estanflación. ¡Hurra por la inventiva de la revolución! La enfermedad provocada por la suma de la ignorancia, la ineficiencia, el populismo y la demagogia de quienes nos gobiernan, podría más bien ser catalogada bajo el nombre de "contracflación".

martes 6 de abril de 2010

¡Heil Hitler!

El principal error de los alemanes que defendían la democracia, fue no unirse frente al nazismo

La historia tiene una terca tendencia a repetirse y aunque las circunstancias suelen ser diferentes, conviene repasar las lecciones que nos deja para comprender las similitudes que existen entre algunos líderes de tendencia totalitaria. A la vez, esas lecciones históricas también son de extrema utilidad para entender que la unión de quienes defienden la democracia es la única forma de frenar la instauración de algunas dictaduras.

En realidad, el signo de una dictadura no es lo que importa, lo que importa es la dictadura misma. Un Stalin comunista, un Mussolini fascista o un Hitler nacionalsocialista, tienen al final del día el mismo significado devastador para la dignidad de los pueblos.

Hoy me voy a referir a algunos eventos que ocurrieron en la Alemania de Hitler. El principal error de los alemanes que defendían la democracia, fue no unirse frente al nazismo. En la cima de su fuerza popular, en julio de 1932, el nacionalsocialismo había obtenido sólo el 36,8% de los votos. Pero el 63% del pueblo alemán, que se oponía firmemente a Hitler, no fue capaz de unirse para derrotarlo. Otros temores e intereses prevalecieron.

En las elecciones de 1930, los nacionalsocialistas logran elegir 107 diputados en el Reichstag. El 30 de enero de 1933, Hitler es designado canciller simplemente porque era la mayor de las minorías. El Führer había alcanzado el poder por vías democráticas, pero distaba mucho de ser un demócrata. Su carrera política se había iniciado con un fracasado golpe de Estado en Munich en 1923.

Una vez controladas las instituciones, Hitler se da a la tarea de destruirlas. Como hacen muchos dictadores, uniformó a sus seguidores más violentos para utilizarlos como milicias populares organizadas por su partido, a fin de intimidar a sus adversarios. El color de ese uniforme tiene poca importancia. El significado del uniforme es lo que resulta preocupante. En el caso de Hitler fueron inicialmente identificados por sus camisas pardas, pero después se transformaron en un ejército paralelo, las SS, que operaron como un ejército paralelo dentro de la Wehrmacht.

Hitler era un orador extraordinario. Como ningún otro político alemán, sabía comunicarse con el pueblo mediante discursos llenos de imaginería, mentiras, populismo y demagogia. Sabía tensar las fibras más íntimas del pueblo alemán, apelando a sus más recónditos temores y sus más exuberantes esperanzas. Exaltaba los odios, engañaba, sembraba divisiones, inventaba enemigos, apelaba a cualquier cosa y, en fin, embriagaba a todos, sobre todo a los más ignorantes y a los más ingenuos, con interminables discursos en los cuales las masas se rendían como hipnotizadas, ante aquel líder que los colmaba con toda suerte de ilusiones, expresadas en un lenguaje populachero que penetraba directamente en el corazón de los más humildes.

Para que su mensaje pudiera llegar a todos, recurrió a un férreo control de los medios de comunicación de su época. La libertad de expresión desapareció. Después de 1933 la radio alemana transmitía por horas los discursos de Hitler que llegaban a los hogares, las fábricas e incluso en las calles por altavoces. Los nazis comprendían el poder de los medios de comunicación para la difusión masiva de sus mensajes ideológicos.

A la vez, como en cualquier Estado totalitario, no existía en la práctica una verdadera división de los poderes.

Controlar la justicia era una prioridad. Bajo el nacionalsocialismo, Alemania dejó de ser una sociedad basada en la Ley. "Hitler es la ley", proclamaban orgullosamente sus partidarios. Goering, el segundo de a bordo, lo recalcaba así el 12 de julio de 1934 ante un grupo de fiscales prusianos: “la ley y la voluntad del Führer son una misma cosa”.

Veamos las palabras dirigidas en 1936 a los jueces por el Dr. Hans Frank, jefe jurídico del Reich: “En cada decisión que adopten, díganse a sí mismos: ¿Cómo decidiría el Führer en mi lugar? En cada decisión, pregúntense: ¿Es compatible esta decisión con la conciencia nacionalsocialista del pueblo?”.

El funcionamiento de la justicia quedó totalmente supeditado a los designios del líder. Para cubrir aquella aberración con un manto de legalidad, se aprueba el 7 de abril de 1933 la Ley del Servicio Civil, la cual se utilizó para expulsar a todos aquellos jueces cuyo apego al nazismo resultase dudoso, o como estipulaba textualmente la ley: “a los que confesaban que no estaban preparados para abogar en todo tiempo y en todas las ocasiones a favor del Estado Nacional Socialista”.

martes 23 de marzo de 2010

30 años para el juez Eloy Velasco

Los gobiernos democráticos no pueden intervenir en las decisiones de un juez.

Quien nunca se caracterizó por haber contado con cultura ni trayectoria democrática difícilmente puede entender que la esencia del sistema requiere del equilibrio y la separación de los poderes públicos. Su interpretación "endógena" de lo que es la democracia a lo sumo pasa por permitir unas elecciones, para después hacer lo que venga en gana. Pero en una democracia, tan importante como la legitimidad de origen -que proviene del acto electoral-, es la segunda condición: la legitimidad de desempeño,... esa le importa un rábano.

El reciente episodio de la jueza María Lourdes Afiuni resulta en extremo esclarecedor a la hora de analizar si en nuestro país existe equilibrio entre poderes y, por tanto, si existe democracia. Ante una decisión que no fue del agrado del gobernante, su reacción fue inmediata: "A la juez esa deberían meterle 30 años de cárcel". Pocos minutos después la jueza fue a dar con sus huesos a la cárcel, donde todavía permanece ¡Viva la independencia del Poder Judicial!

No está muy lejano el caso de la Corte Primera de lo Contencioso Administrativo donde los magistrados Juan Carlos Apitz, Ana María Ruggieri y Perkins Rocha, tomaron una decisión que no gustó en las altas esferas gubernamentales. ¿El resultado?: fueron inmediatamente destituidos de sus cargos. El caso fue llevado a la Corte Interamericana de los Derechos Humanos, la cual determinó las violaciones del Estado venezolano y ordenó reintegrar a los magistrados destituidos al Poder Judicial. La respuesta del TSJ -violatoria de la Constitución- fue declarar que esa decisión era "inaplicable", con lo cual el funcionamiento de la justicia quedó una vez más en entredicho. Abundan casos similares.

Pero volvamos al tema que nos ocupa. A medida que la crisis se profundiza y las encuestas hablan de manera más elocuente, la radicalización pareciera ser el camino.

Progresivamente van perdiendo los límites, incluso los límites territoriales del país. El interfecto ahora se quiere pronunciar también sobre lo que deciden los jueces en otros países y lanza feroces insultos contra algunos ex mandatarios.

Ejemplo de lo anterior podemos verlo en el caso de una decisión de un juez de la Audiencia Nacional Española, tribunal que tiene a su cargo las investigaciones en casos de terrorismo. La reacción no se hizo esperar. Aunque las siguientes no fueron textualmente las palabras utilizadas, a buen entendedor pocas palabras bastan:

- ¿Cómo es que Zapatero no mete en cintura a su juez?

- ¿Cómo es que ese juez no es destituido tal como aquí fueron destituidos Apitz, Ruggieri y Rocha?

Parodiando el caso de la juez Afiuni, desde las filas del oficialismo imaginamos que se escucha un clamor: A ese juez deberían meterle 30 años de cárcel.

Todo lo anterior no es más que una evidencia palpable de la poca cultura democrática que caracteriza a quienes nos gobiernan y su monumental desprecio por las formas que deben regir las relaciones entre las naciones. Las reacciones destempladas que surgen desde los más altos niveles de los poderes públicos venezolanos sólo evidencian desesperación. Quien no la debe, no la teme, reza el proverbio. ¿O es que acaso sí la temen?

La respuesta lógica hubiese sido negar toda relación y a la vez ponerse a la orden para colaborar en el esclarecimiento del asunto, pues al fin y al cabo ningún gobierno que no sea forajido puede aceptar una relación con grupos declarados como terroristas por la comunidad internacional y menos aún reunirse con sus líderes. Antes algún embajador afirmó: No miren lo que dice sino lo que hace. Hoy en cambio el mundo mira lo que dice y lo que hace.

Para colmo, se recurre a una forma de presión que resulta inaceptable y que le hace un flaco servicio a nuestro país al dar al traste con la poca seguridad jurídica que aún pudiera existir:

- Ya que no podemos meter preso al juez -supongo que discurren en el oficialismo- amenacemos a los inversionistas para que sean ellos quienes presionen a su gobierno y a sus políticos. Eso se traduce en expresiones como estas:

> "Sería sano que empresas españolas con intereses en Venezuela comentaran el asunto con quienes buscan dañar la relación. España sería la que más perdería y no Venezuela precisamente".

Eso es una barbaridad. Las inversiones no prosperan bajo el signo del chantaje y los gobiernos democráticos no pueden intervenir en las decisiones de un juez.

martes 9 de marzo de 2010

El momento de la verdad

Sus amigos comienzan a abandonarlo, empieza entonces la caída lenta y dolorosa

Después de los atentados terroristas del 11 de setiembre del 2001 en EEUU, el 11 de marzo del 2004 en Madrid y el 7 de julio del 2005 en Londres, la agenda del mundo quedó profundamente marcada por el tema del terrorismo.

Frente al ambiente de incertidumbre desatado por aquellos acontecimientos, la economía mundial amenazaba con resentirse. EEUU y otras naciones decidieron que era indispensable detener lo que consideraban podía transformarse en un *crash* de graves proporciones y para ello optaron por aplicar medidas capaces de reactivar sus alicaídas economías.

La reacción fue impresionante. Aquellas medidas -muchas de las cuales con el tiempo demostrarían ser equivocadas- fueron capaces de desencadenar un crecimiento económico sin precedentes.

Efectivamente, los años 2003, 2004, 2005, 2006 y principios del 2007 pasan a ser una etapa de crecimiento económico excepcional en todo el planeta. El PIB mundial -índice que mide el desenvolvimiento de la economía global- crece a tasas nunca antes vistas, superiores al 4% interanual.

¿Qué impacto tuvo eso en Venezuela? Pues, bien, en respuesta a la expansión de la demanda energética, los precios del petróleo comenzaron a subir de manera incontenible, alcanzando en julio del 2008 los $147,20 por barril y dotando a nuestro país de ingresos extraordinarios.

La historia le abrió a nuestro país una oportunidad muy particular para lograr un salto cuántico de su economía y, junto con ello, promover soluciones verdaderas a nuestra problemática social.

Lamentablemente el dinero que fácil entra, fácil se va. En el país se desató un carnaval de populismo y demagogia. Más de 950.000 millones de dólares fueron lanzados a la hoguera de una revolución estéril y empobrecedora. Al pueblo sólo le llegaron las migajas del festín petrolero, dispensadas en forma de misiones que aparentemente sólo fueron diseñadas para rendir dividendos políticos.

Intoxicado por aquella avalancha de ingresos, nuestro gobernante pensó que podría comprarse todo un continente. Así, los petrodólares venezolanos comenzaron a fluir por Cuba, Bolivia, Nicaragua, Ecuador, Argentina, Honduras (la de Zelaya), por el Caribe y muchos otros lugares. Nuestras prioridades geopolíticas cambiaron y se propiciaron acercamientos con Irán, Siria y Bielorrusia. Otras relaciones más peligrosas comenzaron por lo visto a formar parte de la agenda.

Pero ahora llegó el momento de pagar el precio por los errores cometidos. La radicalización ideológica y la ignorancia en materia económica contribuyeron a una grave devastación de nuestra economía. Simultáneamente nuestras instituciones fueron severamente perjudicadas.

Frente al fracaso ya demostrado, la historia se apresta a pasar la página, a pesar de que en alguna ocasión estuvo dispuesta a brindar una segunda oportunidad. Eso es lo que están indicando las encuestas. Mientras tanto, el líder que se creía ungido por los dioses, está descubriendo que no fue más que una brizna de paja en el viento. Sus sueños de gloria se están disipando.

Como si esto fuera poco, la comunidad internacional, que antes lo respetaba, ahora lo percibe de manera diferente. La influencia en la OEA se le escapa como sal y agua entre las manos. Ahora llueven las denuncias como las de la

CIDH, o las del fiscal Morgenthau de Nueva York, las del juez de la Audiencia Nacional española, Eloy Velasco -quien investiga las vinculaciones con las FARC y la ETA- o el informe del Congreso norteamericano en el tema de las drogas. Muchos gobernantes, comienzan a sentir la incomodidad de su cercanía.

Mientras tanto, la inseguridad, la inflación, el estancamiento económico, la crisis eléctrica, la escasez, el desempleo, etc., son factores que se unen para marcar el rumbo de la opinión pública. La experiencia indica que buena parte de la sociedad, incluidos empresarios, militares, sindicalistas, políticos y simplemente ciudadanos en general, se inclinan por donde sopla el viento. Cuando el viento cambia de dirección se produce un efecto de bola de nieve que se lleva por delante los liderazgos. Quien antes lucía imbatible comienza a mostrar síntomas de desesperación. Sus discursos ya no tienen el mismo efecto. Sus amigos comienzan a abandonarlo, empieza entonces la caída lenta y dolorosa.

Son abundantes las páginas de la historia que nos muestran el ocaso de los líderes. Todo indica que se acerca el momento de la verdad.

martes 23 de febrero de 2010

¿Energía atómica en Venezuela?

Otro miembro de la comisión que viene a resolvernos la crisis: Julio De Vido. ¿Quién es ese señor?

No cabe la menor duda de que Venezuela tendrá que enfrentar las consecuencias de la irresponsabilidad de un Gobierno que durante más de una década no cumplió con sus obligaciones. Quienes nos dirigen son expertos en mentir. Sin embargo, en el caso de la crisis eléctrica no podrán ocultar su incapacidad, pues la luz eléctrica llega hasta los bombillos de todos los hogares.

Frente a la crisis planteada, el Gobierno le echa la culpa al Niño (que según ellos hay que cambiarle el nombre porque es un término capitalista), a la cuarta república, a las naciones desarrolladas, a la oligarquía, al imperio, etc. Todavía no les he escuchado reconocer ni siquiera un ápice de responsabilidad en lo que está ocurriendo que, más que al

Niño, se debe a que bajo la administración revolucionaria no se han realizado las inversiones requeridas en plantas termoeléctricas, en transmisión, ni en mantenimiento del sistema.

Pretenden ahora resolver la crisis designando una comisión que integran dos personajes bien particulares: Ramiro Valdés y Julio De Vido.

Con respecto al primero no hay mucho que agregar. Sabemos quién es y cuáles han sido sus "experticias" en Cuba, entre las cuales no figura por ninguna parte la electricidad.

Por cierto, en relación con Cuba, el diputado Ismael García presentó una denuncia que debería estremecer a los venezolanos. Resulta que mientras en Venezuela los racionamientos eléctricos ensombrecen no sólo los hogares sino también las perspectivas del país, ahora se descubre que nos hemos comprometido a costearle una planta termoeléctrica a Cuba de 175 megavatios a un costo de 153 millones de dólares y que el Gobierno de ese país está reclamando el pago inicial de la misma, es decir, cerca de 14 millones de dólares. Quizás también a eso vino Ramiro Valdés.

Pero en realidad a quien hoy quiero referirme es al otro miembro de la comisión que viene a resolvernos la crisis: Julio De Vido. ¿Quién es ese señor? En primer lugar hay que decir que es uno de los personajes sobre quien recaen mayores acusaciones de corrupción en Argentina, incluyendo su vinculación con el sonado caso del maletín. Invito a los lectores a que, a través de Google, busquen: "Julio De Vido corrupción". ¡Se van a quedar asombrados! Además, Julio De Vido es el ministro de Planificación, Inversión Pública y Servicios de Argentina.

El 3 de febrero del 2010 encontramos al señor De Vido suscribiendo un acuerdo de cooperación en materia de energía atómica con Rusia. Tres días después llega a Venezuela y declara que viene a "ponerse a disposición" para resolver la crisis eléctrica.

Como ministro de Planificación, Julio De Vido es el responsable de las centrales atómicas de Argentina: Atucha I, Atucha II, Embalse y una cuarta central cuyo proyecto se está adelantando.

Por cierto, la central Atucha II es el proyecto estatal más importante que se desarrolla en Argentina. Se trata de una central nuclear con capacidad para generar 700 Mw de energía eléctrica. Su construcción fue iniciada hace tres décadas y reflotada por la administración Kirchner. El presupuesto de la planta ya se ha duplicado y supera los $3.000 millones de dólares debido a los continuos retrasos y los problemas de corrupción. Adicionalmente abundan las acusaciones de que esta planta tiene dificultades de diseño en materia de seguridad, ya que no asume la experiencia dejada por el accidente de Chernobyl en 1976.

Algunos piensan que Julio De Vido vino a Venezuela a "ponerse a la disposición" para vendernos una central atómica. Ya lo ha intentado con otros países.

Eso, por cierto, sería un crimen. Contamos con todo tipo de agentes energéticos para generar la electricidad que requerimos. Pensar en una central atómica -aunque sea con fines pacíficos- sería renunciar a todas las ventajas con las cuales nos ha dotado la naturaleza. Para colmo, sin que para nada nos haga falta, estaríamos aceptando una dependencia en materia energética con respecto a otras naciones.

Encarecidamente le recomendaría al gobernante que, antes de embarcarnos en una aventura atómica -como él mismo lo ha mencionado en algunas ocasiones- es preferible que retomemos la producción de Orimulsión, que es más venezolana que el pan de hallaquita y más barata que el diesel que estamos dejando de exportar.

Adicionalmente, desde el punto de visto geopolítico y dada la vinculación del actual Gobierno con Irán, Venezuela entraría en un juego sumamente peligroso. Eso es otro cuento.

martes 9 de febrero de 2010

La Faja roja rojita del Orinoco

Más que las reservas probadas de petróleo de Arabia Saudita, Kuwait, Irak, Qatar y Libia juntas

A pesar de las febriles fantasías del animador de TV -quien parece creer que la Faja nació con los rojos rojitos- la realidad es que la misma se conoce desde hace varias décadas. El primer pozo, el Canoa N°1, se perforó en 1935. Las asombrosas reservas que estaban apareciendo ameritaron que en 1974 se creara en el Ministerio de Energía y Minas una Dirección específica para la Faja Petrolífera del Orinoco. Desde antes de los 90 ya se sabía que las reservas *in situ* (en sitio) de la Faja eran del orden de 1,3 billones de barriles; es decir, se trataba de la mayor acumulación de petróleo que existe en el mundo.

Abarca un área mayor al territorio de toda Costa Rica. El verdadero problema es que se trata de crudos extra pesados, con alto contenido de vanadio, residuos metálicos y azufre, que difícilmente fluyen por un oleoducto, que no eran comercializables en su estado natural y para colmo no existían tecnologías que permitiesen la explotación económicamente viable de tan vasta reserva.

Consciente de que ese enorme potencial no se podía desperdiciar, PDVSA suscribió -entre 1993 y 1997- cuatro asociaciones estratégicas. Cada uno de los convenios fue aprobado por el Congreso Nacional. La prioridad era el desarrollo de la tecnología. La única forma de atraer a los inversionistas fue otorgarles incentivos al principio del contrato para atenuar los riesgos. Se logró por vía de rebajas temporales de la regalía.

La fórmula resultó un éxito. De una simple expectativa, la Faja pasó a ser la realidad más importante de la industria petrolera venezolana. Aquellas empresas realizaron inversiones del orden de los 14.000 millones de dólares y, gracias a ello, se lograron las tecnologías para convertir esos crudos indeseables en crudos sintéticos de alto valor en los mercados.

El U.S. Geological Service estimó recientemente que en la Faja existen 530.000 millones de barriles de reservas económicamente explotables; es decir, más que las reservas probadas de petróleo de Arabia Saudita, Kuwait, Irak, Qatar y Libia juntas. Esa cifra representa más de 645 años de explotación al ritmo actual de producción de Venezuela.

Para colmo, cuando se firmaron aquellos cuatro convenios, el precio del WTI oscilaba en torno a los 14 dólares por barril y hoy ronda los 75. Las potencialidades de la Faja son asombrosas.

Pero veamos ahora cuáles son los logros de la PDVSA roja rojita. Lo más importante fue que le impusieron nuevas condiciones a los socios, que aunque podían haberse logrado por vía de negociación, se optó por chantajearlos: o aceptaban las condiciones o se largaban del país. Algunas aceptaron (pensaron que las locuras no durarían para siempre) y otras como Exxon Mobil y Conoco Phillips están demandando el incumplimiento del contrato mediante arbitrajes internacionales.

Quizás el logro más llamativo fue el de cambiarle el nombre a los convenios. Ahora en vez de Cerro Negro, Sincor, Petrozuata y Hamaca, fueron rebautizados con nombres épicos como Boyacá, Junín, Carabobo y Ayacucho (¡típico!); sin embargo, la producción cayó desde 650.000 barriles diarios hasta unos 420.000.

Disponiendo ya de una tecnología comprobada, de gigantescas reservas probadas y de precios atractivos, las oportunidades para Venezuela en el desarrollo futuro de la

Faja lucían infinitas. Alguna vez el ministro Giordani afirmó que tendríamos que quitarnos los inversionistas a sombrerazos.

El gobierno rojo rojito decidió entonces licitar nuevas áreas en la Faja. Se inició el proceso en el área Carabobo. Para asombro de todo el mundo fue necesario aplazar en cuatro oportunidades el proceso. Finalmente tuvo lugar hace pocos días y apenas si se presentaron dos consorcios interesados (¡¡sólo dos!!). Asombrosamente ni China ni Rusia ni Francia ni Brasil mostraron interés. De EEUU sólo se presentó Chevron. Preocupado, el ministro del ramo se montó en un avión y se fue a Rusia para rogarles que participaran en un nuevo contrato en el área Junín, que por lo visto se asignará a dedo. Quién sabe qué les habrá ofrecido. Hay motivos para suponer que la soberanía podría quedar comprometida.

No importa cuáles sean las oportunidades, sin seguridad jurídica y condiciones poco realistas, serán pocos los interesados. La lección es que si este gobierno rojo rojito sigue actuando con tanta irresponsabilidad, muchos venezolanos podrían ser enterrados en uno de los territorios más ricos del mundo, después de llevar una vida de miserias.

martes 26 de enero de 2010

Orimulsión: negligencia criminal

Se ha pretendido culpar al Niño, al imperio, al capitalismo, a la cuarta república...

Hans Dietrich, padre intelectual del "socialismo del siglo XXI", ha afirmado que el fracaso de la revolución ya sobrepasó el punto de no retorno. Aunque lo anterior es cada vez más evidente, hay un caso que -por llegar a los bombillos de todos los hogares- el Gobierno no puede ocultar: la crisis eléctrica.

Venezuela está bien dotada de todos los agentes energéticos imaginables. Sus posibilidades de generación hidroeléctrica son excepcionales. El río Caroní es único a nivel mundial. Su potencial, en un recorrido de apenas 100 km, no tiene parangón. Sin embargo su desarrollo fue frenado por órdenes del propio Presidente (a confesión de parte relevo de pruebas). Injustificable es el retraso en la presa Tócoma al igual que lo es el de La Vueltosa del sistema Uribante-Caparo, en el Estado Táchira.

La hidroelectricidad puede fallar si no llueve; por eso hay que complementarla con plantas termoeléctricas que hasta ahora habían impedido los racionamientos en medio de sequías peores que la actual. Para alimentarlas contamos con la más variada gama de combustibles fósiles, incluyendo carbón, petróleo, gas y bitúmenes. Pero además está la energía eólica. En Falcón, con apagones de hasta doce horas, está la península de Paraguaná con vientos ideales para la generación eólica.

No pretendo formular un catálogo de las irresponsabilidades cometidas en el sector eléctrico (incluida la generación, transmisión y mantenimiento). Me quiero referir a un asunto que poco se ha mencionado: la Orimulsión.

En Venezuela el agente más conveniente y barato para generar electricidad, después del agua, es la Orimulsión. Se trata de una patente venezolana. Es una emulsión estable entre crudo extra pesado y agua. Se obtiene así un combustible que no compite con el petróleo sino con el carbón, con la ventaja de ser más limpio y transportable en forma líquida.

La Orimulsión se venía utilizando en Canadá, Japón, China, Singapur, Dinamarca, Italia y Lituania. Su producción estaba a cargo de Bitor -filial de PDVSA- y contaba con tres grandes ventajas: su bajo costo, las reservas casi infinitas de la materia prima para producirla (la Faja del

Orinoco) y el hecho de que, por considerarse un bitumen, no formaba parte de la cuota OPEP. Sin embargo, en un acto de negligencia criminal se ordenó matar la Orimulsión.

Sin que nadie se lo hubiese pedido, el Ministerio de Energía y Petróleo cambió la clasificación de "bitumen natural" que recibía la Orimulsión, con lo cual automáticamente su producción quedó incorporada a la cuota OPEP.

Para colmo, paralizó tanto su producción como los convenios de suministro suscritos con los países antes mencionados.

¡Qué falta nos hace ahora la Orimulsión! Quienes la liquidaron, pensaron que en Venezuela era más conveniente generar termoelectricidad mediante gas. Sin embargo, el gas que producimos está asociado a la producción petrolera. Como ésta ha caído, también ha caído la producción de gas, que ya no nos alcanza.

Mientras tanto, el proyecto Cristóbal Colón destinado a la producción de gas "no asociado" costa afuera al norte de Paria (que debería estar en plena producción) fue paralizado por años y redimensionado. Después se retomó bajo el nombre de Mariscal Sucre pero apenas si se ha perforado allí uno que otro pozo. En el proyecto Rafael Urdaneta, también costa afuera al oeste de Paraguaná, se perforó un pozo exploratorio cuya importancia aún está por verse, pero se anunció a los cuatro vientos como el descubrimiento de gas más importante del mundo.

De las 29 termoeléctricas que debían estar en funcionamiento desde 2007, sólo se han construido cinco (contratadas a Cuba). De ellas dos están inoperativas y tres funcionan a un tercio. Planta Centro, en Morón -la mayor termoeléctrica de Latinoamérica- cayó abatida por la desidia y la corrupción, en tanto que la Electricidad de Caracas -ahora estatizada- suspendió sus planes de inversión.

Para este gobierno las prioridades son Cuba, Nicaragua y Bolivia. ¿Pensarán que los venezolanos somos "compotas de pupú"? (Chávez dixit). De haberse realizado las inversiones previstas no tendríamos el racionamiento. Lo que viene es serio. Se ha pretendido culpar al Niño, al imperio, al capitalismo, a la cuarta república, a los escuálidos, a las naciones ricas y al pobre ministro.

El verdadero culpable tiene nombre y apellido. Todos lo conocemos.

Cuando se vaya la luz... ¡ pensemos en él!

martes 12 de enero de 201

"L'Ètat c'est moi"

Todas las tiranías comenzaron con la concentración de los poderes en un solo hombre

En días anteriores tuve la oportunidad de escuchar los planteamientos de la Dra. Luisa Estela Morales -presidenta del Tribunal Supremo de Justicia- refiriéndose al "nuevo constitucionalismo". Conforme a esta novísima teoría se debe echar por tierra la clásica división rígida de los poderes: "No podemos seguir pensando en una división de poderes porque eso es un principio que debilita al Estado". ¡Brillante!

Me viene a la mente Jean Bodin -filósofo francés nacido en 1529- quien en su obra "Los Seis Libros de la República" explicaba que la soberanía es un poder absoluto y perpetuo ejercido por un hombre que tiene la facultad de dictar y derogar leyes, así como de decidirlo todo. Fiel a esos conceptos, Luis XIV -el Rey Sol, nacido en 1638- afirmaba: *"L'Ètat c'est moi"* (el Estado soy yo).

Por lo visto el "nuevo constitucionalismo" consiste en desaplicar los avances del pensamiento político de la humanidad de los últimos cuatro siglos. Permítanme hacer un brevísimo recuento de algunos de esos avances:

Comenzaré por John Locke, inglés nacido en 1632, quien, opuesto al absolutismo, planteaba que la soberanía emanaba del pueblo y que se debía limitar el papel del Estado mediante dos recursos: la separación de los poderes públicos y el refuerzo de los derechos individuales.

Montesquieu, en 1735, lo explicaba claramente en su obra *"Del Espíritu de las Leyes"*:

> "Es una experiencia eterna, que todo hombre que tiene poder siente la inclinación de abusar de él, yendo hasta donde encuentre límites. Para que no se pueda abusar del poder es preciso que, por la naturaleza de las cosas, el poder frene el poder" (le pouvoir arrête le pouvoir).

De allí surge el concepto de la separación y equilibrio de los poderes. Aclara sin embargo la jurista que se debe "echar por tierra" la separación de los poderes para "desarrollar los intereses colectivos por encima de los privilegios individualistas".

Alega pues razones desde su punto de vista virtuosas. Pero el propio Montesquieu le responde en Del Espíritu de las Leyes: "¡quién lo diría! La misma virtud necesita límites". Y además afirmaba:

> "Cuando el poder legislativo está unido al poder ejecutivo no hay libertad porque se puede temer que se promulguen leyes tiránicas para hacer- las cumplir tiránicamente. Tampoco hay libertad si el poder judicial no está separado del legislativo y del ejecutivo. Todo estaría perdido si el mismo hombre, el mismo cuerpo de personas principales, ejerciera los tres poderes: el de hacer las leyes, el de ejecutar las resoluciones públicas y el de juzgar los delitos o las diferencias entre particulares".

No se puede obviar la mención a James Madison (1751-1836), padre de la Constitución de Estados Unidos, quien al igual que los más ilustres defensores de la libertad, advertía:

> "La acumulación de todos los poderes, legislativo, ejecutivo y judicial, en las mis-

> mas manos puede considerarse con toda exactitud, como la definición misma de la tiranía".

No son simples teorías. La historia ha comprobado que todas las tiranías siempre comenzaron con la concentración de los poderes en un solo hombre. Ese fue el caso de Hitler, Mussolini, Stalin, Mao, Fidel, Kim Jong Il, Idi Amin, Mugabe... La lista es muy larga. De hecho, al igual que Luis XIV, ellos mismos fueron el Estado. Sin excepción, todos promovieron el culto a su propia personalidad.

Por lo demás, quiero advertirle a la magistrada que en su afán por "reinterpretar la teoría general del Estado", ella adversa una separación de los poderes que formó parte de los logros trascendentales de la Revolución Francesa resumidos en la Declaración de los Derechos del Hombre y de los Ciudadanos aprobada el 26 de agosto de 1789, cuyo artículo 16 establecía:

> "Toda sociedad en la cual no estén garantizados los derechos, ni garantizada la separación de poderes, carece de Constitución".

También le recuerdo el contenido del artículo 3 de la Carta Democrática Interamericana ratificada por Venezuela, el cual reza:

> "Son elementos esenciales de la democracia representativa, entre otros, el respeto a los derechos humanos y las libertades fundamentales; el acceso al poder y su ejercicio con sujeción al estado de derecho; y la separación e independencia de los poderes públicos".

La propuesta de "echar por tierra" la división de los poderes públicos planteada por el "nuevo constitucionalismo" no haría otra cosa que lanzar a Venezuela hacia el precipicio del viejo absolutismo.

martes 29 de diciembre de 2009

Cayeron las máscaras

Hemos demostrado ser uno de los pueblos más ingenuos del mundo

Tenía que ocurrir. No es posible violar todas las leyes de la economía sin que tarde o temprano tuviéramos que pagar el precio. A lo largo de los últimos años, el ingreso petrolero venezolano alcanzó niveles sin precedente. Los recursos que obtuvimos han podido ser utilizados para lograr un efectivo despegue de nuestra economía y promover cambios sociales verdaderamente profundos que hubieran podido dejarle a Venezuela una perspectiva de prosperidad y estabilidad sostenida. Pero no fue así. Nuestro *Big Brother* -como lo llamaría George Orwell- optó por adelantar una suerte de "revolución" que en realidad ni es revolución, ni es nada. Más que preocuparse por el futuro del país, se ha preocupado por su permanencia para siempre en el poder.

Este tipo de líderes suelen ser excelentes comunicadores. Esa es una característica común de infinidad de populistas y demagogos que sembraron de miserias a sus respectivos países, tal como lo hizo el cochino Napoleón en la otra obra magistral del mismo George Orwell: *Rebelión en la granja.*

El daño: a lo largo de los últimos 11 años lo único que se ha logrado es dañar profundamente el tejido social venezolano, a la vez que desmontar nuestro aparato productivo, empezando por la industria petrolera. Casi todo lo que podía ser destrozado fue destrozado. En realidad, la población venezolana, en particular la más humilde, fue engañada con un discurso vocinglero y fantasioso, a través del cual se le ofrecieron villas y castillas, sin que en la práctica se hiciera otra cosa que lanzarle migajas del festín petrolero -mientras este duró- para ahora arrojarla por el despeñadero de una crisis económica y social que sin duda tendrá repercusiones políticas. Durante los años de abundancia los que se beneficiaron no fueron precisamente los pobres. A ellos los acomodaron con cuatro lochas y los manipularon mientras otro grupo, los llamados boliburgueses -a los cuales el propio líder calificó de "pata en el suelo"-, repentinamente se hicieron con fortunas descomunales logradas en medio de una etapa de corrupción sin precedentes en la historia venezolana, medrando en torno al erario público.

Pero ahora, el carnaval se acabó. Las cifras que nos ofrece el Banco Central de Venezuela son abrumadoras. En el tercer trimestre el PIB cayó en un 4,5%, el PIB petrolero en un 9,6%, el del sector comercial en un 11,5%, el del financiero en un 4,5%, el comercio en un 9,2% y pare usted de contar. Es el resultado de la ignorancia que en materia económica prevalece en las filas gubernamentales. Los niveles de pobreza son ahora más graves de resolver. La inflación, del orden de un 30% al cerrar el año, está destrozando la capacidad adquisitiva de la población venezolana, que hoy en día es más dependiente que nunca de las dádivas de un gobierno que para colmo ya no tiene los recursos para mantener el timo. Esos recursos fueron dilapidados, entre otras cosas, en un esfuerzo para extender una revolución -anacrónica y estéril- más allá de nuestras fronteras. Cuba, Bolivia, Argentina, Nicaragua, Honduras, Bielorrusia, Ecuador, una parte del Caribe angloparlante, fueron también grandes beneficiarios del manirrotismo del militar venezolano.

Radicalizar: Enfrentado a la inevitable pérdida de popularidad -lo cual se manifiesta en todas las encuestas- el líder pretende ahora radicalizarse, aún más, para asirse al poder. La gran incógnita es si la sociedad se lo va a aceptar. Una cosa es burlarse de la gente mientras a la vez se dispone de recursos para comprar voluntades y conciencias y otra, muy distinta, es pretender que el fraude se puede mantener cuando la chequera se quedó sin fondos.

Y como los recursos no alcanzan, habrá que inventarlos. Un camino es el endeudamiento. Lo que pasa es que como ya lo afirman algunas empresas calificadoras de riesgo -como es el caso con CMA DataVision- la deuda venezolana está considerada como la más riesgosa del mundo por lo cual es difícil de colocar. Pero eso para nada les importa a estos señores, ya modificaron la Ley del Banco Central de Venezuela, de forma que la deuda que emitan empresas públicas, tales como PDVSA, será adquirida por el BCV, el cual la pagará con bolibolívares impresos a tal efecto, cuyo respaldo, en lugar de dólares, será la deuda de esas empresas.

En nuestro caso, el camino del infierno ni siquiera estuvo sembrado de buenas intenciones, como reza el proverbio. Estuvo sembrado de palabras vacías y de engaños. Hemos demostrado ser uno de los pueblos más ingenuos del mundo.

martes 15 de diciembre de 2009

Carta abierta al presidente Lula

¿Por qué debe ser desconocida la legitimidad de Porfirio Lobo?

Empiezo por felicitarlo por el éxito de su gestión. Para muchos usted se ha colocado en un plano más elevado que el de algunos presidentes populistas que han sido capaces de dañar profundamente el tejido social y la economía de los países que han presidido. Por eso algunos dirigentes lo señalan como el ejemplo a seguir.

En esta oportunidad, si me lo permite, quiero hacer referencia al caso de Honduras. Los hondureños tienen su propia Constitución y en base a ella decidieron rechazar las actuaciones del presidente Zelaya, a quien acusan de varios delitos. Hasta ahí, resulta difícil criticarlos. Zelaya podía ser juzgado y apartado constitucionalmente del cargo. Lo que no podía ser, de acuerdo con esa misma Constitución, era expulsado del país.

Sin embargo, el daño causado ha sido reparado con unas elecciones a las cuales concurrieron más del 60% de los votantes, batiendo así un récord histórico que evidenció de manera contundente el deseo de los hondureños de retomar la normalidad democrática.

¿Cómo puede tan masiva manifestación de voluntad popular ser rechazada por usted y sus colegas del Mercosur, desconociendo a la vez con ello la historia misma de sus respectivas naciones?

Permítame comenzar por la historia reciente del Brasil. En 1964, el presidente Joao Goulart (conocido popularmente como Jango) fue depuesto. Se inicia así un período de dictaduras militares en Brasil que sólo concluyó en 1985, cuando el teniente general Joao Figueiredo permitió que Tancredo Neves fuese electo presidente por vía indirecta, retomando así el Brasil la normalidad democrática. Según el patrón que los presidentes de Mercosur quieren aplicarle a Honduras, aquella elección ha debido ser considerada una farsa ilegítima.

Revisemos el caso de Argentina. En 1976 la presidenta Isabel Perón fue depuesta iniciándose un período de dictaduras militares que sólo habría de concluir en 1983, cuando el general Reynaldo Bignone llamó a elecciones en las cuales resultó electo Raúl Alfonsín, retomando ese país el camino de la democracia. ¿Fueron acaso aquellas elecciones ilegítimas?

Pasemos al caso de Uruguay. Ese país era considerado la Suiza de América, hasta que el 27 de junio de 1973 el presidente José María Bordaberry disuelve el parlamento con el apoyo de las Fuerzas Armadas y poco después se ilegalizan los partidos políticos. Comienza así la dictadura militar que duraría hasta que, en 1984, el general Gregorio Álvarez convoca a elecciones en las cuales resulta electo Julio María Sanguinetti, marcando el regreso a la democracia. ¿Cree usted, presidente Lula, que aquellas elecciones han debido ser impugnadas?

Pero no se trata sólo de las naciones del Mercosur. Según la lógica que ustedes pretenden aplicarle a Honduras, las elecciones convocadas por Pinochet en las cuales resultó electo Patricio Aylwin tampoco han debido ser reconocidas.

Afortunadamente todos estos países pudieron retomar el camino de la democracia. ¿Por qué pretenden ustedes negarle esa misma felicidad al pueblo hondureño?

¿Se atrevería usted a aseverar que las elecciones de Tancredo Neves, Raúl Alfonsín, Julio María Sanguinetti o Patricio Aylwin han debido ser desconocidas por la comunidad internacional? ¿Por qué debe entonces ser desconocida la legitimidad de Porfirio Lobo?

En nuestro continente, presidente Lula, estamos enfrentando un profundo debate en relación con la legitimidad del sistema democrático la cual como usted sabe puede ser de origen, pero también debe ser de desempeño.

Ciertamente el presidente Zelaya contaba con una clara legitimidad de origen al haber sido electo por su pueblo. Sin embargo, las instituciones de su país actuando conforme a su Constitución consideraron que había perdido la legitimidad de desempeño y procedieron a separarlo del poder. ¿Es que acaso no tenían derecho a hacerlo?

Si usted niega lo anterior, entonces le voy a citar otro ejemplo: el del presidente Nixon. Sin duda contaba con la legitimidad de origen requerida, puesto que acababa de ser reelecto presidente. Sin embargo, a raíz de los sucesos de Watergate fue sometido a un proceso de *impeachment*, ante lo cual optó por renunciar. ¿Fue acaso ilegítima la acción del Congreso de Estados Unidos

Alguna vez Kissinger afirmó que Brasil marcaría el rumbo de la América Latina. Pareciera sin embargo que es la pequeña Costa Rica y su presidente Arias los que se están transformando en la enorme reserva moral de la cual deben nutrirse los latinoamericanos.

martes 1 de diciembre de 2009

¡La conspiración!

¿Cómo no comprenden que la justicia debe emanar de la sabiduría del líder?

Hay una tenebrosa conspiración en marcha! Se trata de una acción lúgubre y peligrosísima que atenta contra la paz de la sociedad y amenaza con dar al traste con nuestras instituciones y enfermar la psiquis de los ciudadanos. Para colmo cuenta con el apoyo soterrado de muchos medios de comunicación que se dedican a difundir las cifras que anuncian algunos organismos conspiradores.

A la cabeza de estas perversas instituciones se encuentra un organismo conocido en los bajos fondos como Banco Central de Venezuela que acaba de anunciar que durante el ter- cer trimestre del 2009 el Producto Interno Bruto (PIB) de Venezuela se contrajo en un 4,5%. Nuestro líder denunció la maniobra. Su recomenda- ción es que se modifique la forma de calcular el PIB para diferenciarnos de las prácticas oscurantistas del capitalismo y así obtener los resultados que desea escuchar el pueblo.

Esa misma institución (el BCV) tuvo la osadía de decir que el PIB petrolero cayó en un 9,5% en el tercer trimestre del 2009. ¿Es que acaso esos señores no entienden que eso no se debe decir ni en juego en un país donde el ingreso petrolero aporta cerca del 93% de los dólares? ¿Es que no saben que en una gesta patriótica nuestro gobierno revolucionario expropió 47 empresas contratistas de PDVSA y le puso la mano a infinidad de industrias y fincas productivas que estaban en poder de capitales pro imperialistas? Seguro que ahora esos traidores van a decir que por eso el sector manufacturero se contrajo en un 9,2%, el comercio en un 11,5% y el financiero en un 4,5%. Segurito que van a pensar que por eso las ganancias de PDVSA cayeron en un 67% y que el Gobierno es el responsable de la brusca caída de un 4,8% del consumo privado y también de la contracción de un 14,5% de la inversión privada. Y ni se diga de la cantaleta que cargan con eso de la "inflación" y, peor aún, algo a lo que le dicen "estanflación". Insólito, se atreven a sostener que la inflación acumulada durante la revolución supera el 707%.

Los economistas se agavillan en torno a esa perversión conspirativa de la economía para decir a hurtadillas que en Venezuela hay una crisis. Tienen la osadía de publicar libros en los cuales pretenden afirmar que la prosperidad de un país depende de eso que ellos mientan políticas económicas "coherentes y sensatas" y hacen referencia a un concepto a todas luces subversivo conocido como "seguridad jurídica". Llegan al extremo estos conspiradores de mantener que "sin seguridad jurídica es muy difícil que haya inversiones", sin comprender que no hay mayor seguridad que la inspiración del comandante. ¡Qué barbaridad! Deberían obligarlos a escuchar Aló Presidente para que entiendan que todas esas pamplinas de la economía quedaron en el pasado. Hoy en día nos aprestamos a adentrarnos en suprema felicidad del socialismo con las bienaventuranzas de los baños con totuma, disfrutando a plenitud del calor del trópico y extasiarnos contemplando la belleza de la noche sin el estorbo de la luz eléctrica. Todo esto se basa en los sólidos conocimientos que nuestro adalid logró amalgamar mientras administraba la cantina de Fuerte Tiuna.

Pero haciendo hincapié en el concepto de "seguridad jurídica", ¿cómo no comprenden que la justicia debe emanar de la sabiduría del líder? ¿No recuerdan que el Rey Salomón impartía justicia por sí mismo? ¿Acaso el tal Salomón era más sabio que nuestro jefe?

Si el Gobierno quiere encontrar a los verdaderos conspiradores, yo me permitiría recomendarle que envíe a varias comisiones de la Disip y de la DIM a leer algunos textos de economía. Para empezar por los más criollos, me permito sugerirles que se lean el *Tratado Moderno de Economía* de Maza Zavala. Quizás podrían encontrar también algunas claves en los libros de economía del jesuita Manuel

Pernaut, o incluso modestamente les recomiendo una obra titulada *Fundamentos de Teoría Económica* de la cual yo mismo soy autor, ¡todos confabulados! Pero como la conspiración es internacional deberían dictar orden de captura para que la Interpol aprese a personajes siniestros tales como Samuelson, Galbraith, Nordhaus, Fischer o Dornbusch y muchos otros (aunque debo advertir que estos son nativos de países imperialistas).

Por supuesto, creo que deberían ser exhumados los cadáveres de Adam Smith, David Ricardo e incluso John Maynard Keynes y practicarles una autopsia con la intención de develar las pistas que puedan conducirnos a determinar su autoría intelectual en la conspiración.

17 de noviembre de 2009

Socialismo contra natura

Mientras nuestros gobernantes pretenden prohibir la difusión de las ideas en defensa de la propiedad privada acusándolas de subversivas, de desestabilizadoras y de terrorismo mediático, el Gobierno mantiene una avalancha de publicidad -que tenemos que escuchar a la fuerza y pagar todos los venezolanos- destinada a imponernos su socialismo del Siglo XXI.

Mal puede el gobernante implantar por la vía de leyes, lo que los ciudadanos rechazamos en un referendo constitucional. No pueden por la fuerza imponernos una ideología extraña a nosotros. Es ilegítimo que se utilicen nuestros recursos para obligarnos a aceptar un sistema que no está previsto en nuestra Constitución. Al intentarlo, el Gobierno simplemente está ejecutando un golpe de estado porque, para lograr su objetivo, se ha olvidado de que en democracia se debe respetar la voluntad popular. Lo que vivimos es el agavillamiento de unos poderes públicos que cada día se alejan más de los principios de la democracia.

Se trata del mismo socialismo que una vez Fidel Castro trató de imponernos por las armas cuando en la década de los sesenta auspició la guerrilla en nuestro suelo. Hoy en día, ese mismo Castro ha encontrado un mecanismo mucho más eficiente de lograr su objetivo. Además se trata de una fórmula altamente rentable para Cuba, porque lo que ha logrado el dictador es venderle al venezolano su know how, su franquicia socialista, a cambio de grandes cantidades de petróleo, jugosos contratos y apoyo financiero, que son utilizados para mantener a flote la tiranía en aquella torturada isla. No existe precedente en nuestra historia de una entrega de la soberanía como la que está ocurriendo ahora.

Además, no existe un solo lugar donde el socialismo marxista-leninista que quieren aplicarnos haya tenido éxito. El primer testigo de esta afirmación es el pueblo cubano que sufre las consecuencias de un empobrecimiento brutal.

Otro país del mundo donde aún prevalece el socialismo de corte marxista es Corea del Norte. El dinosaurio que está al frente del socialismo norcoreano se llama Kim Jon-Il, quien preside una dictadura hereditaria que recibió de su padre Kim II Sung y que ahora se apresta a heredar a su hijo. Mientras los coreanos del norte se mueren de hambre, el tirano se permite el lujo de ensayar bombas nucleares y misiles.

Fuera de estas dos naciones donde aún prevalece -para desgracia de sus pueblos-, el socialismo marxista leninista se desplomó en todos los lugares del mundo en los cuales llegó a imponerse. Así ocurrió en la Unión Soviética donde los recursos del Estado fueron utilizados para crear lo que quizás llegó a ser el más poderoso ejército del mundo, a costa de negarle a la población tanto el nivel de vida que se merecía como la libertad misma. En su enfrentamiento con el capitalismo, el socialismo soviético cayó vencido provocando el desmembramiento y la desaparición de la URSS, sobre cuyas cenizas se levantó la histórica Rusia de espalda ya a las ideas de Marx.

El otro ejemplo de socialismo marxista leninista se vivió en China impuesto por Mao Tse Tung a partir de 1949. Mao encabezó gigantescas campañas de culto a su propia personalidad como lo fueron el *Gran Salto Adelante* y la *Revolución Cultural*. Sólo después de su muerte llega al poder Deng Xiaoping, quien comprendió que el comunismo ya se había agotado. Instauró entonces una nueva política conocida como "un país dos sistemas", en el cual cohabitan el comunismo y el capitalismo, siendo el primero el responsable de la ausencia de libertades y el segundo la causa del exitoso crecimiento económico que actualmente experimenta China. Mao ya no es más que un porrón chino embalsamado en una esquina de la plaza Tian'anmen.

Genocidios y torturas como los practicados por el Khmer Rouge en Camboya, dirigido por Pol Pot ("Brother Nº 1"), a quien se le atribuye la muerte de hasta 4,8 millones de seres humanos, fueron determinantes para que la historia dictaminase la extinción del socialismo marxista.

Los países de Europa oriental también fueron víctimas del socialismo marxista y pagaron un alto precio en términos de pobreza y atraso. Finalmente en 1989 -hace 20 años- cae el Muro de Berlín. No fue occidente quien lo empujó. Lo derribaron los pobladores de la órbita socialista, ansiosos por huir de aquel oprobioso sistema.

Ese mismo tipo de socialismo que sólo fue capaz de mantenerse mediante dictaduras y muros, que condenó a la pobreza a centeneras de millones de personas, es el que hoy en día se pretende resucitar en Venezuela y reexportar a otros países de la región.

martes 3 de noviembre de 2009

Las vías del comunismo

El comunismo y el socialismo fracasaron dejando una estela de pobreza y sufrimientos

El comunismo y el socialismo marxista leninista fracasaron en el mundo dejando una estela de pobreza y sufrimientos. Sólo fueron capaces de crear feroces dictaduras, ejércitos temibles y pueblos oprimidos.

Revisemos las estrategias iniciales de los padres del comunismo: En diciembre de 1847 se reunió en París el II Congreso de la Liga Comunista. Allí se analizó un documento denominado *Principios del Comunismo* que sirvió de base al *Manifiesto del Partido Comunista* presentado un año después por Marx y Engels. En el documento se analizaba la estrategia que se utilizarían para adelantar la revolución comunista. Sus autores comenzaban por preguntarse "¿qué vía de desarrollo adoptará la revolución?". Pues bien: "se establecerá ante todo un régimen democrático". Se trataba de una vía indirecta que "sin embargo, no puede conducir a otro desenlace que la victoria del proletariado".

Aquel documento -que luce como una lista de las medidas chavistas- establecía: "La supresión de la propiedad privada es incluso la expresión más breve y más característica de esta transformación de todo el régimen social". "¿Será posible suprimir de golpe la propiedad privada?". Y la respuesta fue: "No, no será posible" - "Por eso, la revolución del proletariado que se avecina, según todos sus indicios, sólo podrá transformar paulatinamente la sociedad actual".

Y a continuación se señala: "La democracia sería absolutamente inútil para el proletariado si no la utilizara inmediatamente como medio para llevar a cabo amplias medidas que atenten directamente contra la propiedad privada...".

Restringir la propiedad

Después se enumeran las medidas requeridas para imponer el comunismo. Entre otras se recomiendan: Restringir la propiedad privada, quitarle a los capitalistas el usufructo de los medios de comunicación, expropiar gradualmente a los propietarios agrarios y de las fábricas, utilizar la competencia de las empresas del Estado para arruinar a los empresarios privados, ocupar fincas, fábricas y talleres, centralizar los créditos y la banca en manos del Estado, educar a todos los niños en establecimientos a cargo del Estado y muchas otras medidas que nos resultan extrañamente familiares en la Venezuela de hoy.

Medidas

Y continúa textualmente el documento de la Liga Comunista de 1847: "Por supuesto, todas estas medidas no podrán ser llevadas a la práctica de golpe. Pero cada una entraña necesariamente la siguiente. Una vez emprendido el primer ataque radical contra la propiedad privada, el proletariado se verá obligado a seguir siempre adelante y a concentrar más y más en las manos del Estado todo el capital, toda la agricultura, toda la industria, todo el transporte y todo el cambio. Este es el objetivo a que conducen las medidas mencionadas" ... "Finalmente, cuando todo el capital, toda la producción y todo el cambio estén concentrados en las manos de la nación, la propiedad privada dejará de existir de por sí...".

Desarrollo extraordinario

Según Marx, al quitarle a los capitalistas privados el usufructo de todas las fuerzas productivas, de los medios de comunicación y del cambio, la economía experimentaría un desarrollo extraordinario: "Este avance de la industria brindará a la sociedad suficiente cantidad de productos para satisfacer las necesidades de todos. Del mismo modo, la agricultura experimentará un nuevo auge y ofrecerá a disposición de la sociedad una cantidad suficiente de productos. Así, la sociedad producirá lo bastante para organizar la distribución con vistas a cubrir las necesidades de todos sus miembros". En 1848, Marx y Engels presentan finalmente el Manifiesto del Partido Comunista, en el cual se propugna la lucha de clases, tal como hoy se pretende adelantar en Venezuela.

Marx definía el proceso para imponer el comunismo como: "una guerra civil más o menos embozada que se plantea en el seno de la sociedad vigente hasta el momento en que esta guerra civil desencadena una revolución abierta y franca, y el proletariado, derrocando por la violencia a la burguesía, echa las bases de su poder".

Pero la historia marcó el fracaso del comunismo, aun cuando su legado de miserias todavía prevalece en Cuba y Corea del Norte, donde los pueblos se mueren de hambre. La URSS desapareció y se desintegró y Europa Oriental renegó del sistema. China es otro cuento. Allí quien triunfa es el capitalismo, aunque no la libertad.

¿Y en Venezuela ... lo vamos a permitir? ¡Aún estamos a tiempo!

martes 20 de octubre de 2009

36 refinerías!

¡El papel lo aguanta todo y la ingenuidad de los venezolanos luce infinita!

Desde la cumbre de su fértil imaginación (la mis- ma que concibió un gasoducto hasta Argentina) ya ha anunciado la construcción, adquisición o ampliación de 36 refinerías con un costo total que superaría largamente los 50.000 millones de dólares.

Una breve lista de tales quimeras incluye tres refinerías en China, tres en Cuba, dos en la India, dos en Ecuador, una en Irán, una en Siria, una en Mauritania, una en Irán, una en Indonesia, una en Malasia, una en Argentina, una en Colombia, una en Brasil, una en Curazao, una en Dominica, una en Jamaica, una en Nicaragua, una en Paraguay, una en República Dominicana, una en Uruguay y diez en Venezuela. De todas ellas sólo se ha cumplido la refacción y puesta en marcha de la refinería de Cienfuegos en Cuba.

Las más frustrantes son las ofrecidas en la propia Venezuela. Las cuatro mayores refinerías que tenemos desde hace varias décadas son las de Amuay, Cardón, El Palito y Puerto La Cruz. De ellas, la última es la única que hoy en día funciona razonablemente bien. A lo largo de los últimos diez años nuestras refinerías, que antes contaban con la más moderna tecnología de conversión profunda para el procesamiento de nuestros crudos pesados (craqueo catalítico) y que eran un ejemplo mundial de eficiencia y seguridad, han caído en una situación deplorable. Ahora batimos récord de accidentes y paradas. Venezuela se ve hoy obligada a importar los componentes para la elaboración de la gasolina y buena parte de la gasolina misma que consumimos.

Y mientras en Venezuela tenemos que importar gasolina, ofrecemos exportarle 20.000 barriles diarios de gasolina a Irán ¡Válgame Dios! Irán es el segundo mayor productor de petróleo de la OPEP y para llegar hasta allá hay que atravesar medio mundo. Y eso por no decir nada acerca de la investigación abierta por el fiscal Robert. M. Morgenthau.

Mientras tanto cabe preguntarse ¿qué ha ocurrido con la oferta "endógena" de nuevas refinerías? ¿Qué ha pasado con la refinería Batalla de Santa Inés, o la de Cabruta, o la del Zulia, o la de Caripito, o la de Conversión Profunda de Crudos Extrapesados o, en general, qué ha pasado con los 25.000 millones de dólares que se anunciaron para la ampliación del complejo refinador venezolano? ¿Qué pasó con el proyecto de etanol? ¡El papel lo aguanta todo y la ingenuidad de los venezolanos luce infinita!

La capacidad de hablar tonterías (por no decir otra palabra) tampoco tiene límites. Por ejemplo, ¿en qué cabeza cabe que Venezuela pueda comprometerse a construir una refinería en Damasco? Resulta que Siria se ubica en el ombligo del Medio Oriente que es la zona donde se encuentran las mayores reservas probadas de petróleo del mundo. Limita con Irak y muy cerca están países como Arabia Saudita, Kuwait, Irán, Emiratos Árabes, Qatar y Libia -todos miembros de la OPEP- cuyos yacimientos no sólo son infinitamente más prolíficos que los de Venezuela, sino que producen un petróleo de mucho mejor calidad y menor costo de producción y de procesamiento. Para colmo, para llegar a Siria, nuestro petróleo tendría que atravesar no sólo todo el Océano Atlántico sino además todo el Mar Mediterráneo. ¿Cuál sería el costo del flete?

Por otra parte, en Siria impera una dictadura hereditaria. En 1970, después de un golpe de Estado, asume el poder en ese país Hafez al-Assad (entonces jefe de las Fuerzas Armadas) quien muere en el poder 30 años después, en el 2000, heredando la presidencia su hijo Bashar al-Assad. ¿Qué ventaja -me pregunto- podemos lograr los venezolanos con este tipo de asociaciones?

La última travesura fue ofrecer una refinería en Mauritania. Mauritania está en la costa occidental de África, muy cerca de los grandes productores de petróleo de ese continente (también miembros de la OPEP) como Libia, Nigeria, Argelia, Gabón y Angola. Es un país islámico con una inestabilidad aterradora, donde los golpes de Estado se suceden con inusitada frecuencia (1978, 1984, 2005, 2008, además de muchos intentos fallidos, entre ellos los del 2003 y 2004). El cabecilla del golpe del 2008, general Mohamed Ould Abdel Azis, se lanzó en el 2009 como candidato y ganó las elecciones. Aunque ilegalizada desde 1980, en Mauritania todavía se practica la esclavitud. ¿Cuál es la ventaja de esta asociación para los venezolanos?

¿Cómo se puede criticar un golpe en Honduras y a la vez apoyar a quien dio un golpe de Estado en Mauritania?

Sólo falta ofrecerle una refinería a Robert Mugabe. Por favor, ¡recuperemos la sensatez!

martes 6 de octubre de 2009

Ahmadineyad y la amenaza nuclear

Luce difícil que Israel aguarde su destrucción de brazos cruzados. ¡La paz del mundo está en juego!

En declaración conjunta los presidentes Barack Obama de Estados Unidos, Nicolas Sarkozy de Francia y Gordon Brown -Primer Ministro de Inglaterra- lanzaron una contundente advertencia con respecto a los riesgos que representa Irán para la paz del mundo. Apenas unos días antes el presidente de Irán había pronunciado un discurso en la Asamblea General de la ONU amenazando una vez más con barrer del mapa a Israel, lo cual provocó el airado retiro del recinto de numerosas delegaciones.

Más allá del mensaje directo en contra de los judíos, el discurso de Ahmadineyad recordaba al de un ayatolá radical, cargado de fanatismos religiosos, en el cual clamaba que la venganza contra Israel era exigida por Alá en repudio al régimen sionista Sin mencionarlo de manera directa, hizo alusión todo el tiempo a la figura del Mahdi, ese mesías de naturaleza semidivina a quien los shiíes denominan "el duodécimo y último imán", que después de haber vivido en el año 860 de la era cristiana, hará su reaparición milagrosa ante la humanidad para encabezar una guerra santa que impondrá al Islam como única religión en el mundo. No son nuevas las menciones de Ahmadineyad a la figura del Mahdi en la ONU. Ya hace dos años había concluido su intervención ante la Asamblea General con la siguiente oración: "Oh, poderoso Alá, te rezo para acelerar el surgimiento de tu última encarnación, el Prometido, ese ser humano puro y perfecto, el que llenará de justicia y paz este mundo". De acuerdo con las creencias y tradiciones shiíes el "duodécimo imán" -descendiente del linaje de Mahoma- se manifestará nuevamente al mundo cerca de la ciudad sagrada de Quom. De la encarnación del Mahdi no hemos tenido noticias, pero lo que sí acaba de conocer el mundo es que precisamente cerca de la ciudad de Quom -el simbolismo tiene significado- es donde se comprobó la presencia de una planta subterránea, bajo unas montañas, dotada de 3.000 centrifugadoras para el enriquecimiento de uranio que Irán mantenía oculta a los ojos de la humanidad. Cabe preguntarse: ¿habrá otras? Como si todo lo anterior no fuese suficiente, pocos días después de la intervención de su presidente en la ONU, Irán ensayó una nueva generación de misiles Sejil de dos etapas y combustible sólido capaces de alcanzar el territorio de Israel. Lo único que les falta es la cabeza nuclear propiamente dicha, pero según algunos expertos, en pocos años podrían disponer de ella. Bajo esas circunstancias se produce la intervención de Obama, Zarkozy y Brown, exigiendo la aplicación de sanciones en contra de Irán -sin descartar ningún otro curso de acción, inclusive el militar- a fin de frenar los planes de Ahmadineyad a quien acusan de ocultar bajo su programa nuclear civil, otro de carácter militar. Por su parte Irán sostiene que sus objetivos son simplemente el desarrollo de la energía atómica con fines pacíficos. Si eso es así, ¿por qué ocultar una planta de enriquecimiento de uranio? El caso deberá ser ahora discutido el día 1 de octubre en Ginebra entre Teherán y el Grupo de los 5 (Rusia, Francia, China, Estados Unidos, Reino Unido y Alemania, a los cuales se unirá en esta ocasión la Unión Europea). La posibilidad de aplicar sanciones dependerá de Rusia y China, ya que ambas cuentan con derecho a veto en las decisiones del Consejo de Seguridad de la ONU. Medvedev, presidente de Rusia, ha dicho que Irán llevará una posición constructiva y que abrirá las puertas de su centro secreto de enriquecimiento de uranio al organismo supervisor de la ONU. Por su parte China -fuertemente dependiente del petróleo iraní- al momento de escribir estas líneas no había expresado públicamente posición alguna. Cuando aparezca este artículo, ya habrá tenido lugar la reunión de Ginebra y conoceremos sus resultados. Y mientras tanto Israel espera las decisiones que se tomarán en la ONU. Sabe que si el organismo no es capaz de frenar los planes iraníes, en algún momento Ahmadineyad intentará cumplir la promesa de barrer del mapa a la nación judía. Sin embargo, si algo no detiene a Irán, luce difícil que Israel aguarde su destrucción de brazos cruzados. ¡La paz del mundo está en juego! Y en medio de este terrible juego de proporciones dantescas, surge de pronto involucrado -tomando partido a favor de Irán y sin que nadie entienda en qué favorece eso a su país- una figura latinoamericana, cuyas acciones dieron motivo a la apertura de una investigación por parte del fiscal Robert Morgenthau.

martes 22 de septiembre de 2009

La educación socialista

Los niños eran estimulados a desconfiar de sus padres e incluso a denunciarlos

Me voy a referir a la LOE. Su lectura la hace parecer relativamente inocua, aunque la verdadera ponzoña podría ser inoculada por vía de leyes especiales y reglamentos. La intención no es otra que la de empujar a los jóvenes hacia el socialismo. Eso fue reconocido por el propio mandatario en televisión: "Me preguntan que si la intención es ideologizar. Mi respuesta es ¡yes!".

Puesto que no tenemos razones para dudar de su palabra, conviene entonces remontarse en las páginas de la historia para analizar cómo funcionó el sistema educativo socialista en otros países. Comencemos con el más importante y prolongado experimento de socialismo marxista que conoció la humanidad (1917-1991) y que concluyó con un rotundo fracaso: la URSS.

En la Unión Soviética la educación era exclusivamente pública, suprimiéndose por completo las escuelas privadas y sometiendo todo el sistema educativo al rígido control del Partido Comunista. El objetivo del régimen era lograr, a través de la educación, una sociedad fuertemente colectivizada. Aunque la Constitución soviética garantizaba la libertad de cultos, la enseñanza religiosa quedó terminantemente prohibida en las escuelas. Lecturas obligadas eran Marx y Lenin. El sistema educativo de aquella nación padeció de graves fallas. Eso no era de extrañar ya que no se permitía la lectura de autores, incluso clásicos, cuyos pensamientos no fuesen acordes con la doctrina del partido comunista.

Los maestros fueron uno de los blancos favoritos de las purgas estalinistas. Entre 1934 y 1953 más de dos millones de docentes fueron deportados a los tristemente célebres "gulags" que nos narra Alexander Solzchenitsyn en su obra.

Entre los logros de aquel sistema educativo socialista cabe señalar que, según cifras oficiales, entre 1917 y 1988 el analfabetismo cayó desde un 60% hasta un 1%. Por lo demás, hay que reconocer que la educación fue ciertamente capaz de proveer la formación que exigía el Estado para transformarse en una de las dos mayores potencias militares del planeta. En cambio no fue capaz de propiciar un aumento en el nivel de vida de la población, razón por la cual la URSS, pese al inmenso poder del Estado y su poderío bélico, terminó por desintegrarse y desaparecer en 1991.

Ya en 1917 se habían creado escuelas conocidas como *rabfaks* con la intención de formar rápidamente a los ciudadanos para atender las necesidades de industrialización del país. Era el Estado el que decidía y los padres nada podían opinar con respecto a la educación de sus hijos. A pesar de ello, todavía en 1958, Nikita Krushov se quejaba de que las escuelas producían "graduados de manos delicadas".

La intervención estatal en la educación era total. El Comité Central del Partido Comunista y el Consejo de Ministros promulgaban conjuntamente todas las normas referentes a la enseñanza que eran sometidas al Soviet Supremo. Los decretos se convertían en ley que debía ser ejecutada bajo el control del partido.

La ideologización de los niños comenzaba muy temprano en la escuela. Desde pequeños eran agrupados en organizaciones de "pioneros". Los muchachos de 15 a 23 años de edad pasaban ya a formar parte de los "konmosoles" que servían como semilleros para futuros miembros del partido.

Cada escuela, por remota que fuera, tenía asignado un *politruk* que imponía la más férrea limitación sobre la libertad de pensamiento y de cátedra, ambas consideradas como enemigas del sistema. Su objetivo era velar para que desde el principio los jóvenes fuesen educados en la "verdad" del marxismo y preparar así el advenimiento del "hombre nuevo".

Según la moral soviética, el Estado era más importante que la familia. Los niños eran estimulados a desconfiar de sus padres e incluso a denunciarlos ante cualquier desviación.

Aquello condujo a tragedias como la del joven "pionero" Pavel Trofimovich Morózov -conocido como Pavlik- nacido en Gerasimovka, Siberia Occidental. En 1932, cuando tenía 13 años, denuncia a su propio padre -Trofin Morózov- acusándolo de traición ante las autoridades. El padre fue sentenciado a trabajos forzados y murió en prisión. Indignada, la familia asesinó a Pavlik.

El régimen declaró a Pavlik Morózov como "glorioso mártir asesinado por la reacción" y se le construyeron estatuas, se imprimieron sellos postales para honrarlo y a muchas escuelas se les dio su nombre. Existe un documental con la historia de Pavlik llamado "Boy Hero 001". ¿Será esa la vía por la cual quieren llevar a Venezuela? ¿Lo vamos a aceptar?

martes 8 de septiembre de 2009

El "desamor"

La alquimia que unía a Venezuela y al galán comenzó a decaer

Explican los psicólogos que casi siempre son las mujeres las que toman la decisión final a la hora de un divorcio. Dicho sea de paso, son también las mujeres las que habían decidido iniciar la relación cuando aceptaron al hombre que las pretendía. Todo el romanticismo que rodeó aquel momento de enamoramiento inicial de la pareja se debía -aunque ellos no lo supieran- a la secreción de una sustancia llamada dopamina, un neurotransmisor que actúa a nivel cerebral.

Venezuela -mujer como su nombre lo indica- se había enamorado hace más de diez años de un seductor fantasioso que despertaba en ella una cascada de sensaciones estimuladas con palabras bellas e infinitas falacias, capaces de hacer caer a la sociedad en un estado que Ortega y Gasset definía como "imbecilidad transitoria".

Pero el proceso bioquímico que mantuvo viva esa relación ha dejado de actuar. Nos explican los doctores Donald F. Klein y Michael Lebowitz del Instituto Psiquiátrico de Nueva York, que ese fenómeno que se llama "amor" comienza a desaparecer cuando disminuye la dopamina, responsable del sentimiento amoroso.

Aquel galán se quedó en puras palabras, engaños y mentiras. Con el tiempo, comenzó a montarle cachos a su enamorada. A la vez perdió también el interés en su propia casa, aunque en ella esperaba que le siguieran cocinando la comida y lavando la ropa. Se lanzó con ímpetu a otras conquistas y las infidelidades con algunas damas llamadas Cuba, Bolivia, Nicaragua, Argentina y muchas otras, pusieron en evidencia que ya no consideraba a su pareja suficientemente atractiva. Su prodigalidad con las otras se hizo legendaria y la chequera le sirvió para extender sus ímpetus amorosos más allá de la comarca, con lo cual se creyó cada vez más irresistible.

Durante mucho tiempo Venezuela se aferró a la ilusión de que aquellos devaneos serían pasajeros. Al fin y al cabo, entre parranda y parranda, el galán le dedicaba apasionados discursos y le regalaba alguna que otra bisutería con lo cual la engatusaba.

Pero tanto va el cántaro al agua hasta que se rompe. Al fin los neurotransmisores que a nivel cerebral dan lugar a los arrebatos sentimentales, están dejando de actuar.

La alquimia que unía a Venezuela y al galán comenzó a decaer. No fue este último capaz de reemplazar la sustancia antes mencionada por otras que la ciencia denomina endorfinas, que hubiesen sido capaces de permitir que la pasión inicial se transformase en un sentimiento más sosegado de seguridad, de confianza, paz, de progreso y solución de problemas, creando un vínculo de apego mucho más sólido y duradero. Esas son las bases fundamentales de cualquier sociedad que se desarrolla y fortalece.

Lo que está ocurriendo ahora en el cerebro de Venezuela es otro proceso devastador e implacable, que se llama "desamor".

Aquel extraordinario escritor y humorista español que falleció en 1952, Enrique Jardiel Poncela, se refería al desamor en los siguientes términos:

> "El amor es como la mayonesa: cuando se corta, hay que tirarlo y empezar otro nuevo".

Ya es inevitable. La atracción impulsada a nivel neuronal en el cerebro está desapareciendo. Mientras tanto el galán comprende ahora que aquel amor que creía suyo para siempre se le escapa como sal y agua de las manos. Comienza a dar síntomas de desesperación. No entiende lo que está pasando porque ni siquiera es capaz de reconocer sus propias culpas. Está perturbado y sus viejas tácticas no le funcionan. Y es que cuando una mujer dice "no" es "no" para siempre. Ya no es el corazón -que desplazando a la razón- creía que dictaba las órdenes. Ahora es el cerebro y resulta que el cerebro femenino en este aspecto es inflexible.

Ilustrativas son las palabras de Jacinto Benavente, cuando decía:

> "El amor es como Don Quijote: cuando
> recobra el juicio es ya para morir".

Pero la testosterona no le permite al empecinado ejemplar masculino, que para colmo de males ahora está arruinado, renunciar a su dominación. Si ya no lo puede lograr por las buenas, pretende intentarlo por las malas. A palos si es necesario. Por eso a Venezuela le están cayendo a palos por los cuatro costados.

Pero mientras más golpes recibe mayor es el rencor. A través del hipotálamo el sistema nervioso de la dama le está enviando mensajes de insatisfacción, que inevitablemente conducen a una frustración creciente, a una inevitable separación y, si el maltrato continúa, incluso al odio perenne. Eso precisamente es lo que progresivamente están reflejando las encuestas. ¡Pobre hombre!

martes 25 de agosto de 2009

Desobediencia civil

Se irrespeta la voluntad popular al imponer por vía de leyes lo que el pueblo rechazó

Creyéndose un nuevo Julio César, el llanero cruzó el Rubicón. "Alea jacta est" (la suerte echada). En esta oportunidad se lo juega el todo por el todo y, si resulta triunfador, pretende aplastar la libertad y controlar el poder imponiéndole a la sociedad su socialismo del siglo XXI per saecula saeculorum.

El cierre de 34 emisoras de radio y la amenaza de sacar del aire otras 200 con miras a coartar la libertad de expresión, así como la aprobación inconstitucional de una ley de educación que por vía de reglamentos abre las puertas a la ideologización ("¡Yes!". A confesión de parte relevo de pruebas), al igual que las amenazas contra la propiedad a través de la Ley de Tierras Urbanas y a la vez una Ley Electoral diseñada para eternizarse en el poder, constituyen suficientes elementos para afirmar que se pasaron de la raya.

Recurriendo a una estrategia zamarra, el llanero atacó varios flancos a la vez. Por una parte a la comunidad educativa, por otra a los medios de comunicación, simultáneamente a los empresarios y además a los partidos políticos (con la Ley Electoral). Su intención es obvia. Intenta recurrir a una táctica utilizada por Julio César en la guerra de las Galias y que fue popularizada en una máxima de Maquiavelo, "divide y vencerás":

"Si no se extirpa la cohesión de los ciudadanos y se les disgrega, nunca olvidarán el nombre de la libertad." afirmaba el florentino en el Capítulo V de su obra El Príncipe.

Pretendió el llanero dividir la cohesión de los ciudadanos, forzando a cada sector a defender sus respectivos intereses, con lo cual creyó que se diluiría la reacción que inevitablemente provocarán esas leyes.

Obviamente el llanero no leyó el Ca-pítulo VI de la misma obra de Maquiavelo:

> "No hay cosa más difícil de intentar, ni menos segura de conseguir, ni más peligrosa de manejar, que llegar a ser príncipe e imponer nuevas leyes. Porque serán enemigos suyos las viejas instituciones, y

> tibios amigos y defensores quienes amen las nuevas".

Nos enfrentamos a una radicalización que tumba la caretas democrática y nos conduce cada vez más hacia una "tiranía". Vale la pena recordar lo que al respecto afirmaba Mahatma Gandhi:

> "La desobediencia civil se transforma en un sagrado deber cuando el Estado se vuelve ilegal, o lo que es lo mismo, corrupto. Y un ciudadano que se entienda con tal Estado, comparte su corrupción y su ilegalidad".

Y no sólo Gandhi. En su Ensayo sobre la Desobediencia Civil publicado en Boston en 1849, Henry David Thoreau estableció que bajo ciertas circunstancias es perfectamente legítimo rebelarse contra la autoridad:

> "Todos los hombres reconocen el derecho a negarse a la obediencia y oponer resistencia al Gobierno cuando este es tirano o cuando su ineficiencia es insoportable".

La mayor parte de las legislaciones nacionales e internacionales reconocen hoy en día que, bajo ciertas condiciones, es lícito desobedecer aquellos regímenes que atenten contra los principios, valores o derechos humanos fundamentales.

La educación es un derecho humano fundamental. Violarlo y a la vez pretender que por ser tal no se puede recurrir a un referendo abrogatorio, no hace otra cosa que tapar la válvula de escape en una olla de presión. La libertad de expresión también es un derecho humano que se está transgrediendo, al igual que otros principios y garantías democráticas que se menoscaban al coartar el derecho a la propiedad y el derecho del pueblo a elegir conforme al principio del pluralismo político y la representación proporcional de las minorías. Adicionalmente también se irrespeta la voluntad popular al imponer por vía de leyes lo que el pueblo rechazó en el referendo del 2 de diciembre del 2007.

El concepto de Gandhi y de Thoreau en relación con la desobediencia civil está previsto en nuestra propia Constitución: "Art. 350.- El pueblo de Venezuela, fiel a su tradición republicana, a su lucha por la independencia, la paz y la libertad, desconocerá cualquier régimen, legislación o autoridad que contraríe los valores, principios y garantías democráticas o menoscabe los derechos humanos".

Por último, cabe recordar el Artículo 25 de la Constitución:

> "Todo acto dictado en ejercicio del poder público que viole o menoscabe los derechos garantizados por esta Constitución y la ley es nulo, y los funcionarios públicos y funcionarias públicas que lo ordenen o ejecuten incurren en responsabilidad penal, civil y administrativa, según los casos, sin que les sirvan de excusa órdenes superiores".

martes 11 de agosto de 2009

Voy jugando a Rosalinda

La sociedad sabe ahora lo que va en juego y no acepta dados cargados. Hay mar de fondo

El comandante no es un gigante ni luce ya como un fenómeno político imbatible. Es más bien uno de esos populistas dotados de una gran dosis de audacia y de un verbo reverberante que logró caer parado -cuando la sociedad había perdido el rumbo- en medio de una circunstancia excepcional. En la historia abundan personajes que ofreciendo villas y castillos logran captar la imaginación popular para después decepcionarla. A veces son como esos embaucadores que recorrían los caminos ofreciendo pócimas milagrosas. Vaciaban los bolsillos de los incautos y con frecuencia provocaban graves males en los desprevenidos clientes que se dejaban engañar.

Es ante todo un jugador como aquel llanero que en su poema nos refiere Ernesto Luis Rodríguez. Ya en una oportunidad el dado le devolvió sus corotos pero, como insiste cada vez en jugarse a Rosalinda, en algún momento la fortuna le dará la espalda.

La suerte ya comenzó a revertirse. Por razones que en otra ocasión explicaré, los años 2003, 2004, 2005, 2006 y parte del 2007 fueron los de mayor crecimiento económico mundial sostenido que se registran. Cada año la economía global creció a un promedio de 4,5%. Bajo esas circunstancias la demanda de petróleo se expandió a niveles sin precedentes, lo cual condujo a un acelerado aumento en el precio de este hidrocarburo.

Después, desde mediados del 2007 y hasta julio del 2008, se produjo una inmensa especulación petrolera. En el mundo se consumían cada día 86 millones de barriles, pero se vendían 150 millones en el mercado de contratos a futuro. Nadie pensaba en consumirlos. Lo que querían era hacer pingües ganancias con la reventa de los contratos. Como el mercado no supo distinguir entre el barril demandado por un consumidor y el que compraba un especulador, en ese lapso el precio del petróleo se duplicó.

Pero a partir del 11 de julio del 2008 el mercado petrolero se vino abajo de manera estrepitosa.

Durante seis años seguidos al llanero jugador le cayó un chaparrón de dinero. Esa fue su magia. Convencido de que era un escogido de los dioses actuó como la cigarra de la fábula de Esopo (recreada por La Fontaine) sólo que en lugar de cantar, lo que hizo fue hablar y hablar y hablar -hasta por los codos- con el desparpajo del lego que cree saberlo todo. Pero ahora llegó el invierno y quiere expropiar las empresas de las hormigas que trabajaron durante el verano.

Sabe que sin los abultados ingresos petroleros las reglas del juego son diferentes. Ahora el sol del llano le da por la espalda y en su desesperación da órdenes en televisión a quienes por definición deberían ser independientes, comprometiendo así los principios más elementales a los cuales se refería Montesquieu en su obra *"Del Espíritu de las Leyes"* cuando afirmaba: *"Para que no se pueda abusar del poder es preciso que, por la disposición de las cosas, el poder frene el poder"*. Pero al llanero eso de la independencia de los poderes le sabe a ñame. Lo que quiere es disponer las cosas para expropiar el poder -como expropia a las empresas- pero para ello ahora guinda de un Cabello. Ya no confía en quienes le rodean.

Todo se lo juega a un zarpazo final: el control de tres elementos fundamentales de la democracia: la educación, la libertad de expresión y la propiedad. Pero la sociedad sabe ahora lo que va en juego y no acepta dados cargados. Hay mar de fondo.

Ya nada es igual. Han desaparecido cerca de la mitad de las industrias que existían en el país. Cada vez somos más dependientes del petróleo que aportaba el 94% de los dólares que se requerían para importar lo que ya no se produce aquí. Lamentablemente el precio del petróleo, su producción y la eficiencia de PDVSA han caído abruptamente. Al caer el ingreso petrolero, están cayendo en cascada los demás tributos. El déficit fiscal, la inflación y la escasez están a la orden del día. Los sindicatos se alzan en todos los rincones del país. La inseguridad es rampante y el endeudamiento crece. Las inversiones, yo te aviso chirulí. El PIB se contrae. Las protestas se multiplican incontenibles. Barrio Adentro y Mercal, bien gracias. Los hospitales son un desastre. Las deudas no se pagan, Cadivi no cumple y los servicios públicos van en picada. Las encuestas hablan.

El exasperado llanero, que ya se jugó *el araguaney*, la cobija y el sombrero, se lo quiere jugar ahora el todo por el todo. Por eso, *entre sueños rotos*, reta otra vez a la suerte:

Voy jugando a Rosalinda y el dado en la noche linda ¿le devolverá los corotos?

martes 28 de julio de 2009

La guerra y la paz

Los textos constitucionales deben evolucionar, pero no a costa de sacrificar los principios

Eso es lo que se juega en Honduras. Zelaya violó la constitución de su país al intentar emprender por vía ilegal, según afirma la Corte Suprema, un cambio constitucional. Nadie es tan ingenuo como para no reconocer sus propósitos. Con la ayuda de una franquicia chavista, intentaba promover una Asamblea Constituyente cuyos resultados -según se pretende- tienen carácter supraconstitucional. El objetivo final es promover la reelección presidencial y además garantizar que fuese finalmente Zelaya quien la ejerciera. Se trata de una fórmula ya ensayada con éxito en Venezuela, Bolivia, Ecuador y que ya se aprestan a aplicar en Nicaragua.

La Constitución de Honduras prevé en su artículo 372 los mecanismos para realizar cambios y no son precisamente los previstos en esa franquicia. En su artículo 374 se establece: "No podrá reformarse, en ningún caso, los artículos constitucionales que se refieren a la forma de gobierno, al territorio nacional, al período presidencial, a la prohibición para ser nuevamente Presidente de la República".

No se trata de conservar privilegios ni de imponer una camisa de fuerza. Los textos constitucionales deben evolucionar, pero no a costa de sacrificar los principios. No podría aprobarse, por ejemplo, que un pueblo renuncie a su libertad ni a su soberanía. Tampoco se puede renunciar a los derechos humanos, ni aprobar mecanismos que permitan o disfracen el establecimiento de una dictadura. Hay valores y principios "pétreos" no enmendables.

De hecho el artículo 239 de esa misma Constitución establece expresamente que quien haya ejercido la titularidad del Poder Ejecutivo no podrá ser Presidente: "El que quebrante esta disposición o proponga su reforma, así como aquellos que lo apoyen directa o indirectamente, cesarán de inmediato en el desempeño de sus respectivos cargos, y quedarán inhabilitados por diez años para el ejercicio de toda función pública".

A pesar de todo Zelaya tenía, conforme al artículo 82 de la Constitución, derecho a defenderse: "El derecho a la defensa es inviolable"; y el artículo 94 reza: "A nadie se le impondrá pena alguna sin haber sido oído y vencido en juicio...".

Micheletti fue designado Presidente por el Congreso con el apoyo de todos los poderes públicos de su país. Su designación, aunque constitucional, debió ser precedida por un juicio a Zelaya. Fue una torpeza expulsarlo.

Protagonistas son también los Organismos Internacionales, como la ONU y la OEA, cuyas decisiones -no importa cuáles- sólo han debido tomarse después de averiguar lo que realmente ocurría en Honduras. Al igual que le ocurrió a Zelaya, al país centroamericano le impusieron una pena sin haber sido oído ni vencido en juicio.

Figura triste dentro del drama fue Insulza, quien sin pudor alguno inclina la cerviz para ganarse los votos que controla Chávez en la OEA.

Y finalmente están los personajes que representan la guerra y la paz. Eso es lo que se juega en Honduras. Me referiré primero a esta última porque la paz es, por definición, el objetivo primordial de la humanidad.

La paz la representa Oscar Arias, quien a través de denodados esfuerzos intenta lograr el diálogo entre partes que lucen irreconciliables. Procura que Zelaya regrese, pero no para seguir violando la Constitución de su país. Ya en una oportunidad se hizo acreedor al Premio Nobel en reconocimiento a la exitosa labor alcanzada en favor de la paz, en una región asolada por la violencia.

La guerra, por otra parte, la encarna un militar que se dio a conocer inicialmente por haber encabezando un fallido golpe de Estado con su secuela de sangre. El mismo que ofreció a Zelaya una colita en un avión de PDVSA, para que intentase un temerario aterrizaje en Tegucigalpa, poniendo muchas vidas en riesgo. Que hizo que su canciller acompañase a Zelaya en la aventura de un brevísimo regreso a Honduras -que hasta Insulza rechazó- en franco desprecio por las vidas que pretendieron usarse como escudo humano. Que critica los esfuerzos de Arias porque ensombrecen su propio protagonismo. Que no cesa de intervenir en los asuntos internos de otras naciones, aunque se rasga las vestiduras por supuestas injerencias ajenas. Que lanza amenazas a diestra y siniestra. Que arma a su país hasta los dientes y pregona que lo importante es seguir fortaleciendo el poder militar, mientras en su país los problemas sociales se agigantan. Que exuda violencia en cada discurso, en cada gesto.

El mundo observa y cada día lo conoce mejor. Más pronto que tarde la historia lo juzgará.

martes 14 de julio de 2009

Las colitas de PDVSA

Los aviones de PDVSA se han transformado en la flota de los integrantes del ALBA

Todos recordamos el escándalo de las "colitas de PDVSA". El propio comandante se refería a ellas continuamente y llegaron a transformarse en uno de los motivos centrales de crítica a la gestión de nuestra casa matriz petrolera. Los prohombres y mujeres de la revolución se referían a ellas como una prueba irrefutable de la degradación de las autoridades de la vieja PDVSA. Se destinaron incontables páginas en la prensa nacional e infinitas horas en los espacios radiales y televisivos para enfilar las baterías en contra de aquellos aborrecibles actos de corrupción.

Adicionalmente se criticó hasta la saciedad la flota de PDVSA que contaba con aviones para transportar a los escuálidos ejecutivos de la empresa. Incluso, algún tiempo después del triunfo electoral del comandante, este último encabezó en un acto en el cual se mostraba al público un cheque de gran tamaño (1,5 x 1m) producto de la venta de aquella flotilla.

Posteriormente se inició una investigación en el Congreso. Los diputados oficialistas se peleaban por acaparar las cámaras y denunciar los acontecimientos.

Finalmente salieron los resultados de la investigación. Resulta que en definitiva no encontraron ningún hecho irregular. Parece ser que una oportunidad un alto ejecutivo de PDVSA había utilizado uno de los aviones para un fin privado, pero que le había pagado a PDVSA los costos del vuelo.

Pero, ¿qué pasó después? Pues bien los aviones vendidos fueron reemplazados con un número mucho mayor de aeronaves bastante más modernas y costosas. De hecho, a juzgar por las informaciones que se leen en la prensa, los aviones de PDVSA se han transformado en la flota del ALBA.

Hace apenas pocos días todos pudimos ver cuando simultáneamente en CNN, Telesur, Globovisión, el Canal 8 y todos los demás canales del Estado, se mostraban a un mundo angustiado los acontecimientos que ocurrían en Tegucigalpa. El Presidente Manuel Zelaya se aprestaba a aterrizar en ese aeropuerto, mientras una multitud de sus seguidores rompía incluso las cercas del aeródromo internacional para garantizar el aterrizaje del avión, cuyo acercamiento ya mostraban las cámaras en el horizonte.

Aquellos acontecimientos fueron particularmente dramáticos porque apenas días antes la ONU había aprobado en sesión especial presidida por el ex canciller de Nicaragua, Miguel de D'Escoto, una resolución dándole un histórico respaldo a Zelaya, para lo cual se pasó incluso por encima de las normas de la Organización que exigían que para tomar cualquier resolución se requería que la correspondiente propuesta hubiese sido distribuida el día anterior. Dada la importancia del asunto, D'Escoto informó que habría que hacer una excepción y, ante el silencio de los presentes, procedió a someter a consideración de la Asamblea la aprobación de la correspondiente resolución. El interés fue aumentando cuando numerosos países optaron por apadrinar la propuesta. Finalmente se le dio al respaldo a Zelaya y se decidió pasar el caso al organismo regional correspondiente, es decir, a la OEA.

Un nuevo capítulo de la historia se inicia cuando en altas horas de la noche del día siguiente, la OEA ratifica el apoyo a Zelaya y decide instruir a su Secretario General, José Miguel Insulza, para que se traslade a Honduras para imponer al gobierno de ese país de la resolución adoptada.

Después de todos esos acontecimientos, llegamos al momento culminante del drama cuando, como antes decíamos, el presidente Zelaya, en un jet ejecutivo que se temía pudiese ser interceptado porque no contaba con la autorización de las autoridades actuantes para sobrevalorar el espacio aéreo de Honduras, se aprestaba a aterrizar en el aeropuerto internacional de Teguicigalpa.

El ejército de Honduras atraviesa entonces unos camiones en la pista para impedir la operación. El presidente Zelaya, hablando por radio, comunica que los pilotos consideran que el aterrizaje es sumamente arriesgado bajo aquellas condiciones. El presidente Zelaya informa también que de ser posible se lanzaría en un paracaídas para retornar a su patria, pero que como no contaba con uno, se vería obligado a abortar la operación y dirigirse a El Salvador, donde lo esperaban Cristina Kirshner y Rafael Correa.

Todos pudimos observar en televisión cómo el avión, después de dar un par de vueltas sobre la pista, decide retirarse.

Pero, cabe preguntarse: ¿en qué avión venía el mandatario depuesto? Pues bien, el presidente Zelaya venía en una “colita de PDVSA”.

martes 30 de junio de 2009

El genio salió de la botella

El pueblo pierde la fe en Jamenei, millones de iraníes han salido a las calles a protestar

> "La desobediencia civil deviene en un sagrado deber cuando el Estado se vuelve ilegal, o lo que es lo mismo, corrupto. Y un ciudadano que se entiende con un tal Estado comparte su corrupción o ilegalidad."

La cita anterior es de Mahatma Ghandi, pero es aplicable a Irán (y también a otros países).

Demos un vistazo a más de 4.600 años de historia persa: Irán se remonta al año 612 antes de Cristo. Aquel Imperio alcanza su mayor esplendor con Darío I en el año 500 AC y cae derrotado, siglo y medio después, ante Alejandro Magno en el año 336 antes de Cristo.

Un milenio después, en el 636 de la era cristiana, Irán es conquistado por los musulmanes. En el 660 se enfrentan Hussein -nieto de Mahoma- y Yezeed del clan de los Omeya por la sucesión del califato mahometano. Camino a Damasco el nieto de Mahoma cae asesinado lo cual provoca un cisma en el Islam que perdura hasta nuestros días. Los seguidores de Yezeed pasan a denominarse suníes y los de Hussein shiíes. El 95% de la población iraní abraza hoy en día el credo shií.

Mil doscientos años después, en 1925, Riza Pahlavi -militar nacionalista- toma el poder en Irán y se hace nombrar Sha. En 1941 es forzado a abdicar en favor de su hijo Mohammed Reza Pahlavi. En enero de 1979, estalla en Irán la *desobediencia civil.* El pueblo se lanza a la calles. Nada pudieron ni el poderoso ejército, ni la temible policía secreta (Savak). El Sha se va al exilio y muere. Así comienza la Revolución Islámica liderada por el Ayatollah Khomeini.

La historia, en plena ebullición, se apresta ahora a pasar la página. En el Siglo XXI las mujeres no pueden seguir siendo tratadas como inferiores. Así lo plantea Shirin Ebadi -defensora de los derechos civiles- en un libro notable: “El despertar de Irán”. Su autora fue distinguida con el Premio Nobel de la Paz, pero en su patria ha sufrido las más terribles persecuciones.

Un régimen no puede calificarse de democrático por el simple hecho de que permita elecciones. El concepto mismo de democracia es mucho más exigente y requiere del respeto a los derechos humanos y las libertades -entre otras la libertad de expresión- que no existen en Irán. Al expulsar corresponsales, bloquear el Internet y el Facebook, intervenir el Twiter, los celulares y las comunicaciones, se pone en evidencia el carácter dictatorial del régimen. Sólo los gobiernos dictatoriales actúan así.

Ciertamente el pueblo iraní es profundamente creyente. El conflicto al cual se enfrentan es complejo. El líder supremo de Irán, el Ayatollah Alí Jamenei, es a la vez cabeza de la iglesia, Jefe de Estado, Jefe de las fuerzas armadas, controla con mano férrea la radio y la televisión, preside el Consejo Supremo de Seguridad Nacional, designa al Jefe del Poder Judicial y a los 51 miembros del poderoso Consejo de Convivencia. El Ayatollah Jamenei fue escogido para el cargo de forma vitalicia por la Asamblea de Expertos integrada por 86 clérigos, la cual es la única que tiene el poder de deponerlo.

Por otro lado, el pueblo elige un Presidente. Hace cuatro años eligió al conservador Mahmoud Ahmadinejad. Sin embargo este último presidió un gobierno empobrecedor, ineficiente y populista, acusado de corrupto, que ha dividido a los iraníes en facciones enfrentadas. Adicionalmente reclama la destrucción de Israel, sembrando la inestabilidad en el Medio Oriente.

En las elecciones del 12 de junio se proclamó la reelección de Ahmadinejad. Un importante sector del pueblo considera que hubo fraude y que el Estado se volvió ilegal. Sin embargo el Ayatollah Jamenei respalda la reelección, rompe el equilibrio, lanza amenazas y ordena a la policía reprimir las manifestaciones. Los basiyis (círculos de milicias paramilitares) atacan. Ya van muchos muertos y entre ellos Neda, una joven que murió ante las cámaras y se convirtió en mártir y símbolo.

El problema es ahora mucho más grave. Los clérigos se están dividiendo. La represión se hace más violenta pero renacen las manifestaciones de aquel "sagrado deber" que pregonaba Ghandi: la desobediencia civil. El pueblo pierde la fe en Jamenei. Millones de iraníes han salido a las calles a protestar, tal como ocurrió cuando derrocaron al Sha en 1979. Miles y miles se suben a los techos de sus casas al caer la noche para corear un grito desgarrador: "Dios es grande. Muerte al dictador". Reclaman una apertura democrática.

Irán se enfrenta a una encrucijada de la historia. El genio se salió de la botella.

martes 16 de junio de 2009

Guillermo Zuloaga

Nadie se chupa el dedo, a quién el gobierno ataca es a Globovisión

Guillermo Zuloaga es uno de esos hombres valientes que están dispuestos a luchar por sus ideas. Ciertamente es un empresario exitoso, pero a diferencia de muchos otros, no "pasa agachado" ni baja la cabeza cuando se trata de la defensa de sus principios, ni pone por delante el interés económico de sus negocios. Entiende perfectamente los riesgos en que incurre al frente de Globovisión, pero sigue adelante porque sabe que lo que está en juego es mucho más importante: es el futuro de su patria. No se deja intimidar. Heredó de su familia una carga genética, un ADN, que lo induce sin remedio a defender un valor inexorablemente ligado a la democracia: la libertad de expresión.

Nadie se chupa el dedo. A quien el Gobierno ataca es a Globovisión. Por eso todos fuimos testigos de las embestidas contra Nelson Mezerhane, contra Alverto Ravell y contra las periodistas y camarógrafos de canal.

Veamos: Venezuela suscribió en 1948 en la ONU -junto con todas las naciones civilizadas del mundo- la *Declaración Universal de los Derechos Humanos*, cuyo Artículo 19 estipula: "Todo individuo tiene derecho a la libertad de opinión y de expresión; este derecho incluye el de no ser molestado a causa de sus opiniones, el de investigar y recibir informaciones y opiniones, y el de difundirlas, sin limitación de fronteras, por cualquier medio de expresión".

Más claro no canta un gallo.

Y cuando el Gobierno los ataca se pone de espaldas a más de tres siglos de civilización. Ya en 1789 hombres como Rousseau, Voltaire, Montesquieu, Helvecio y muchos otros -los enciclopedistas- habían sentado las bases que condujeron a la aprobación de la Declaración de los Derechos del Hombre y del Ciudadano, en cuyo artículo 11 queda consagrada la libertad de expresión:

> "La libre comunicación de pensamientos y de opiniones es uno de los derechos más preciosos del hombre; en consecuencia, todo ciudadano puede hablar, escribir e imprimir libremente".

Se trata de principios tan fundamentales que los habitantes de este continente decidimos recogerlos en la Convención Americana sobre los Derechos Humanos, aprobada en Costa Rica el 22 de noviembre de 1969, la cual fue ratificada por Venezuela:

> Artículo 13- "Toda persona tiene derecho a la libertad de pensamiento y de expresión. Este derecho comprende la libertad de buscar, recibir y difundir informaciones de toda índole, sin consideración de fronteras, ya sea oralmente, por escrito o en forma impresa o artística, o por cualquier otro procedimiento de su elección".

También nuestro país es signatario de la Carta Democrática Interamericana discutida en Lima en septiembre de 2001.

> Artículo 4- "Son componentes fundamentales de las actividades gubernamentales, la probidad, la responsabilidad de los gobiernos en la gestión pública, el respeto por los derechos sociales y la libertad de expresión y de prensa".

El compromiso absoluto de Venezuela con estos sagrados principios queda grabado en bronce en el Artículo 57 de nuestra propia Carta Magna:

> "Toda persona tiene derecho a expresar libremente sus pensamientos, sus ideas u opiniones de viva voz, por escrito o mediante cualquier otra forma de expresión y hacer uso para ello de cualquier medio de comunicación y difusión, sin que pueda establecerse censura".

Tal es la importancia que la Constitución de 1999 le asigna a los derechos humanos -entre los cuales universalmente destaca la libertad de expresión- que en su Artículo 23 se establece:

> "Los tratados, pactos y convenciones relativos a derechos humanos y ratificados por Venezuela tienen jerarquía constitucional y prevalecen en el orden interno, en la medida en que contengan normas más favorables a las establecidas por esta Constitución".

Todos los pactos y convenciones internacionales antes mencionados respaldan a Guillermo Zuloaga y a Globovisión. De su lado está también el peso abrumador de la razón, la historia, la Ley y la civilización. En frente está la barbarie. Si el gobernante insiste en cerrar el canal y en perseguir a sus directivos y periodistas no logrará otra cosa que amalgamar en una sola voluntad las voluntades de millones de venezolanos que se unirán y reaccionarán en defensa de la democracia.

Venezuela no quiere volver al pasado. No queremos un régimen político centralizado en el que un hombre ejerza el poder sin límites jurídicos ni de ninguna otra naturaleza y que al mejor estilo de Luis XIV -a principios del Siglo XVIII- pretenda afirmar: *"L' État c'est moi"*, (El Estado soy yo).

martes 2 de junio del 2009

Del capitalismo rentístico al socialismo rentístico

Al estudiar el modelo de desarrollo venezolano, algunos autores consideran que el Estado ejerce la propiedad sobre un "objeto natural", unos yacimientos, donde "yacen unos medios de producción (los hidrocarburos) que no son producidos, es decir, que no tienen tras sí esfuerzo humano alguno". La consecuencia económica del ejercicio de esta propiedad es el derecho que se atribuye Estado de cobrar un ingreso equiparable a la renta de la tierra. Esta renta tiene características diferentes al de los impuestos que recauda el Estado por concepto de las actividades relacionadas con la extracción, transporte, refinación y comercialización de ese petróleo.

Dado lo cuantioso que ha sido esa renta a lo largo de muchas décadas y el impacto que la misma ha tenido en el país, considera Asdrúbal Baptista que se justifica atribuir una denominación especial a la estructura económica de la Venezuela contemporánea: "capitalismo rentístico"

Independientemente de su denominación, la realidad es que el modelo que se aplicó en Venezuela permitió que nuestro país experimentase cambios asombrosos entre 1920 y 1980. La Venezuela de 1980 no tenía nada que ver con aquel país paupérrimo de 1920. Durante seis décadas seguidas fuimos la economía del mundo que más creció. Aquel país que antes lucía atrapado para siempre en unos niveles de pobreza insuperables, se transformó en una nación moderna, pujante y llena de posibilidades. Pero... algo ocurrió que vino a frustrar nuestras esperanzas.

Quizás los cambios abruptos y circunstanciales en los precios del petróleo provocados por los *recurrentes shocks petroleros* – debidos a situaciones conflictivas en el Medio Oriente - se transformaron en obstáculos insalvables para una planificación ordenada del proceso de desarrollo económico nacional. Un fenómeno similar ocurrió a partir del año 2003 cuando los precios del petróleo alcanzaron los niveles más altos de la historia, impulsados no sólo por un crecimiento sin precedentes en la economía global, sino también por un proceso de especulación desenfrenado a través de la utilización de contratos a futuro. Nuestra economía no pudo nunca digerir esos aumentos súbitos del ingreso petrolero que provocaron grandes distorsiones. Tampoco ahora.

Para colmo la experiencia ha demostrado que cada uno de estos episodios de aumentos en la renta petrolera son seguidos de una caída también abrupta de los precios, con lo cual nuestra economía entra en periódicas y profundas crisis. Algunos han planteado el símil con una montaña rusa. El mismo fenómeno se está repitiendo en estos momentos.

El hecho es que en lugar de avanzar, la economía venezolana parece estar retrocediendo. En lugar de acercarnos a la meta de la diversificación, cada vez somos más dependientes del petróleo, fenómeno que se ha profundizado particularmente durante los años del gobierno de Chávez.

Pero ahora, la economía global se enfrenta a lo que quizás sea la más grave crisis desde el crash de 1929. Lo que comenzó como una crisis en los sectores inmobiliario y financiero de los EEUU - la crisis de los "*subprime*"- ha contaminado ya al mundo entero, traduciéndose en una importante desaceleración de la economía mundial y en consecuencia en una fuerte caída en los precios del petróleo.

Convencido como estaba el gobierno venezolano de que los precios del petróleo seguirían subiendo indefinidamente y de que pronto superarían la meta de los 200 dólares por barril, nuestras autoridades no sólo no tomaron ninguna previsión sino que incluso dilapidaron groseramente la renta petrolera –en el país y en naciones vecinas- para sustentar no ya un proceso de desarrollo económico nacional, sino más bien para la implantación de un modelo político socialista.

Lamentablemente los venezolanos pagaremos ahora duramente las consecuencias. El modelo de capitalismo rentístico se agotó. En condiciones normales, los Estados viven de sus ciudadanos; pero en el caso venezolano el petróleo dota al Estado de un poder económico autónomo, que lo hace mirar con desprecio la voluntad de esos ciudadanos. Me temo que si la sociedad venezolana no reacciona lo que nos impondrán ahora, probablemente por la fuerza, será un modelo de socialismo rentístico en el cual la renta petrolera alcanzará solamente para mantener los designios de un gobernante socialista y autoritario, aunque el resto de la sociedad se hunda en unos niveles de pobreza que ya creíamos haber superado.

martes 19 de mayo de 2009

Soberana estupidez

La extinción del petróleo es uno de los inmensos riesgos que corre Venezuela

Recientemente la Asamblea Nacional aprobó la Ley Orgánica que reserva al Estado los Bienes y los Servicios conexos a las actividades primarias de la industria petrolera.

Nadie duda del derecho soberano que tiene una Nación para tomar decisiones de esta naturaleza. De lo que sí dudamos es de la conveniencia de este tipo de medidas, que redundarán en un grave perjuicio para el soberano, que no es otro que el pueblo, aunque el Presidente pareciera creer que él lo es.

Vale la pena preguntarse por qué PDVSA optó por recurrir a los servicios de algunas contratistas, en lugar de desempeñar directamente muchas de estas actividades.

La razón es sencilla. Muchas actividades vinculadas al sector son de carácter temporal. Por ejemplo, cuando se van a perforar algunos pozos, se requieren equipos y personal, que una vez concluida la actividad, quedan ociosos hasta que vuelvan a necesitarse. Por eso se recurre a contratistas.

Por ejemplo, cuando una empresa constructora va a ejecutar una obra, no compra todos los camiones, grúas, tractores y demás equipos que va a necesitar solamente por un tiempo determinado. Prefiere contratarlos con terceros.

La lógica más elemental indica que frente a la limitación de los recursos, una empresa debe concentrar su potencial financiero en el desarrollo de las actividades medulares o en aquellas que le resultan más productivas, contratando con terceros otras funciones que pueden ser ejecutadas de manera más eficiente y a menor costo por empresas que se especialicen en esas áreas. Esos contratistas se obligan a reemplazar equipos obsoletos y a aplicar siempre los avances tecnológicos que se requieran.

Me temo que algunas de las actividades que se van a ver gravemente perjudicadas serán las que tienen que ver con las plantas de compresión e inyección de gas. Evitando tecnicismos, trataré de explicarlo en los términos más sencillos posibles. Al perforar un pozo, el petróleo sube a la superficie gracias al gas que se encuentra asociado. Al llegar a la superficie, el gas y el petróleo tienen que ser separados mediante equipos especiales. Parte del gas se usa y otra parte debe ser tratado en grandes plantas de compresión y reinyectado al yacimiento para mantener su vitalidad y nivel de producción. En algunas áreas en lugar de gas hay que inyectar agua o vapor de agua. Son técnicas cuya complejidad varía con las características del yacimiento.

Sólo a fines ilustrativos me voy a referir a un caso en particular: El Furrial. Se trata de un yacimiento gigante cuya magnitud es posiblemente similar al cerro del Ávila, sólo que se encuentra a profundidades del cretáceo, es decir, a más de 19.000 pies. Allí el petróleo se encuentra en una formación rocosa. Al perforar un pozo, el petróleo fluye a través de los poros de la roca que lo contiene, forzado por las inmensas presiones y temperaturas que existen a esa profundidad. Al llegar a la superficie, el petróleo y el gas deben ser separados. Este último se reinyecta al yacimiento mediante técnicas particularmente complejas y en constante evolución y recurriendo a grandes inversiones en poderosas plantas de compresión. El gas se reinyecta a través de pozos especialmente perforados a ese efecto en base a una compleja ingeniería de yacimientos.

Si la operación de reinyección de gas no se realiza adecuadamente, se corre el riesgo de que el yacimiento pierda presión. Cuando esto ocurre un componente del petróleo conocido como “asfaltenos” comienza a solidificarse en los poros de la roca, con lo cual se pierde progresivamente el yacimiento. Y cuando se pierde, es como la extinción, se pierde para siempre.

Ese no es más que un ejemplo de los inmensos riesgos que corre Venezuela. No debe un gobernante envolverse en la bandera nacional, para tomar medidas que parecen basarse, más que en un sano nacionalismo, en la incapacidad de una empresa del Estado para cumplir con sus obligaciones. PDVSA tiene cerca de $13.000 millones de dólares en deudas vencidas y, para no pagar, opta por amenazar y expropiar. No se trata de una medida adoptada en defensa de la soberanía, sino más bien de una soberana estupidez que afectará sin duda a la principal industria del país.

Los efectos de la medida se manifestarán en dos aspectos diferentes: el primero tiene que ver con la seguridad jurídica y el segundo con los niveles de producción petrolera del país. Este tipo de decisiones incidirán en una caída aún mayor de nuestra producción petrolera.

martes 5 de mayo de 2009

¡Socialismo a tambor batiente!

La pobreza es buena porque un ciudadano pobre es dependiente del Estado

En un intento por sobrevivir al tsunami económico que se le viene encima, el presidente Chávez anuncia, a tambor batiente, la instauración del sistema socialista en Venezuela. Mientras ello ocurre, un público ignorante aplaude como focas, sin tener -en la inmensa mayoría de los casos- el menor conocimiento de las consecuencias que acarrearían los anuncios presidenciales. La misma escena se repite, día tras día, en larguísimas cadenas de radio y televisión que para colmo le roban a los venezolanos no sólo la libertad de escoger lo que desean oír y ver, sino además la libertad de pensar.

"¡Todo dentro de la Constitución, nada fuera de ella!", solía repetir hace ya tiempo el mandatario. Hoy ya las máscaras han caído. Cuando la Constitución se ha transformado en la Carta Magna más violada de nuestra historia, nos encontramos con el exasperante cinismo de la presidenta de la Asamblea Nacional, quien sin el menor atisbo de vergüenza anuncia a sus compañeros parlamentarios y al país, que lo que no se pudo lograr por las vías constitucionales y electorales, lo están alcanzando "por la vía de los hechos".

Y mientras tanto Giordani, uno de los pocos hombres del gabinete que cuenta con los instrumentos académicos para entender lo que está pasando, advierte que se avecina una fuerte crisis, pero que eso es bueno porque la crisis es el mejor ambiente para implantar el socialismo. En otras palabras, la pobreza es buena porque un ciudadano pobre es un ciudadano dependiente del Estado y en consecuencia un ciudadano sumiso que acepta el socialismo.

Quizás por eso Cuba ha mantenido a sus ciudadanos en la pobreza durante medio siglo. Quien a duras penas logra conseguir los nutrientes esenciales para mantenerse vivo difícilmente será capaz de mostrarse rebelde. Quizás por eso en la Unión Soviética y en Europa Oriental los ciudadanos tuvieron que conformarse con un nivel de vida lamentable, mientras sus gobernantes desarrollaban un impresionante poderío militar a expensa de los recursos que requerían los pobladores de esas naciones para vivir mejor. Quizás por eso en Corea del Norte la población pasa hambre, mientras que Kim Il Sung sigue adelante con sus planes nucleares burlándose de la comunidad internacional. En claro contraste sus vecinos de Corea del Sur se han transformado en una de las sociedades más ricas y prósperas de Asia.

El socialismo -al menos el tipo de socialismo que nos quieren vender en Venezuela- ofrece un denominador común que se caracteriza por aplastar y apabullar a los ciudadanos que sufren la tragedia de padecerlo: la pérdida de la libertad.

Algunas naciones, como es el caso de China, entendieron que no había nada de glorioso en el camino de pobreza que les ofrecía Mao Tse Tung. Afortunadamente para ellos enterraron a Mao -cuyo cadáver embalsamado exhiben en la Plaza de Tiananmen como un verdadero jarrón chino que no sirve para nada- y prosiguieron con su vida adoptando la máxima que les ofrecía Deng Xiaoping: "Enriquecerse es glorioso". Deng Xiaoping comprendió que el comunismo había fracasado. Instauró entonces una nueva política conocida como "un país dos sistemas", en la cual cohabitan el socialismo y el capitalismo, siendo este último el responsable del inmenso crecimiento económico que ha venido experimentando China.

Por otra parte, el tipo de socialismo que anuncian a tambor batiente en nuestro país, nada tiene que ver con el *socialismo democrático* que tan exitosas experiencias ha mostrado en numerosos países y cuyos principios fueron proclamados en el Congreso de la Internacional Socialista en Francfort en 1951. En ese tipo de socialismo, el acento está en el término democrático.

El *socialismo democrático* se contrapone al *socialismo marxista-leninista.* Rechaza la lucha de clases, se opone a la dictadura del proletariado y a las dictaduras de cualquier tipo, proclama la libertad, defiende la propiedad privada incluyendo la de los medios de producción y promueve la democracia. Este es el tipo de socialismo que ha existido en varios países de Europa y Latinoamérica.

Parece evidente que lo que nos quieren imponer en Venezuela no es compatible con la democracia. Es más bien de un menjurje marxistoide mal digerido.

Se trata del mismo tipo de ideología al cual se refería Winston Churchill cuando afirmaba: "El socialismo es la filosofía del fracaso, el credo de la ignorancia y la prédica a la envidia. Su virtud inherente es la distribución igualitaria de la miseria".

martes 21 de abril de 2009

Qué orgullo!

Estos muchachos son la prueba de que la mediocridad que quieren imponer nunca triunfará

Desde 1951 cada año tienen lugar foros como el HarvardMUN, el WorldMUN, el ChoMUN (organizado por la Universidad de Chicago), eventos donde estudiantes de las mejores universidades del mundo entero se reúnen para debatir -siguiendo el modelo de las Naciones Unidas- los problemas más acuciantes que afectan a la humanidad.

El denominador común en estos eventos es la excelencia de los participantes, quienes debaten en un ambiente de intensa competencia intelectual armados de una notable capacidad de diálogo. Año tras año, los venezolanos se destacan.

Este año el modelo de la Universidad de Harvard tuvo lugar el 15 de febrero, fecha que coincidió con el referendo en Venezuela. Dando un ejemplo de responsabilidad ciudadana, las delegaciones venezolanas optaron por no asistir, a fin de asumir en el país un rol activo en la defensa del voto y los valores democráticos.

Concurrieron sin embargo, posteriormente, al WorldMUN que se celebró en La Haya con la participación 2.500 estudiantes de 275 universidades provenientes de 53 países. Allí estaban presentes delegados de la Universidad Metropolitana, la Universidad Católica Andrés Bello, la Universidad Central de Venezuela, la Universidad Simón Bolívar, la Universidad del Zulia y la Universidad Monteávila. Todos se destacaron.

Con desbordado orgullo venezolanista me complace hacer referencia al extraordinario papel de dos de nuestras universidades. Los delegados de la Unimet fueron galardonados en 6 de los 7 comités en los cuales compitieron, en tanto que la delegación de la UCAB obtuvo 7 premios en 14 comités.

Honor a quien honor merece: Los delegados de la Metropolitana fueron María Cristina Cruz, Gustavo Pérez Ara, Marielle Deblois, Mario Di Giovanni, Paola Ferrero, Jorge Kasabdji, Ignacio Martínez, Andreína Pinedo, Viviana Sierralta, Abraham Suniaga, Larissa Yllada, y Pedro Zapata, acompañados por los asesores Juan José Pocaterra y Andrés De Jongh. Por su parte, la delegación de la UCAB estuvo integrada por Leonel Prieto, Gabriela Grinsteins, Anabella Tinoco, Felipe Flores, Gonzalo Aguilera, Gabriela Alfonzo,

Ignacio Bianco, Jesús Gorrín, Alfredo Guerra, Jesús Lander, Ana Carolina Maciá, Juan Carlos Márquez, Cibyll Mathison, Alana Pérez, Delia Salazar, Ruth Sánchez-Bueno, Valeria Suppini, Verónica Tisera y Alexandra Winkler.

El primer lugar lo obtuvo Bélgica, pero es un orgullo saber que nuestros jóvenes, en el segundo lugar, compitieron y le ganaron a universidades de la talla de Oxford, Westpoint, la Sorbona de Paris, la Universidad de Dusseldorf de Alemania y muchas otras de renombre universal.

Pero los triunfos de nuestros estudiantes no se detienen allí. Entre el 9 y el 12 de abril una delegación de la Universidad Católica Andrés Bello participó también en el prestigioso modelo ChoMUN de la Universidad de Chicago. Este evento está compuesto únicamente por "comités de crisis" en los cuales los participantes deben representar el rol de ministros de algunos países, directores de organizaciones internacionales o miembros de juntas directivas de grandes organizaciones. Sus discusiones tienen que enfocarse en la solución de graves crisis que se presentaron a lo largo de la historia. Por lo tanto, estos muchachos tienen que tener un nivel de conocimientos particularmente elevado. Los Ucabistas obtuvieron 3 reconocimientos y 4 premios, con el mérito adicional de ser la primera delegación internacional en participar en este evento.

Los galardonados fueron Alejandra Guillén, Diego Pérez Ara (hermano de Gustavo Pérez Ara, también premiado en la delegación de la Unimet que asistió al WorldMUN en La Haya), Igor Zurimendi, Patricia Torres, María Alejandra Suárez, Manuel Andrés Casas y Ana Sofía Kowalenko. Los demás miembros de esta delegación fueron: Mariana Bernárdez, Alicia Khedari, Manuel Lepervanche, Vanessa Rondón, Oscar Machado, Mariángela Mendoza, Vanessa González, Ana Lucía Herrera, Alan Levy, Edward Pérez, Jan Konrad Szabunia, Carlos Rangel y Daniella Carrera, así como también Daniella Rodríguez, delegada encargada del equipo, y los asesores Gustavo Boccardo y Vanesa Vallenilla.

Quienes nos gobiernan pretenden retrotraernos desde el Siglo XXI hacia la barbarie caudillista e ignorante de buena parte del Siglo XIX. ¡No prevalecerán! Estos muchachos son la prueba viviente de que la mediocridad que pretenden imponernos nunca podrá triunfar. La obscuridad no puede vencer la luz. Venezuela saldrá adelante. ¡Sí saldrá!

martes 7 de abril de 2009

Tiempos turbulentos

La radicalización que Chávez ha emprendido puede transformarse en su propia perdición

Ciertamente el triunfo de Chávez el 15 de febrero lo ha dotado de un aura de invencibilidad. Inmediatamente ha aprovechado la situación para radicalizar su revolución y acabar con sus adversarios. A pesar de que la pregunta formulada al pueblo tenía que ver con la posibilidad de reelección de los cargos de elección popular, él creyó que esa victoria circunstancial lo autorizaba para introducir todos los cambios constitucionales que el propio pueblo le había negado poco tiempo antes. Al hacerlo se está alejando cada vez más de la legalidad y de los mandatos establecidos en la Carta Magna.

La radicalización que el mandatario ha emprendido puede transformarse en su propia perdición. Mientras más alto se sube, desde más alto se cae.

Desde el comienzo de su gestión el Presidente ha reiterado en numerosas oportunidades que la política debe anteponerse a la economía. Ha señalado que lo contrario sería como tener una carreta tirada por un caballo y poner el caballo por detrás de la misma. Me voy a permitir disentir del primer mandatario. En realidad la carreta de la sociedad está tirada por dos caballos y ambos deben ir al frente: uno es la política y otro es la economía. Cuando ambos caballos halan el carro en un mismo sentido, el país progresa y los problemas sociales tienden a resolverse. Es la única forma de que la sociedad avance.

Lo que ocurre en Venezuela es que quien conduce la carreta, además de desconocimiento, tiene el más profundo desprecio por la economía y, en cuanto a la política, padece de un severo un problema de dogmatismo. Se visualiza a sí mismo como una figura que será recordada por la historia por haber cambiado el rumbo de toda la América Latina (y quizás del mundo). Para alcanzar ese fin, no escatima lo recursos del país.

Ahora bien, no importa cuáles sean sus éxitos en materia política, su popularidad inexorablemente está vinculada a la capacidad que demostró para convencer el pueblo de que el país estaba blindado frente a la crisis mundial que está haciendo estragos por todas partes.

Y aunque después del 15 F llegó a reconocer que se harían necesarias algunas medidas para enfrentarla, cuando llegó el momento de anunciarlas lo único que presentó fueron algunos pañitos calientes que ciertamente no son suficientes para enfrentar la magnitud de los problemas que se avecinan.

Un vez más el pueblo pensó que el Presidente había sido capaz de sortear con éxito la situación y su popularidad incluso parece haber aumentado. Sin embargo, las leyes de la economía no se pueden violar más que la ley de la gravedad.

El caballo de la economía está ahora encabritado y el caballo de la política anda desbocado. Nuestra economía, más dependiente que nunca del petróleo, se ve gravemente afectada y el gobernante no parece entenderlo. A la vez, el aparto productivo privado está severamente desarticulado como consecuencia de diez años de políticas económicas incoherentes que lo han asfixiado. Por lo que respecta a las empresas del estado, su situación es aún peor.

La propia PDVSA ha visto mermada su producción, la cual -de acuerdo con informaciones suministradas por la OPEP y la Agencia Internacional de la Energía- se ubica un millón de barriles diarios por debajo de la cifra presentada por el oficialismo. Nuestra casa matriz petrolera no está en condiciones ni siquiera de cubrir sus deudas con contratistas. El precio del petróleo sigue estando bastante por debajo de la expectativas oficiales. En definitiva, el ingreso petrolero ya no es capaz de sostener el gasto público ni cubrir la importaciones requeridas, con lo cual el país tendrá que enfrentarse a una grave situación de inflación y escasez. A la vez, las empresas de Guayana parecen estar todas quebradas.

Mientras tanto, el gobernante sigue adelantando una política de nacionalizaciones, apoderándose de empresas que no puede pagar y por las cuales ya adeuda más de 11.000 millones de dólares, a lo cual debe agregarse los arbitrajes pendientes por el desconocimiento de contratos en el sector petrolero.

Y ahora habrá que enfrentar el problema laboral ya que los sindicatos no lucen dispuestos a aceptar las arbitrariedades del gobierno. Una tormenta está a punto de estallar.

Temo pues que la sociedad venezolana va montada en un carro que comienza a dar bandazos al adentrarse en un terreno difícil y lleno de obstáculos, mientras uno de los dos caballo que tiran de él está encabritado y el otro corre alocadamente hacia un precipicio.

martes 24 de marzo de 2009

Rebelión en la granja

Tal era la ineptitud del verraco y los chanchos que en poco tiempo la granja estaba arruinada

George Orwell, escritor británico cuyo verdadero nombre era Eric Arthur Blair, escribió en la década de los 40 del siglo pasado una obra cuya lectura resulta imprescindible en la Venezuela de hoy: "Rebelión en la Granja".

Se refiere Orwell a una granja rica y de suelos fértiles. Con una buena administración hubiera podido ser un ejemplo de abundancia en beneficio de todos los habitantes de la granja. Pero no era así.

La única explicación que encontraban los animales que habitaban pobremente en la hacienda era que alguien se había apoderado de la parte de la riqueza que le correspondía a cada uno.

Entre los animales había un cochino llamado Napoleón. Era un verraco pendenciero, de raza indefinida y gran verborrea que se quería apoderar de la granja. Era tan elocuente que con sus discursos manipulaba las fibras más íntimas de los animales y promovía una rebelión en contra del granjero: "Expulsemos a los hombres y todos nos volveremos ricos y libres de la noche a la mañana".

Finalmente los animales se rebelaron y expulsaron al granjero. Napoleón tomó el poder e impuso su llamada *"Doctrina del Animalismo"* que pregonaba la igualdad entre todos los animales y el odio hacia los hombres: "Todos los hombres son enemigos. Todo lo que camine sobre dos pies es un enemigo. Todo lo que ande en cuatro patas o tenga dos alas es un amigo".

Propone entonces Napoleón a los animales votar una nueva constitución. Se trataba de los *"Principios del Animalismo"* o los *"Siete Mandamientos"*. Los animales decidieron escribir aquellos principios que creían perennes en un muro sagrado, con grandes letras blancas, para que todos los recordasen.

Napoleón progresivamente se fue transformando en un dictador. El grupo de marranos que le acompañaban comienza a enriquecerse vilmente y a vivir con todos los lujos que antes le criticaban al granjero. Cada vez faltaban más cosas como por ejemplo la leche. Sólo los cochinos la obtenían.

Tal era la ineptitud del verraco y los demás chanchos, que en poco tiempo la granja estaba arruinada. Pero en larguísimos discursos, Napoleón convencía a los animales de que aquellos eran sacrificios que había que aceptar para que pudiera imponerse la *"Doctrina del Animalismo"*. Sin embargo, a pesar de las frecuentes arengas del puerco líder, los animales se daban cuenta de que las cosas no estaban saliendo como originalmente habían creído.

Para colmo, valiéndose de artimañas, Napoleón comenzó a cambiar la constitución de los *"Siete Mandamientos"*. Los animales estaban siendo engañados. Los "Principios del Animalismo", no eran para aquel puerco otra cosa que una excusa para imponer su voluntad a los otros animales. El único principio por el cual se regía era su sed de poder.

Los animales eran obligados a escuchar las interminables peroratas de Napoleón: "¡Cuatro patas sí, dos pies no!", repetía constantemente. Incluso llevaba a cabo frecuentes elecciones, las cuales ganaba, ya que las bestias parecían hipnotizadas y no encontraban argumentos para oponérsele.

El malestar era cada vez mayor. Aunque supuestamente había libertad de expresión, la realidad es que lo que imperaba era el miedo. Napoleón había creado círculos formados por feroces perros de presa que atacaban a cualquiera que se atreviese a disentir de las opiniones del líder.

Cuando los abusos del verraco y sus compinches se hicieron intolerables, algunos animales reclamaron ante la suprema instancia de la justicia, la Comisión de Cerdos Sabios. Estos últimos, después de deliberar concienzudamente, dieron su veredicto: "Napoleón siempre tiene la razón". Y es que el marrano ya se había apoderado de todos los poderes de la granja.

Finalmente, para sorpresa de todo el mundo, un buen día los cerdos comenzaron a caminar en dos patas. El mismísimo Napoleón salió en persona de la casa del granjero, erguido majestuosamente sobre sus patas de atrás.

¿Acaso los *"Principios Animalistas"* no estipulaban que todo lo que caminaba sobre dos patas era enemigo?, se preguntaron las bestias. Entonces todos corrieron al muro sagrado para revisar lo que decía la constitución en la cual se había aprobado la igualdad entre todos los animales. Con asombro que rayaba en la consternación, todos pudieron comprobar que Napoleón había cambiado los *Siete Mandamientos*. De aquella constitución inicial que todos admiraban, ahora quedaba sólo un mandamiento: "Todos los animales son iguales, pero algunos animales son más iguales que otros".

martes 24 de febrero de 2009

El hermano mayor

Chávez sin pudor alguno utilizó todos los recursos del Estado para sus intenciones continuistas

Para entender lo que ocurre en Venezuela, nada es más ilustrativo que leer la novela *"1984"*, también conocida como *"El hermano mayor"*, escrita por George Orwell en la década de los 40. Decía Orwell, cuyo verdadero nombre era Eric Arthur Blair, que a lo largo de la historia de la humanidad los autócratas siempre han tratado de reescribir la historia.

El 2 de noviembre de 2007, tuvo lugar en Venezuela un referendo para modificar la Constitución. Los ar- tículos cuyo cambio se proponía eran varios; sin embargo, el único que parecía realmente importarle al Presidente era aquel en el cual se proponía la reelección indefinida del Jefe del Estado.

La respuesta del pueblo fue NO. De acuerdo con nuestra Constitución, esa misma pregunta no podía ser planteada nuevamente durante el mismo período. Sin embargo, valiéndose de argucias, el Presidente hizo que la Asamblea Nacional volviese a formular la misma consulta, añadiéndole ahora en una sola e interminable pregunta la reelección indefinida de los demás cargos de elección popular. La argucia a la cual me refiero es la de recurrir esta vez a la vía de la enmienda, en lugar de la reforma.

Jugando todos a una, como Fuenteovejuna, los demás poderes públicos respaldaron el planteamiento presidencial, aunque a todas luces resulta evidente que la vía de la enmienda no es aplicable para proponer un cambio tan trascendente que modifica uno de los principios fundamentales de nuestra Constitución, como es el de la alternabilidad establecida en el artículo 6 de la misma. De manera vergonzosa se puso en evidencia que uno de los principios básicos de la democracia, como lo es el del equilibrio de los poderes, ya no tiene vigencia en Venezuela. La famosa frase de Montesquieu "le pouvoir arrette lo pouvoir" -el poder frena el poder- ya no existe en nuestro país. Ahora todos lo poderes apoyan de manera genuflexa los deseos de uno solo de los poderes, con lo cual la legitimidad de desempeño de quien controla el poder ha desaparecido.

Pero las triquiñuelas no se limitaron a ello. En lo que quizás ha sido uno de los mayores ventajismos que se ha conocido en la historia de Venezuela, el Presidente, sin pudor alguno, utilizó todos los recursos del Estado para ponerlos a la disposición de sus intenciones continuistas. Todos fuimos testigos de numerosas cadenas nacionales, algunas de hasta ocho horas, para promover la campaña del SÍ. Todos fuimos testigos del abandono de las funciones por parte de numerosos funcionarios públicos, a quienes dieron públicamente órdenes de que su única obligación era promover la campaña del oficialismo. Todos fuimos testigos de las intimidaciones de toda naturaleza a los funcionarios públicos, que asistieron al acto comicial convencidos de que si no votaban por la opción presidencial, corrían el riesgo de perder sus puestos de trabajo.

En fin, todos fuimos testigos de la forma descarada como el CNE actuó en función de los intereses de un solo bando. Incluso, se comentaba que cuando a la presidenta del CNE se le pedía que actuase para impedir las cadenas presidenciales y otros abusos semejantes, la respuesta de la rectora Lucena era que no convenía hacerlo, porque como de todas formas el Presidente no iba a acatar ninguna decisión al respecto, el único resultado sería la pérdida de autoridad del organismo electoral y le merma de la confianza en esa institución.

Pues bien, bajo esas condiciones, el resultado no era de extrañar. Ganó el SÍ, pero al Presidente lo alcanzó el futuro. En definitiva, lo que de verdad importa es que el Jefe del Estado pueda cumplir ahora su promesa de que Venezuela está blindada frente a la crisis que inevitablemente se avecina como consecuencia de la caída de los precios del petróleo y la absurda imprevisión por parte del Gobierno ante un hecho que lucía inevitable.

En verdad lo que verdaderamente quedó demostrado es que Chávez no está dispuesto a acatar la voluntad popular, a menos que ésta lo favorezca. En otras palabras, quedó evidenciado, tal como decía Orwell en su novela *"1984"*, que como el *Big Brother* controla el presente, está dispuesto a borrar el pasado -los resultados de la consulta del 2 de diciembre del 2007- a fin de apoderarse del futuro.

Veamos lo que decía Orwell al respecto: "Si todos aceptan la mentira impuesta, si todos los testimonios dicen lo mismo, entonces la mentira pasa a ser la Historia y se convierte en la verdad. El que controla el pasado, controla también el futuro. El que controla el presente, controla el pasado".

martes 10 de febrero del 2009

¡Cadena perpetua!

"Un pueblo ignorante es un instrumento ciego de su propia destrucción", afirmaba Bolívar en el Manifiesto de Angostura el 15 de febrero de 1819.

Me niego a aceptar que nuestro pueblo lo sea y por lo tanto estoy seguro de que sólo una minoría –engañada, intimidada o comprada- aceptará la intención de Chávez de condenarnos a cadena perpetua "primero del 2013 al 2019 y después del 2019 al 2029, y del 2029 al 2039, y del 2039 al 2049 …". Lo digo en el sentido más literal de la palabra, ya que este gobernante pretende encandenarnos perpetuamente.

No se puede concebir mayor irrespeto a la inteligencia de un pueblo que forzar a todos los medios de televisión y radio a encadenarse y transmitir los larguísimos mensajes de quien ostenta el poder, a veces varias veces al día. Creo que nunca gobernante alguno, en toda la historia de la humanidad, tuvo la osadía de transmitir una cadena de ocho horas continuas para hablar tantas sandeces, aderezadas con tanta demagogia. ¡Cuánta vanidad!

He procurado revisar las páginas de la historia en busca de precedentes. Los grandes demagogos siempre fueron proclives a la oratoria abundante y barata. Se caracterizaron por una ambición desmedida de poder y, los que fueron capaces de alcanzarlo, con el tiempo lo ejercieron de manera despiadada.

Todos recurrieron a la mentira con la misma cínica frialdad de quien carece de valores y procuraron adueñarse del rincón más primario del alma de la gente. Fueron capaces de tensar las fibras más íntimas del populacho, explotando sus temores recónditos y estimulando odios y envidias. Utilizando una retórica confusa, combinaron el populismo más grotesco con la exaltación de algunos los héroes tomados de la historia.

Fueron excelentes oradores capaces de enardecer las muchedumbres con una palabrería simplona y confusa, pero a la vez repleta de imaginería patriotera. En hábiles arengas promovieron rencores, divisiones y prejuicios, logrando hipnotizar a las masas y despertando una lealtad genuflexa hacia la figura del líder, quien se presentaba como el mesías que desde hace tanto tiempo el pueblo esperaba. Por esa vía lograron supeditar la voluntad de las turbas a los delirios del demagogo.

Generaron profundos resentimientos contra algunos sectores de la sociedad –por ejemplo los judíos- a quienes culpaban de todos los males. Se vendieron a sí mismos como la única alternativa frente a una democracia decadente y como la sola opción ante un supuesto caos.

Todos apelaron a formas enfermizas de nacionalismo, enfrentamiento de clases, odios de raza y xenofobia. Recurrieron a enemigos casi siempre imaginarios a quienes achacaron las culpas de sus propios fracasos.

Todos fueron soberbios y engreídos. Feroces arribistas, emplearon sin limitación alguna los recursos del Estado para desatar un apabullante culto a la personalidad y presentarse a sí mismos como semidioses. Todos estaban cortados con la misma tijera.

Invariablemente se atribuyeron el monopolio de las virtudes de la patria y, en consecuencia, quienes se oponían a ellos eran tildados de apátridas.

A veces llegaron al poder a través de la violencia, pero otras veces, después de intentarla y fracasar, recurrieron a los mecanismos que ofrecía la democracia, para luego destruir desde adentro mismo aquel sistema al que despreciaban y que no les permitía perpetuarse en el poder.

Apelaron a símbolos, gestos y actitudes teatrales, como la svástica, la hoz y el martillo, el saludo con el brazo extendido, el puño que golpea la mano abierta, las camisas pardas, negras o rojas y frases tales como "patria, socialismo o muerte". Crearon sus propias milicias para intimidar a la población.

Todos se rodearon de personajes viles que se enriquecieron y medraron a la sombra del poder.

Hombres como Hitler, Mussolini, Fidel Castro, Robert Mugabe -y tantos otros que registran las páginas de la historia- reunieron en general las características anteriores. Oprimieron a sus pueblos, arrastrándolos en muchos casos a la guerra e invariablemente a la miseria. Llenaron las cárceles de prisioneros políticos. Todos centralizaron las decisiones, destruyendo las instituciones y sometiendo los poderes públicos a la más abyecta subordinación. Todos dañaron profundamente a sus países.

Esa es la misma cadena perpetua a la que hoy nos quieren someter a los venezolanos. Si lo aceptamos, tendremos para siempre en el país a un *Führer*, un *Duce* o un *Comandante*. Lo que perderíamos sería la libertad.

martes 27 de enero de 2009

"La Constitución sirve para todo"

Este nuevo Rey Sol pretende aprobar leyes sin que sus súbditos puedan apelar a la autoridad

Eso dijo José Tadeo Monagas en 1848, después de hacer que sus círculos invadieran violentamente al Congreso -que se aprestaba a enjuiciarlo- matando a cuatro diputados, entre los cuales se encontraba Santos Michelena. Después, como si nada hubiera ocurrido, convoca nuevamente al resto de los atemorizados diputados a retomar el hilo constitucional, y pronuncia aquella frase salvaje y cínica que sirve de título a este artículo. A partir de ese momento, Monagas se transformó en un simple dictador que pretendió cubrirse con un manto de aparente legalidad.

Esa es la misma inspiración que sirve de guía a nuestro actual líder, quien cree que puede torcer y retorcer la Constitución para adecuarla a sus antojos; en este caso, su antojo reeleccionista. Al igual que Monagas, el caudillo de hoy cree que la Constitución sirve para todo.

Pero su actitud no es nueva. Recordemos sus palabras cuando por primera vez se juramentó ante el Congreso Nacional:

> "Juro sobre esta moribunda Constitución que haré cumplir, impulsaré las transformaciones democráticas necesarias para que la República nueva tenga una Carta Magna adecuada a los nuevos tiempos."

Ya en aquel momento sus intenciones quedaban al desnudo. Sin embargo, muchos creyeron que con una nueva Carta Magna adecuada a los nuevos tiempos y redactada por una Asamblea Constituyente que dominaba, el líder dispondría de un traje a la medida que le permitiría adelantar las transformaciones que había ofrecido, respetando un nuevo marco constitucional.

El tiempo ha demostrado, sin embargo, que a los ojos del líder cualquier Constitución siempre estará moribunda. Para él, la única Constitución viva y válida es la que emane de sus propios deseos. Algo así como Luis XIV, Le Roi Soleil, quien hacia el año 1660 afirmaba: *L'Etat c'est moi*, el Estado soy yo.

Tanto aquel monarca como el actual caudillo, consideraron sus deseos como inapelables, basándose quizás en los argumentos de Jean Bodin, quien en su obra "Los Seis Libros de la República", sostenía que quien ejercía la soberanía tenía un poder absoluto y perpetuo, que lo facultaba para dictar y derogar leyes, sin que sus súbditos tuviesen ningún derecho a apelar a una autoridad más alta. El único problema es que aquellas opiniones fueron escritas por Bodin en el ano 1576 y que ya desde los tiempos de la Revolución Francesa la soberanía pasó a residir en el pueblo.

Mostrando su desprecio por los *Principios Fundamentales* contemplados en el Título Primero de la Constitución, este nuevo Monagas echa por tierra el principio de la alternabilidad establecido en su Artículo 6. Mostrando también su desprecio por decisiones del Tribunal Supremo de Justicia que se oponen a las postulaciones perpetuas, este nuevo Rey Sol pretende aprobar y derogar leyes sin que sus súbditos puedan apelar a autoridad más alta. Y en caso de que lo hagan, para eso cuenta con la actitud genuflexa de los demás Poderes Públicos.

Y es que en Venezuela el equilibrio de los Poderes Públicos ha desaparecido y todos responden serviles a la voluntad del caudillo, no importa lo que éste les exija. *"Le pouvoir arrette le pouvoir"* -el poder frena el poder- nos decía ya Montesquieu a comienzos del siglo XVIII. Esa máxima elemental, que define en gran medida la vigencia del sistema democrático, ha dejado de existir en nuestro país.

Un ejemplo de esa ausencia de equilibrio lo encontramos en la Asamblea Nacional. La pregunta que ésta aprueba para solicitar un cambio en la Constitución, que según la misma no puede ser realizado vía enmienda, constituye una suerte de galimatías que nadie entiende -redactada así para confundir- y que en el mejor de los casos denota una pobreza de lenguaje inexplicable. Para leerla es conveniente tomar bastante aire y, aún así, se corre el riesgo de que al terminar el lector haya muerto por asfixia ya que ni siquiera utilizan un punto que permita respirar a todo lo largo del texto.

Por su parte, el CNE también inclina adulante la cerviz y en su nombre la rectora que funge de presidenta del Organismo, trata de justificar lo injustificable, con lo cual insulta la inteligencia de los venezolanos.

Sólo un pueblo ignorante -que se transformaría en instrumento ciego de su propia destrucción, como afirmaba Bolívar- podría aceptar que este engaño, que lejos de ampliar, cercena sus derechos. Tres fuerzas incontenibles se oponen a este engaño: la historia, el pueblo y la economía.

Votando demostraremos que tenemos la razón.

martes 13 de enero de 2009

Sembrar la crisis

Chávez ha sido capaz de sembrar en Venezuela solamente la crisis

"Sembrar el petróleo" fue la consigna y el título de aquel histórico editorial que el 14 de julio de 1936 publicó Arturo Uslar Pietri en el diario "Ahora". Fue una campanada de alerta que los venezolanos no supimos escuchar. Hace ya 73 años, Uslar nos advertía: "la economía destructiva es aquella que sacrifica el futuro al presente..."

Nunca como hoy esas frases tienen tanta relevancia. El presidente Chávez ha sido perfectamente capaz de sembrar el petróleo en Cuba, en Bolivia, en Nicaragua, en Ecuador, en Argentina y en muchas otras naciones. Sin embargo, en Venezuela, solamente ha sido capaz de sembrar la crisis.

Han transcurrido diez años desde que Chávez tomó el poder. A lo largo de buena parte de esos años, el mundo experimentó las mayores tasas de crecimiento económico global y sostenido que se registran, lo cual demandó inmensas cantidades de petróleo y por eso el petróleo subió y nos proporcionó enormes ingresos y oportunidades aún mayores. Una década durante la cual el país dispuso de cerca de 860.000 millones de dólares para impulsar las profundas transformaciones sociales que el pueblo anhelaba. Con esos recursos, un gobernante prudente hubiera podido alcanzar las metas que en materia de vivienda, salud, educación, justicia, seguridad, sanidad e infraestructura requería nuestra población. Diez años para mejorar los servicios públicos de manera substancial. Un lapso en el que se ha debido sembrar el petróleo, diversificar la economía y construir el futuro del país.

Pero nada de eso fue así. El hombre que controló el poder concentró sus esfuerzos en impulsar una revolución que nadie le había pedido. Sacrificó el futuro de Venezuela en aras del presente de su revolución y de su propio proyecto personalista. Sin duda, durante esa década, el pueblo ha recibido las migajas que sobraban en el festín de la revolución, las cuales le fueron servidas en forma de misiones, que en muchos casos estaban diseñadas más para favorecer a Cuba que a los venezolanos.

Pero ahora las cosas han cambiado. En seis meses el precio de la cesta petrolera venezolana cayó en más de un 75%. La abundancia de recursos en la cual se basó todo el poder del presidente Chávez para adelantar su tesis del Socialismo del Siglo XXI, parece haber llegado a su término. Increíblemente el líder de la revolución no lo quiere entender. Despegado cada vez más de la realidad, insiste en que Venezuela está blindada frente a lo que luce como la más grave recesión de la economía mundial desde el crash de 1929. Hoy en día somos más que nunca dependientes del petróleo -en buena medida por culpa de las oportunidades que ha desperdiciado el comandante- y es precisamente esa dependencia la que nos hace vulnerables.

En lugar de buscar el concurso de todos para enfrentar la grave crisis que se avecina en el año 2009, lo que plantea Chávez es una enmienda constitucional que no hace otra cosa que agregar graves elementos de incertidumbres a los negros nubarrones que se interponen en el camino de Venezuela.

Peor aún, si bien habla de la necesidad de sacrificios para los venezolanos, mientras tanto la prensa trae noticias de que se han comprado en Rusia dos aviones similares a los que utiliza el presidente de aquella nación (¿qué pensará hacer con el que ya tiene?) y se firman contratos para compras de armamentos por montos que dan vértigo. Si bien restringe los dólares que utilizan los venezolanos, nada parece afectar las generosas donaciones a Bolivia, a Cuba, a Nicaragua, ni las ventas de petróleo bajo condiciones ruinosas para Venezuela a través de Petrocaribe, cuya factura es pagada una parte a 25 años con dos años de gracia y 1% de interés, y la otra parte mediante trueque a cambio de habitaciones hoteleras en islas del Caribe o manualidades turísticas o incluso con nuez moscada.

Sin embargo, las cosas no le van bien al líder. Acaba de dar una de las mayores muestras de debilidad que podamos imaginar. Hasta ahora, él era un portaviones al que tenían que montarse aquellos que aspirasen a algún cargo de elección popular. Pero hoy, enfrentado a la realidad de unas encuestas que no lo favorecen, decide invertir la situación y es él quien se monta esta vez en el portaviones de los gobernadores y alcaldes oficialistas que fueron elegidos en diciembre pasado. Razona que si la enmienda plantea en una sola pregunta la reelección indefinida de esos funcionarios, quizás la posibilidad de su propia reelección -altamente impopular- pueda pasar de contrabando.

¡Llegó la Hora!

www.ingramcontent.com/pod-product-compliance
Lightning Source LLC
Chambersburg PA
CBHW071219290326
41931CB00037B/1463
* 9 7 8 0 9 8 8 3 1 2 8 1 4 *